Über dieses Buch Das mit großer Weisheit geschriebene Buch schließt eine zentrale Lücke in der Diskussion von Psychologen und Psychoanalytikern und arbeitet die Probleme, die die traditionelle akademische Psychologie mit der Psychoanalyse hat, in ungewöhnlicher Klarheit heraus. Es klärt auch die vielfältigen Vorurteile in der Psychologie gegenüber den Auffassungen Freuds und weist auf die Gefahren hin, die in einer verkürzten und selektiven Rezeption grundlegender psychoanalytischer Hypothesen durch die experimentelle Psychologie bestehen. Auf dem neuesten Stand der wissenschaftstheoretischen Diskussion weist Marie Jahoda nach, daß die Freudsche Psychoanalyse nicht aus dem wissenschaftlichen Rahmen der Psychologie ausgegrenzt werden kann, sondern sowohl in ihrer Methode wie in ihrer Metapsychologie als eigenständige echte Psychologie aufgefaßt werden muß, die in vergleichsweise weniger ungesicherte Annahmen verstrickt ist als mancher naturwissenschaftlicher Ansatz.

Die Autorin Marie Jahoda, 1907 in Wien geboren, studierte Psychologie bei Charlotte und Karl Bühler und promovierte an der psychologischen Fakultät der Universität Wien. Sie wurde 1936 in Wien wegen Mitgliedschaft in der damals verbotenen Sozialdemokratischen Partei Österreichs verhaftet und nach neun Monaten aus dem Gefängnis entlassen. Bis 1945 lebte und arbeitete Marie Jahoda in England und lehrte anschließend Sozialpsychologie in den Vereinigten Staaten. 1958 kehrte sie nach England zurück, wo sie Psychologie und Sozialpsychologie lehrte, bis sie sich 1973 emeritieren ließ. Professor Dr. Marie Jahoda, die in der Nähe von Brighton lebt, erhielt kürzlich die Ehrendoktorwürde der Universität Bremen.

Marie Jahoda

Freud und das Dilemma der Psychologie

Aus dem Englischen von
Thomas Bender

Fischer
Taschenbuch
Verlag

Geist und Psyche
Begründet von Nina Kindler 1964

Deutsche Erstausgabe
Veröffentlicht im Fischer Taschenbuch Verlag GmbH,
Frankfurt am Main, November 1985
Titel der englischen Originalausgabe
»Freud and the Dilemmas of Psychology«
Erschienen bei The Hogarth Press, London 1977

Lektorat: Willi Köhler
Umschlaggestaltung: Graupner & Partner GmbH
Gesamtherstellung: Clausen & Bosse, Leck
Printed in Germany
1480-ISBN-3-596-42276-0

Inhalt

Vorwort von Thomas Leithäuser und Thomas Bender

I.

Die akademische Psychologie und die Psychoanalyse stehen schon immer in einem spannungsreichen, streitbaren und kritischen Verhältnis. Das gilt für die Formen der empirischen Erfahrung, der methodischen Vorgehensweise, der Beschreibung und Definition der psychologischen Untersuchungsgegenstände und der Theoriebildung. Nicht selten gewinnt man auch heute noch den Eindruck, als stünden Psychologie und Psychoanalyse in einem regelrechten Verdrängungswettbewerb. Ist dies ein unlösbares wissenschaftspolitisches Dilemma, mit dem wir uns abfinden müssen? Oder lassen sich die Barrikaden wechselseitiger Ignoranz, Arroganz und geharnischter, auch politischer Vorurteile überwinden? Lassen sich die Kontroversen zum Gewinn aller Kontrahenten produktiv austragen? Wäre eine einheitliche Psychologie, in der die Psychoanalyse ihren Platz gefunden hätte, vorstellbar und wünschenswert? Fragen dieser Art wirft Marie Jahoda in dem vorliegenden Buch auf, das die Dilemmata von Psychologie und Psychoanalyse darstellt und kritisch auswertet. Marie Jahoda zeigt, wie man aus Psychologie und Psychoanalyse gleichermaßen lernen kann, wenn man sich nur, was jeder Psychologe und Psychoanalytiker in sich vereinigen sollte: Scharfsinn, die Gabe zur systematischen Beobachtung und Reflexion und Lebensklugheit bewahrt hat. Dann lassen sich die gerade für ein Fach wie die Psychologie so problematischen Strategien des Eingrenzens, Abgrenzens und Ausgrenzens, das unheilvolle Revierdenken, überwinden.

Marie Jahoda studierte bei Charlotte und Karl Bühler, deren 1923 an der Universität Wien gegründetes Psychologisches Institut sie »neben Freud und Adler« als »ein drittes Lager im Ideenkampf der Wiener Psychologischen Welt«[1] charakterisiert. Die Bühlers repräsentierten in Wien die deutsche akademische Psychologie und waren besonders durch die Würzburger Schule beeinflußt. Sie favorisierten, so würden wir es heute formulieren, einen kognitiven Ansatz in der Psychologie. Es war ein »Ideenkampf«. Karl Bühler versuchte zwar in seinem berühmten, 1927 erschienenen Buch *Die Krise der Psychologie* in einer feinsinnigen und differenzierten Kritik Freud gerecht zu werden. Er war der Meinung, so heißt es im Vorwort, »daß gewisse Trennungsmauern zwischen ihr (der Psychoanalyse) und der übrigen Psychologie fallen müssen«[2]. Andererseits verwarf er »den Anspruch der Psychoanalyse, mit ihrer Formel allein das Ganze der menschlichen Seele zu begreifen« als »unberechtigt«[3]. Ablehnender muß Bühler allerdings mit Freud in seinen Lehrveranstaltungen umgegangen sein. In einem bedeutsamen Interview mit Mathias Greffrath beschreibt Marie Jahoda die Probleme, die dadurch entstanden: »Im Psychologischen Institut der Bühlers hat Freud kaum existiert. Der Bühler hat gelegentlich eine Vorlesung gehalten, in der er Freud angegriffen hat. Im Prinzip war die akademische Psychologie unbeeinflußt von der Analyse. Und in den kleinen intensiven Seminaren, die wir bei den Bühlers gehabt haben, wäre es uns allen schlecht ergangen, wenn wir die Psychoanalyse verteidigt hätten. So haben wir sie halt nicht verteidigt. Aber im Privatleben sind viele von den Studenten im Institut in Analyse gewesen, und wir haben es durchaus diskutiert. Es war ein wirkliches intellektuelles Doppelleben, das wir geführt haben«.[4]

Ein solches »intellektuelles Doppelleben« mögen auch heute noch manche Studenten der Psychologie führen. Zwar ist die Akzeptanz von akademischen Psychologen in der Bundesrepublik Deutschland gegenüber der Psychoanalyse etwas gewachsen; doch ist in ihrem allgemeinen Rezeptionsspektrum weiterhin die Ambivalenz und die offene Ablehnung der Psychoanalyse vorherrschend. Karl Bühlers *Krise der Psychologie* zählt weiterhin zu den differenziertesten Kritiken an der Grundkonzeption der Psychoanalyse. Er hat Sigmund Freud polemisch einen »Stoffdenker« genannt, der nur die inhaltliche, stoffliche Seite der psychischen Vorgänge und Gebilde zu sehen vermöge und die formale Seite vernachlässige.[5] Diesen Begriff des »Stoffdenkers« hat Marie Jahoda in ihrem Buch wieder aufgegriffen. Sie hat ihn von seinen Einseitigkeiten befreit und in ihrer Würdigung des Gesamtwerkes von Freud das Stoffdenken gewissermaßen zu einer Tugend erhoben. Gerade das akribische Hinhören auch auf zunächst belanglos erscheinende Details (Träume, Symbole, Witze und Fehlleistungen), die nicht vorstrukturierte, die »freischwebende Aufmerksamkeit«, wie Freud sein Verfahren bezeichnete, führte im therapeutischen Setting der Psychoanalyse zu vielfältigen, hochdifferenzierten klinischen Erfahrungen. Aus diesen entwickelte Freud seine Metapsychologie, die ein eigenständiges Persönlichkeitsmodell und eine eigene Entwicklungspsychologie enthält. Freud rekonstruierte die formalen psychischen Strukturen an konkreten psychischen Inhalten, am Stoff, im Gegensatz zu vielen Ansätzen der kognitiven Psychologie, die die formalen Strukturen von vornherein gegenüber den psychischen Inhalten verselbständigt haben. Zu jenen zählt auch der Ansatz von Jean Piaget. In vielen Vergleichen mit den Konzeptionen der akademischen Psychologie sieht Marie Jahoda »die Einzigartigkeit der Freudschen Leistung in seiner Konstruktion eines empirisch fundierten Modells des Menschen, das für alle bekannten psychischen Phänomene Raum hat, für Mechanismen und Inhalte, für Verhalten und Handlung, für Fühlen, Denken und Wünschen, für Lust und Realität, für Rationalität und Irrationalität, für bewußte und unbewußte Ziele, für Körper und Geist in ihrer Untrennbarkeit im Erleben, nicht in einem dualistischen Sinne«[6].

II.

Genau fünfzig Jahre nach Erscheinen von Karl Bühlers bedeutendem Buch hat Marie Jahoda mit *Freud und das Dilemma der Psychologie* Bühlers Diagnose der Krise der Psychologie auf deren fortgeschrittenstem Entwicklungsstand weiter entfaltet. Dabei kommt sie zu einer Neubewertung der Psychoanalyse für die akademische Psychologie. In der wissenschaftlichen Diskussion kommt Marie Jahodas Buch die gleiche Bedeutung zu wie seinerzeit der Arbeit von Karl Bühler. Es fordert zu einer neuen Besinnung auf Gegenstand und Methoden der Psychologie auf. Zur Selbstgewißheit in diesem Fach besteht kein Anlaß. Die an den Naturwissenschaften orientierten, hochentwickelten quantitativen Methoden haben bisher kaum zu Ergebnissen und Erkenntnissen geführt, mit denen man mehr als nebensächliche Fragen beantworten kann. Marie Jahoda zitiert Gordon W. Allports ironisches Diktum, daß man in der gegenwärtigen psychologischen Forschungsliteratur überwiegend »elegante Trivialitäten« finde. Mit Lee J. Cronbach und Donald Campbell stimmt sie in der Frage überein, ob nicht die naturwissenschaftlichen Modelle der Psychologie überschritten und die Geisteswissenschaften und qualitative Methoden in sie einbezogen werden müßten. Dabei geht es auch um die Aufgabe eines verengten individualistischen Blickwinkels und die Aufnahme einer gesellschaftlichen Perspektive in die Psychologie. Ähnlich denkt der amerikanische Experimentalpsychologe Kenneth J. Gergen, der neuerdings den »blinden empirischen Standpunkt« in der Psychologie kritisiert und die Entwicklung interpretativer Verfahren fordert. Ansätze dazu sieht er in der Ethnomethodologie, kritischen Theorie und Psychoanalyse.[7] Solche Auffassungen reflektieren das wachsende Unbehagen bei vielen amerikanischen Psychologen, wenn sie über ihre Forschungspraxis nachdenken. Die aus dem Blickwinkel der erfahrenen Sozialpsychologin von Marie Jahoda vorgenommenen Freud-Interpretation gibt wichtige Anstöße für diese Diskussion der Neubesinnung in der psychologischen Wissenschaft.

Auch in der Bundesrepublik Deutschland wird die Tendenz zu einem grundsätzlichen Pluralismus stärker. Es wird bezweifelt, ob es überhaupt ein einheitliches Paradigma dieser Wissenschaft geben kann und ob das Streben nach einem solchen Paradigma wünschenswert ist. Der Fortschritt in der Forschung scheint eher durch einen Theorienpluralismus gewährleistet.[8] Neben der naturwissenschaftlichen Orientierung gewinnt eine sozialwissenschaftliche Orientierung in der Theorienbildung wie der Methodenentwicklung zunehmende Bedeutung.[9] Zur Untersuchung der Strukturen und Muster des Alltagsbewußtseins wurden mit der Psychoanalyse verknüpfte interpretative Verfahren entwickelt[10] und erste empirische Studien vorgelegt.[11] Solche Konzeptionen wurden durch die in der Perspektive der kritischen Theorie vom Institut für Sozialforschung angelegten großen sozialpsychologischen und soziologischen Untersuchungen und die Neuinterpretationen der Psychoanalyse als einer hermeneutischen Wissenschaft durch Alfred Lorenzer und Jürgen Habermas möglich. Hier dokumentiert sich die Produktivität einer interdisziplinären gesellschaftswissenschaftlichen, psychoanalytischen und psychologischen Diskussion. Sie kann als ein Beispiel für die »interdisziplinäre Arbeit« gewertet werden, wie sie Marie Jahoda zwischen Psychologie, Psychoanalyse, Sozialwissenschaft, Geschichtswissenschaft und Anthropologie vorschlägt.[12]

Im engeren Bereich der Psychologie ist die Kritik von Wolfgang Mertens am psychologischen Experiment bemerkenswert.[13] Er zeigt, daß der Beziehungsaspekt zwischen Versuchsperson und Versuchsleiter, den er gegenüber dem Inhalt der Kommunikation im Experiment für sehr gewichtig hält, experimentell kaum kontrolliert werden kann. Dieser Auffassung ist auch Marie Jahoda, die dabei noch auf die unbewußten Prozesse der Übertragung hinweist, die mit großer Wahrscheinlichkeit zwischen Versuchsperson und Versuchsleiter ablaufen und die der Kontrolle im Experiment von vornherein entzogen sind. »Das psychologische Experiment«, schreibt sie, »ist mindestens eine genauso einzigartige Situation wie die analytische Couch.«[14] Gegenüber dem Experiment, das Daten exakter erheben kann, habe die Psychoanalyse als Forschungssituation den Vorteil, daß die Übertragungsvorgänge aufgearbeitet werden können und gegenüber der kurzfristigen Erhebung im Experiment eine intensive langfristige Erhebung des komplexen psychischen Geschehens stattfinde. Die wissenschaftlichen Auswertungen der klinischen Erfahrung aus mehreren hundert Stunden Gespräch und Beobachtung brauchten sich hinter Ergebnissen aus Experimenten wahrlich nicht zu verstecken.

Für das psychoanalytische Verfahren wie das Experiment sei die alte Warnung Goethes aus seinem Aufsatz »Der Versuch als Vermittler von Objekt und Subjekt« hier angeführt: »Man kann sich (...) nicht genug in acht nehmen, aus Versuchen (Experimenten) nicht zu geschwind zu folgern: denn beim Übergang von der Erfahrung zum Urteil, von der Erkenntnis zur Anwendung ist es, wo dem Menschen gleichsam wie an einem Passe alle seine inneren Feinde auflauern, Einbildungskraft, Ungeduld, Vorschnelligkeit, Selbstzufriedenheit, Steifheit, Gedankenform, vorgefaßte Meinung, Bequemlichkeit, Leichtsinn, Veränderlichkeit und wie die ganze Schar mit ihrem Gefolge heißen mag, alle liegen hier im Hinterhalte und überwältigen unversehens sowohl den handelnden Weltmann als auch den stillen, vor allen Leidenschaften gesichert scheinenden Beobachter.«[15] So sieht es auch Marie Jahoda.

Sie hat in ihren vielfältigen Forschungsarbeiten schon immer ein sehr differenziertes Methodenverständnis entwickelt, das den Gesichtspunkt der Angemessenheit der Methoden an den Untersuchungsgegenstand vor jenem ihrer internen logischen Stimmigkeit hervorhebt. Methoden gehen bei ihr aus einer Synthese von klugen Einfällen und systematischem Denken hervor. Keine ihrer Untersuchungen läßt sich Allports ironischem Stichwort von den »eleganten Trivialitäten« zuordnen. Das gilt für die Relevanz ihrer Ergebnisse wie der Methoden. So ist ihre soziographische Studie »Die Arbeitslosen von Marienthal«[16], die sie gemeinsam mit Paul F. Lazarsfeld und Hans Zeisel geschrieben hat und die zuerst 1933 erschien (die erste Auflage fiel kurz nach Erscheinen den Bücherverbrennungen der Nationalsozialisten zum Opfer), nach wie vor nicht nur vom Gegenstand der Untersuchung, sondern auch von methodischen Gesichtspunkten her hoch aktuell. In ihrem letzten Buch *Wieviel Arbeit braucht der Mensch?*[17] analysiert Marie Jahoda, welche psychologische Bedeutung die Arbeit für die Menschen hat. Status, Identität, sozialer Horizont, Zeitperspektive, kollektive Zielsetzungen und Zusammenarbeit erscheinen eng mit den Formen industrieller Arbeit verknüpft und sind von dieser nicht einfach abtrennbar. Sie belegt nachdrücklich die These Sigmund Freuds, daß bisher »keine andere Technik der Lebensführung« als die Arbeit den einzelnen fester an die Realität bindet.[18] Marie Jahoda macht auch hier deutlich, wie wichtig es für die Forschung, aber desgleichen für die lebenspraktische Sichtweise ist, wenn die psychoanalytische Erfahrungsperspektive in die Sozialpsychologie integriert wird.

III.

In *Freud und das Dilemma der Psychologie* greift Marie Jahoda die Kontroversen um die Freudsche Metapsychologie auf. Fragen nach der theoretischen Konstruktion, nach dem Status ihrer Begriffe, nach der empirischen Basis der Metapsychologie, wie sie Psychologen und Psychoanalytiker kontrovers diskutieren, werden ausführlich erörtert. Hiermit wird eine wichtige Anregung zu jener Diskussion gegeben, in der auch in der Bundesrepublik Deutschland die Freudsche Metapsychologie problematisiert wird. Gegenwärtig hat wiederum Wolfgang Mertens in einer differenzierten sozialpsychologischen Perspektive die jüngsten Versuche, die Metapsychologie neu zu konzeptualisieren, dargestellt.[19] Ebenfalls hat Hans-Martin Lohmann die kritischen Kontroversen der letzten Jahre um die Psychoanalyse ausführlich dokumentiert.[20] Entscheidend in dieser Diskussion ist der Versuch von Alfred Lorenzer, aus der Sicht des Psychoanalytikers die psychoanalytische Metapsychologie interaktionstheoretisch neu zu interpretieren und spekulativen und ideologischen Ballast abzuwerfen.[21] Es ist erstaunlich, wie weit Marie Jahoda und Alfred Lorenzer übereinstimmen. »In der modernen Ausdrucksweise war Freud«, so Marie Jahoda, »sicherlich ein Interaktionist.«[22] Diese Auffassung wird von Lorenzer ausgearbeitet. Aus der Analyse der frühen Mutter-Kind-Dyade als einer körperbestimmten Interaktionspraxis gelangt Lorenzer zu einem Triebbegriff, der die Psychoanalyse einer konkreten Psychologie öffnet: »Trieb ist e definitione: Körperbedürfnis ›in-Beziehung-zu‹ ... der Niederschlag real erfahrener Interaktion ... bildet den Sinnzusammenhang einer Lebensgeschichte.«[23] Ähnlich wie Lorenzer die psychoanalytische Trieblehre aus ihren metapsychologischen Höhen in die menschliche Praxis herunterholt[24], entwickelt Marie Jahoda ihre Kritik aus einer Dialektik der realen Objektbeziehungen: »Im Unterschied etwa zum biologischen Bedürfnis, zu atmen, das durch die Luft allein befriedigt wird, haben diese Triebe eine enorme Auswahl an Objekten, die zu ihrem Ziel führen können. Die Darstellung der sexuellen Entwicklung der Kinder (...) hat schon gezeigt, wie früh diese Befriedigung unlösbar mit den Objekten der Welt, in der das Kind lebt, verbunden ist. Instinktive Triebe sind daher eindeutig sozialpsychologische Erscheinungen.«[25]

Aber nicht nur in der Interpretation metapsychologischer Begriffe gibt es Gemeinsamkeiten. Auch die psychoanalytische Methode faßt Marie Jahoda ähnlich wie Alfred Lorenzer als eine gemeinsame Anstrengung[26] von Arzt und Patient auf, zu einer Erkenntnis zu gelangen, die sich mit einem praktisch-therapeutischen Erfolg verbindet. Lorenzer expliziert die psychoanalytische Methode ausführlich als ein »kritisch-hermeneutisches, praktisch-änderndes« Verfahren.[27] Für eine solche Auffassung der Psychoanalyse hat George Politzer, der Jean-Paul Sartre und Maurice Merleua-Ponty wesentlich beeinflußte, in seiner *Kritik der Klassischen Psychologie* schon 1929 (besonders in seiner Auseinandersetzung mit Karl Bühlers *Krise der Psychologie* einen wichtigen Grundstein gelegt. Mit dem Begriff des »individuellen« und »standardisierten« »Dramas« versuchte Politzer, wie später Lorenzer, in seiner Psychoanalyseinterpretation die szenische Gestalt der Interaktion der Individuen und damit die psychische Dynamik sozialer Verhältnisse zu verstehen. Der spezifische Gegenstand der Psychologie ist für Politzer ein Komplex von Dramen. Sie zielt auf eine »Systematisierung der Verfahren der praktischen Menschenkenntnis«. Als ein solches Verfahren verstand er die Psychoanalyse. Sie war für ihn ein Muster für eine »konkrete Psychologie«. Marie Jahoda wiederum zeigt kritisch, daß noch einiges zu tun wäre, die Psychoanalyse zu einer konkreten Psychologie zu entwickeln.

Diese würde sicher in mancher Hinsicht auf der Ebene der empirischen Forschung zu einem »Bruch mit der Metapsychologie« Freuds führen.[28] In einer solchen psychologischen Konzeption wäre unter Einbeziehung bereits vorliegender sozialpsychologischer Untersuchungen der konkrete Erfahrungsgehalt der Psychoanalyse gegen deren naturwissenschaftlich-medizinische Vereinnahmung zu wenden.

Für Marie Jahoda kann letztlich nur eine interdisziplinäre Herangehensweise die metapsychologischen Grenzen einer vorwiegend klinischen Psychoanalyse auflösen und sie für die Erklärung der sozialen Dynamik nutzbar machen. In diesem Sinne orientiert sie sich an den Tatsachen – nämlich an den Tatsachen menschlicher Verhältnisse.[29]

IV.

So wird die Frage, ob es denn auch »wirklich so ist«, wie es die Wissenschaft vom Unbewußten behauptet, auch zum Prüfstein Marie Jahodas.[30] In ihrer ausdrücklichen Übereinstimmung mit dem Gebot der Beweisbarkeit setzt sich ihre politische Kritik durch, die sich nichts vormachen läßt, schon gar nicht, wenn es um die objektiven Grundlagen des menschlichen Bewußtseins geht. Denn natürliche Mechanismen lassen sich nicht mehr verändern. Ihre Kenntnis wird zu einer Voraussetzung aufgeklärten Denkens, im Individuellen wie im Gesellschaftlichen. Ihre Anerkennung aber erzwingt die Achtung der menschlichen Natur und entzieht sie dem technischen Zugriff, auch dem des Experiments. Hieran aber erhitzen sich die Gemüter. Denn etwas – das Unbewußte – soll sein, was zugleich nicht ist bzw. was zumindest nur über seine *Erscheinungen* zu erkennen ist. Diese Erscheinungen wiederum setzen sich in den Träumen aus Motiven zusammen, die der sozialen Erfahrung des Individuums entnommen sind und die das Unbewußte verbergen.[31]

Aus dieser Verwirrung eben fallen die einen auf einen physiologischen Determinismus zurück und versteigen sich andere in spekulative Höhen. Marie Jahoda will hier Boden unter die Füße bekommen, indem sie die Skepsis des »objektiven« Naturwissenschaftlers mit dem empathischen Verständnis eines Hermeneutikers zu verbinden sucht. Damit stellt sie sich in eine Wissenschaftstradition, in deren Bewußtsein die großen Psychologen um die Jahrhundertwende noch ihre theoretischen Anstrengungen unternommen hatten. Die erkenntnistheoretischen Probleme einer Psychologie zwischen logischem Positivismus und nietzscheanischer Lebensphilosophie waren an den Akademien dieser Zeit allgemein bekannt. Ja, sie bildeten die gedankliche Klammer, unter der die Einzelforschung betrieben wurde, die zu den »großen« Fragen ihren Beitrag liefern wollte. Die größtenteils vergessene Bühlersche Sprachtheorie etwa versuchte sich vom Positivismus Wundts mit der These abzusetzen, »daß Gedanken von den verbalen Manifestationen unabhängig zu sein scheinen«[32], um zu einer Psychologie des Ausdrucksverhaltens zu gelangen – eine Richtung, in der auch Ludwig Klages[33] sich einen Namen machte. Die Unterscheidung von Bedeutung und Kundgabe (oder Inhalt und Erscheinung) geht aber auf Edmund Husserl zurück, der aus seiner Kritik des Psychologismus (wonach alles Denken psychisch bestimmt sei) die allen Menschen gemeinsamen Elemente der Erfahrung und ihrer Reflexion logisch zu bestimmen suchte.[34] So war Bühler, dessen Frau Charlotte Bühler bei Husserl studiert hatte, in seiner Arbeit ebensosehr von der Phänomenologie beeinflußt wie die Phänomenologie von der akademischen Psychologie.

Einer ihrer Gründerväter, William James, gab mit seinem Begriff der »fringes« Husserl das Modell zu seiner Theorie des »Horizontbewußtseins«[35]. Dieses umfaßt die gesamte »Lebenswelt«, also auch »die von Menschen hergestellten Dinge«, die nach Bühler »zu Rückschlüssen auf ihre Schöpfer herangezogen werden sollten«[36]. In dieser Lebenswelt sind die *Erfahrungen* des einzelnen eingebettet, der sich aber in ihr nicht auflöst, wie eine objektivistische Phänomenologie glaubt, sondern der sie aus seinen subjektiven Bezügen heraus erlebt. Diese individuelle Welterfahrung verlangt jenes hermeneutische Verständnis, das nach Gadamer »nicht mit den methodischen Mitteln der Wissenschaft verifiziert werden kann«[37]. Sie verlangt vorbehaltlose *Empathie* (auch hier gibt es mit Theodor Lipps' Theorie der Empathie einen namhaften Vorläufer unter den Phänomenologen[38]). Die philosophische Hermeneutik, die durchaus einen Anschluß an die Sprachkunst sucht, kennt keine objektivierbare Wahrnehmung, da sich eine solche immer nur in relativen Sprachmustern zu artikulieren vermag, die einer Interpretation bedürfen. Wohl aber kennt sie methodisch erfaßbare Erfahrungsweisen, die für eine empirische Hermeneutik wichtig geworden sind.[39] Zwischen der Szylla einer sich entziehenden Wahrheit der philosophischen Hermeneutik und der Charybdis eines naturwissenschaftlichen Objektivismus sieht Marie Jahoda in der Psychoanalyse eine Psychologie der sozialen Erfahrung angelegt, die eine solche Methodik zu bestimmen hätte. Durch sie erst wird die »dramatische« Verbundenheit des Menschen mit der Welt als Ganzes verständlich.

In deutlichem Unterschied zu immanenten Psychoanalyse-Einführungen, etwa der Waelders[40] oder der Brenners[41], versucht sie deshalb die Auseinandersetzung um natürliche Mechanismen einerseits und inhaltliche Bedeutungen andererseits durch ständige Verweise auf das realgeschichtliche Umfeld zu einer konkreten Psychologie zu wenden. Wenn sie dabei die (Trieb-)»Befriedigung unlösbar mit den Objekten der Welt ... verbunden« sieht[42], bereichert und erweitert sie die Psychonanalyse um den klassischen Gegenstand der akademischen Psychologie – die unbelebte Natur als Wahrnehmungs- bzw. Aneignungsproblem. Denn der psychoanalytische Begriff der Objekterfahrung ist natürlich auf die Gegenstandserfahrung übertragbar[43], mit der sich vor allem die Wahrnehmungspsychologie, die Gestaltpsychologie und die gesamte Kognitionspsychologie auseinandersetzen. Damit erlangen die naturwissenschaftlich definierten Objekte eine über jeden Anthropomorphismus hinausreichende *symbolische* Qualität für das Individuum. All jene Vorgänge, die bislang das angestammte Gebiet einer Laborpsychologie waren, müssen danach einer erneuten Überprüfung unterzogen werden. Die klassische Mechanismen-Analyse, die darauf aus war, beliebig wiederholbare, allgemein-menschliche Funktionsweisen festzustellen, sieht sich mit den Erlebnis-Inhalten der Probanden konfrontiert, die die Berücksichtigung der biographischen Zusammenhänge gebieten. Marie Jahoda weist deshalb aber keinesfalls experimentell verifizierbare psychische Mechanismen generell zurück, im Gegenteil, sie überzeugt uns lediglich von der Notwendigkeit einer dialektischen Einbeziehung des individuellen Seelenzustandes, das heißt der jeweiligen psychischen Intention. Das ist ein wenig selbstverständlicher Gedanke. Vielen heutigen Psychologen sagt der Begriff der Intentionalität gar nichts mehr. Die völlige Mißachtung der unbewußten »Determinationstendenz« der Denkvorgänge[44], die sich im Ansatz bereits einer unverstellten Selbstreflexion eröffnen, ist geradezu zu einem Prinzip der akademischen Psychologie geworden. Die Gleise der psychologischen Forschung scheinen derart festgefahren, daß man mit Marie Jahoda zu dem Ergebnis kommen muß, daß »der Forschungsbetrieb leider nicht immer dem Denken (dient)«[45].

Einer konkreten Psychologie aber werden mit Freud nicht nur die alltäglichen Verstrickungen der Menschen untereinander zugänglich, sondern auch die Welt, die sie sich schaffen. Sie zerteilt sich nicht mehr analog der »Departementalisierung des Geistes«[46] in die zahllosen Fragmente einzelner Variablen und deren psychologischen Korrelate, sondern sie erhält ein »geistig Band« durch die Erforschung dessen, »was sie im Innersten zusammenhält«. Dabei wird im »Zeitalter des Narzißmus«[47] bei all dem zwischenmenschlichen Elend und seinen sozialen Ursachen die überhandnehmende Warenwelt ein immer dringlicheres Problem. Denn der industrialisierte Lebensraum bildet einen, die sozialen Verhältnisse umfassenden, Erfahrungshorizont, in den die Menschen hineinwachsen und dessen Perspektiven sie übernehmen. Mangels sozialer und kommunikativer Lösungen greifen sie zu »klischeehaften«[48] Reaktionen, deren Muster sie auch dieser »Lebenswelt« entnehmen. Die Anerkennung, die ihnen die anderen versagen, sollen Maschinen ersetzen, die ihren Befehlen gehorchen. Doch wie Karel Kosik in seiner *Dialektik des Konkreten* schreibt: »Der Mensch *enthüllt* den Sinn der Dinge dadurch, daß er sich einen menschlichen Sinn für die Dinge *ausbildet*. Der Mensch mit entwickelten Sinnen hat deshalb auch einen Sinn für alles Menschliche, wogegen der Mensch mit nicht entwickelten Sinnen der Welt gegenüber verschlossen ist.«[49] Wer sich mittels einer Maschine seiner im Unbewußten abgelagerten Erfahrungen und der darin versiegelten Probleme zu entledigen sucht, der betreibt nicht nur eine Magie des Technischen, sondern zerstört die Grundlagen eines wissenschaftlichen Fortschritts überhaupt. Denn »die Erfahrung lehrt, Wirkliches anzuerkennen. Erkennen, was ist, ist so das eigentliche Ergebnis aller Erfahrungen, wie alles Wissenwollens überhaupt.«[50] Um eine konkrete Psychologie zu einem wirklichen Verständnis der *psychophysischen* Totalität einer Industriegesellschaft voranzutreiben, müssen deshalb die Grenzen der Klinik und des Labors überschritten werden. Im weiten Feld des Sozialen hat ein guter Psychologe sich allemal zu bewähren. Marie Jahoda weiß uns dies wie keine andere aus wissenschaftlicher wie persönlicher Erfahrung zu lehren.

Ihr Buch empfiehlt sich vor allem jenen Psychologen, Psychoanalytikern und Soziologen zur eingehenden Lektüre, die die künstlichen Grenzen ihrer Fächer überwinden wollen. Besonders aber den Studierenden der Psychologie und der Sozialwissenschaften bietet es eine weitblickende Perspektive, die vor falscher Selbstbeschränkung auf enge Fachgebiete bewahrt.

Einleitung

Eine Debatte ohne Ende

Fast ein Jahrhundert nach der Veröffentlichung der *Traumdeutung* ist Freuds Position in der Ideenwelt immer noch ungeklärt. Daß er eine hat, ist unstrittig. Die Frage ist nur: Welche? Eine schier endlose Flut von Publikationen gibt da äußerst widersprüchliche Antworten: Er sei ein Wissenschaftler oder ein Scharlatan; der Begründer einer neuen Psychologie oder ein Dichter; ein Philosoph oder ein Möchtegern-Philosoph; ein Biologist oder ein Sozialdeterminist; ein Moralist oder ein Libertärer; ein origineller Denker oder ein schlauer Propagandist der Ideen anderer Leute; der Organisator einer Bewegung oder ein einsamer Pionier; eine Schmach oder eine Wohltat für Wissenschaft und Moral.

Daraus ergibt sich gewiß ein spannendes intellektuelles Problem: Was hält diese Debatte um Freud in Gang und was erhitzt sie so? Weshalb können die Wissenschaftler von ihren Angriffen nicht ablassen, die doch zu ihrer eigenen Genugtuung schon vor Jahrzehnten »nachgewiesen« hatten, daß »was an Freud neu war, nicht wahr und was wahr, nicht neu war«?

Ein Streit um Ideen ist ja durchaus üblich. Aber die Auseinandersetzung um Freud hat doch eine Besonderheit. Im Falle Darwins oder Marx' gab es die Darwinisten und die Marxisten, die den Kampf um die neuen Ideen führten. Aber im Falle Freuds sind die Psychoanalytiker in der Defensive. Die meisten beschränken sich auf ihre Berufspraxis und brechen nur gelegentlich aus ihrer sektenhaften Existenz aus, um erneuten Angriffen entgegenzutreten. Wenn es nach ihnen ginge, wäre der Name Freuds nicht länger ein Schlachtruf in den kulturellen Problembereichen unserer Zeit, wie etwa der Krise der modernen Psychologie oder der Frauenbewegung. Aber er ist es immer noch, und der Streit dauert an.

Freilich heißt das nun nicht, daß alle Psychoanalytiker nur Epigonen sind. Denn seit dem Tode Freuds, und bereits davor, haben sie einen wahrhaft phänomenalen Umfang an Literatur produziert, in der sie Freuds Werk sowohl klinisch wie theoretisch erklären und weiter entwickeln. Der *Index of*

Psychoanalytic Writings[1], der jedes psychoanalytische Buch, jeden Artikel oder jede Monographie in 21 Sprachen aufführt, hat gerade die 100000-Marke überschritten. Zwar kenne ich selbst nur einen geringen Teil dieser Arbeiten, aber aus dem, was ich kenne, ergibt sich zweierlei: zum einen, daß Psychoanalytiker überwiegend für andere Psychoanalytiker schreiben, und zum andern, daß sie, wenn auch innovativ und kritisch, im Grunde doch alle von Freud ausgehen. Dies gilt auch für jene Psychotherapieschulen, neo-freudianische und andere, die teils wohl begründet, teils mit Beschimpfungen von Freud abgefallen sind. Auch dieses Buch will sich auf Freuds eigene Schriften konzentrieren, weil ich in Übereinstimmung mit seinen Schülern wie seinen Kritikern seinen Beitrag als den Kern der anhaltenden Auseinandersetzung um den theoretischen Wert der Psychoanalyse ansehe. Wie interessant oder gar sensationell die Arbeiten einiger Psychoanalytiker unserer Zeit auch sein mögen, keiner von ihnen hatte vergleichbare Folgen, keiner hat eine vergleichbare Auseinandersetzung in Gang gebracht.

Ich habe dieses Buch nicht in der Illusion geschrieben, diese Diskussion beenden zu können. Im Gegenteil, aus der Perspektive eines Psychologen sollte sie angesichts der Tatsache, daß die heftigsten Angriffe gegen Freud gerade aus den Reihen der Psychologen kommen, unbedingt weitergeführt werden.

Als ich mich in den späten 20er Jahren an der Universität Wien als Student der Psychologie immatrikulierte, hatte mein Lehrer Karl Bühler gerade ein Buch mit dem Titel *Die Krise der Psychologie* veröffentlicht. Seine Arbeit blieb seltsamerweise völlig unbeachtet, als die angelsächsische Welt zum Zentrum der modernen Psychologie wurde. Die Krise zog sich hin, teilweise durch erfolgreiche Moden im psychologischen Denken und einige echte Leistungen verdeckt. Jetzt aber ist sie wieder aufgebrochen. Im Laufe eines halben Jahrhunderts bin ich zu der festen Überzeugung gelangt, daß schon die bloße Existenz der Freudschen Theorie ein Stachel im Fleische der akademischen Psychologie ist, der nicht vor der Zeit entfernt werden sollte. Das Studium Freuds darf nicht der Ideengeschichte überlassen werden. Für die Entwicklung der Psychologie hat es immer noch eine wichtige Funktion zu erfüllen.

Deshalb ist dieses Buch für Psychologen geschrieben, in der

Hoffnung, daß eine eingehende Erklärung und Bewertung des Freudschen Werks einen Beitrag zur Klärung der Streitfragen der Psychologie liefern möge.

Es gibt natürlich bereits eine ganze Reihe solcher Versuche, von denen einige ganz ausgezeichnet, aber doch sehr parteiisch, andere nicht weniger gut, aber ohne eigenen Standpunkt und wieder andere von zweifelhafter Qualität sind. Obschon ich viel von ihnen gelernt habe, entsprechen sie jedoch nicht meinem spezifischen Interesse: der Darstellung der Freudschen Theorie sowohl im Wissen über seine Kritiker als auch über die Probleme der Psychologie als Wissenschaft. Jedenfalls haben bislang derartige Arbeiten unter Psychologen noch zu keinem einheitlichen Bild Freuds geführt. Kürzlich erst stieß ich am gleichen Tag auf die Schriften zweier Psychologen, von denen der eine ihn als Biologist, der andere als Milieutheoretiker darstellte. Eine Erklärung für die Verwirrung darüber, »was Freud wirklich sagte«, ist, daß er sich selbst widerspricht. Der Leser der psychologischen Literatur sollte nicht den Eindruck bekommen, daß Freud eine einheitliche Position gehabt hätte. Das Fehlen von Widersprüchen wäre auch sehr erstaunlich, wenn man allein den Umfang seines Werks in Betracht zieht. Die jetzt vervollständigte *Standard Edition* der gesammelten psychologischen Arbeiten Freuds hat im Englischen 24 Bände, enthält aber nicht seine frühen physiologischen und neurologischen Schriften und auch nicht seine umfangreiche Korrespondenz, die sich überwiegend mit den theoretischen Problemen der Psychoanalyse auseinandersetzt. Es wäre völlig unsinnig zu erwarten, daß alle Psychologen, die intensiv mit ihren Untersuchungen beschäftigt sind, sich einen Weg durch diese Materialmasse bahnten.

Aufgrund des Umfangs und der Komplexität der Freudschen Gedanken bleibt deren Darstellung notwendigerweise immer unvollständig, selektiv und äußerst schwierig. Freud selbst hat dies bestätigt. Verschiedentlich hat er versucht, die Psychoanalyse systematisch darzustellen, am hervorragendsten vielleicht in den *Vorlesungen* und in der *Neuen Folge der Vorlesungen zur Einführung in die Psychoanalyse*. Keiner dieser Versuche war zufriedenstellend. Er muß es selbst befürchtet haben, denn sonst hätte er sich nicht immer wieder bis an sein Lebensende daran versucht; übrig blieb schließlich, unvollständig und posthum veröffentlicht, der *Abriß der Psychoanalyse*. So wichtig diese Arbeiten sind, so wenig zeigen sie weder all die Voraussetzungen und Veränderungen seines Denkens noch die Widersprüche, Inkonsistenzen und Lücken seines Werkes im einzelnen. Es stimmt schon, wenn Philip Rieff[2] meint, daß Freud »der am wenigsten verworrene Denker der Moderne ist, weil er keine Botschaft hat – er akzeptiert Widersprüche«. So sehr man dem beipflichten kann, so sehr erschwert es eine Einführung.

Ein weiterer Grund für die Schwierigkeit eines solchen Vorhabens liegt – paradoxerweise – in der Tatsache, daß die Kenntnis seiner Ideen enorm verbreitet ist. Diese Vulgärversion der Psychoanalyse, die Trilling vor zwanzig Jahren »den Slang unserer Kultur«[3] nannte, hat sich selbst bei etlichen Psychologen so tief in ihre oberflächliche Kenntnis der Freudschen Theorie eingeprägt, daß es einer besonderen Anstrengung bedarf, diese Vorurteile wieder rückgängig zu machen. Freud selbst war sich der Gefahren der Popularität sehr wohl bewußt. In dem Vorwort zu einem Buch de Saussures dankte er diesem ausdrücklich für die Korrektur der weitverbreiteten Ansicht, daß der Psychoanalyse nach alle Träume eine sexuelle Bedeutung hätten und daß Sex der einzige Beweggrund des Menschen sei. Eine solche Ansicht hat Freud natürlich nie vertreten.

All dies sind gewichtige Gründe gegen einen erneuten Versuch, die Psychologie mit Freuds Theorie zu konfrontieren. Offensichtlich halte ich diesen Versuch dennoch für lohnend. Ich kann nur hoffen, daß der Leser dem zustimmen wird.

1. Kapitel: Der Bereich der Kontroverse

Tatsächlich gibt es kaum einen Aspekt des Freudschen Werkes, der einer Kontroverse entgangen ist; selbst einige biographische Details, durch ihn oder seine Zeitgenossen übermittelt, werden in Frage gestellt. Sie eingehend zu beschreiben und zu diskutieren, würde selbst einen ganzen Band füllen; einige ausgewählte Beispiele können jedoch die Tragweite dieser Auseinandersetzungen andeuten.

Seit Ernest Jones' monumentaler Biographie[1] erlebte die Freud-Forschung einen dramatischen Aufschwung; Dokumente werden gesichtet und sortiert, und konträre Behauptungen gibt es ohne Zahl. Jones berichtet uns, daß Freud 1856 als erster Sohn der zweiten Ehe Jakob Freuds geboren wurde.

Hinsichtlich des Datums bestehen keine Meinungsverschiedenheiten, aber war es Jakobs zweite Ehe? Nein, sagt Ellenberger in seiner glänzenden und fundierten Arbeit, es war die dritte.[2] Man muß sich allerdings fragen, ob das eine Rolle spielt.

Das Studium der Leben großer Männer kann sich leicht vom Erhabenen zum Lächerlichen wenden. Es gibt eine (vielleicht verfälschte) Anekdote über eine frühe Ausgabe der Autobiographie Goethes, in der er schrieb: »Von all den Frauen, die ich liebte, liebte ich Lilly am meisten«, was der Herausgeber mit der Fußnote versah: »Hier irrt Goethe.« Aber im Falle Freuds ist die Situation anders, da er es uns ausdrücklich gestattet, seine persönlichen Erfahrungen als Daten anzusehen. Die *Traumdeutung*[3] enthält eine ausführliche Darstellung seiner Selbstanalyse, und in vielen anderen Schriften hat er seine persönliche Erfahrung schonungslos und selbstentblößend dazu benutzt, die Funktionen der menschlichen Seele zu demonstrieren, sehr im Gegensatz zu einigen anderen Psychologen, deren Arbeit alles außer sie selbst erklärt.

Die Auseinandersetzung um die biographischen Details, die teilweise noch anhält, ist deshalb von Bedeutung, weil sie für die Frage, ob Freuds Werk auf einer adäquaten Realitätsprüfung oder auf Störungen eines neurotischen Geistes basiert, entscheidend sind. Schließlich ist das Familiendrama in der frühen Kindheit für Freuds Denken von zentraler Bedeutung. Die erste Skizze dieses Dramas entstand aus seiner Selbstanalyse. Freuds Familie hatte eine einzigartige Struktur, selbst wenn wir von der Annahme ausgehen, daß seine Mutter Jakobs zweite Frau war. Um so mehr, als es allem Anschein nach ein Familiengeheimnis gab, das nie offen ausgesprochen wurde, aber das, wie es die Eigenschaft aller Familiengeheimnisse ist, die Atmosphäre bestimmte, in vagen Andeutungen erschien und das Phantasieleben der Kinder beschäftigte. Die tatsächlichen Umstände können vielleicht einmal zweifelsfrei festgestellt werden. Ihre möglichen Auswirkungen auf Freud müssen aber für immer ein Gegenstand der Spekulation bleiben.

In seinem autobiographischen Entwurf[4] in der *Traumdeutung* und in seiner Korrespondenz erwähnt Freud drei zusammenhängende Erfahrungen, die einen tiefen Eindruck auf ihn hinterlassen hatten: der Antisemitismus, seine Enttäuschung über die Verzögerung seiner akademischen Promotion, seine Einsamkeit und die erduldeten Feindseligkeiten in der ersten Dekade seiner psychoanalytischen Entdeckungen. Alle drei wurden zum Thema von Kontroversen.

So berichtet Freud, daß ihm, als er noch ein junger Schüler war, sein Vater einmal erzählte, wie er auf der Straße durch Nichtjuden gedemütigt wurde, die seinen Hut in den Dreck warfen und ihn vom Gehsteig drängten. Wie sich die junge Generation israelitischer Juden während des Eichmann-Prozesses über die Unterwerfung ihrer Eltern und ihrer Hinnahme von Demütigungen und selbst von Folterungen entsetzte, entsetzte sich der junge Freud über die Feigheit seines Vaters in dieser Situation. Seit Generationen ist es das Schicksal der Juden, mit dem Wissen um die Demütigungen ihrer Eltern zu leben, sie als vergangene Geschichte zu begreifen, um sie dann doch wieder von neuem am eigenen Leibe zu erfahren. Was Freud selbst betrifft, so entfaltete sich der Nazi-Terror erst, nachdem er 1938 Wien verlassen mußte. Vier seiner Schwestern kamen in den Konzentrationslagern ums Leben, weil sie nicht fliehen konnten. Aber schon in seiner Wiener Forschungszeit war er sich des Antisemitismus sehr bewußt und schrieb ihm die Widerstände gegen seine

Arbeit und die Verzögerung seiner Ernennung zum Professor zu. In dieser Hinsicht hält Ellenberger[2] Freuds Reaktionen für eine Übertreibung, die für die Überempfindlichkeit vieler Juden typisch sei. Er meint, daß von 1880 bis 1910 der »Antisemitismus in Wien praktisch nicht existent war« (S. 424) und daß »Freud mit so manchem österreichischen Juden die extreme Empfindlichkeit gegenüber jeder Form von Antisemitismus (ob tatsächlich oder unterstellt) teilte« (S. 427). Er folgert daraus, daß der Hauptgrund für die Verzögerung der Ernennung Freuds vielmehr die *vis inertiae* der Bürokratie gewesen sei (S. 454).

Andere Wissenschaftler haben das Material zu dieser Diskussion beigesteuert. So schrieben die Gicklhorns[5] ein Buch über Freuds wissenschaftliche Karriere, das auf Dokumenten beruht, die Ellenberger recht geben, worauf K. R. Eissler mit der Entdeckung zweier Dokumente antwortete, die sie übersehen hatten und die Freuds Ansicht unterstützen.

Es ist heute kaum noch zu bezweifeln, daß die österreichische Gesellschaft schon zu Freuds Lebzeiten das Geschwür des Antisemitismus in sich trug, lange bevor es die Katastrophe des 20. Jahrhunderts auslöste. 1895 wurde Dr. Karl Lueger Bürgermeister von Wien, dessen Antisemitismus genauso erwiesen ist wie dessen Modifizierung durch seinen berühmten Ausspruch: »Wer ein Jud ist, bestimm ich.« Aber seinen politischen Freunden waren solche Gedanken fremd. So veröffentlichte ein Mitglied des österreichischen Parlaments 1900 ein Pamphlet[7], das die Zukunft vorwegnahm und die Geschichte Wiens aus der Sicht der zwanziger Jahre beschreibt. Es enthält folgende Erklärung: »Einmal erhängten wir in Wien 300 Juden und 20 Arier an einem Tag. Im polnischen und russischen Reich mußten wir Tausende hängen, bis die Bürger einsahen, daß wir es ernst meinten.« Eine Tageszeitung, *Die Wiener Volkszeitung*, trug den Untertitel: »Organ des Antisemitismus«.[7] Es zeigt sich, daß eine historische Analyse offensichtlich nicht einfacher ist als eine Psychoanalyse. Janick und Toulmin geben in ihrem *Wittgenstein's Vienna*[8], das natürlich auch Freuds Wien war, zu bedenken, daß Wien aus mehreren in sich geschlossenen Gemeinden bestand, die sehr spezifische Lebensräume mit eigener Atmosphäre entstehen ließen. Ihrer Ansicht nach bildeten Künstler, Freiberufliche und Akademiker eine eng verbundene

Gemeinschaft, in der sie zwar nicht als Individuen, aber als Gruppe Außenseiter waren und somit, um mit Schorske zu sprechen, »nicht *von*, sondern geradezu *mit* ihrer ganzen Klasse entfremdet«. Nun war diese ganze Klasse, zu der Freud gehörte, größtenteils jüdisch und sicherlich nicht antisemitisch. Zum Beispiel waren zu einer Zeit, als die Juden zwölf Prozent der Gesamtbevölkerung stellten, 48 Prozent der medizinischen Fakultät Juden.[7] Ist also die Annahme berechtigt, daß Freud innerhalb der Wiener Intelligenz, die seine berufliche Bezugsgruppe war, ständig dem Antisemitismus ausgesetzt war?

Auf der anderen Seite offenbaren die näheren Umstände der Verzögerung seiner Promotion, die von ihm und anderen viel diskutiert wurde, Tatsachen, wonach der bürokratischen *vis inertiae* als Hauptgrund vielleicht seine zu große Schuld zugemessen wird. Freud war akademisch sehr ambitioniert. 1902 wurde ihm, ohne daß er je einen Lehrstuhl an der Universität innehatte, der Professorentitel verliehen, auf den er jedoch 17 Jahre warten mußte, während die durchschnittliche Dauer der Promotion an der medizinischen Fakultät acht Jahre betrug.

Wie steht es nun um Freuds Darstellung seines einsamen Kampfes gegen eine Welt, die seinen Ideen im ersten Jahrzehnt der Psychoanalyse feindlich gegenüberstand? An vielen Stellen macht er hierzu detaillierte Angaben, besonders in der umfangreichen Korrespondenz mit Fliess[9], aber am deutlichsten in jenem Motto, das er für die *Traumdeutung* ausgewählt hatte: *Flectere si nequeo superos, Acheronta movebo* (»Wenn ich den Himmel nicht rühren kann, so werde ich die Hölle bewegen«). Es ist natürlich möglich, dieses Zitat aus der *Aeneis* einfach als eine Anspielung auf den psychologischen Inhalt dieses Buches zu begreifen, in dem Freud zum erstenmal die Macht des Unbewußten vorführte. Aber ohne jeden Zweifel, wie Schorske[10] zeigt, kannte Freud den Kontext, in dem dies gesagt wurde: Juno fordert Jupiter heraus. Was ebenfalls dafür spricht, dieses Zitat als Ausdruck Freuds Herausforderung einer feindseligen Welt zu begreifen, ist die Verwendung desselben Zitats durch den Sozialisten Ferdinand Lassalle auf der Titelseite einer seiner Pamphlete. Und Freud las zu jener Zeit Lassalle.

Ellenberger wiederum bezweifelt die tatsächlichen Hintergründe der Freudschen Darstellung seiner Isolation. Als Beleg führt er an, daß schon bald nach der Veröffentlichung der *Traumdeutung* eine Anzahl anerkennender Besprechungen erschienen sei. Jones[11] hingegen verweist auf eine dieser Besprechungen, die er als »völlig geistlos und sehr abschätzig« bezeichnet. Außerdem erwähnt er einen Universitätsprofessor, der zu dieser Zeit über Hysterie las und mit folgender kaum verschleierten Bemerkung über Freud schloß: »Ein Kollege in dieser Stadt hat diesen Umstand (das heißt, daß kranke Leute dazu neigen, über ihren Zustand zu reden) dazu verwendet, um eine Theorie auf dieser einfachen Tatsache aufzubauen und sich damit die Taschen zu füllen.« Darüber hinaus berichtet Jones, daß es acht Jahre brauchte, bis die 600 gedruckten Kopien der ersten Ausgabe der *Traumdeutung* verkauft waren.

Aus diesen wenigen Beispielen kann man leicht ersehen, daß sich die Welt, in der Freud lebte, in viele Bereiche zergliederte und eine selektive Wahrnehmung förderte. Um so weniger ist einzusehen, weshalb seine Kritiker in der Regel nur auf einen dieser Bereiche blicken. Im Falle Jones' und Ellenbergers ist die Beweisführung in der Tat parteiisch. Jones war ein ergebener Jünger; Ellenberger war nicht nur damit beschäftigt, der Legendenbildung und Heldenverehrung entgegenzuwirken, die sehr schnell um Freud entstanden war, sondern er wollte auch eine Theorie verbreiten, für die ihm Fechner, Freud, Jung und andere als Beispiele dienten: Ein gründliches psychiatrisches Verständnis, dachte er, entwickle sich in der Regel während einer anhaltenden Periode innerer Unruhe, die er als eine kreative Krankheit bezeichnete. Freuds ausdrückliches Eingeständnis seiner frühen neurotischen Symptome liefert genug Material, das diesen Gedanken unterstützt. Man muß Ellenberger zustimmen, wenn er Freuds selektive Wahrnehmung herausarbeitet und sie mit seiner Neurose verbindet. Es ist nur schade, daß sein Interesse an der Theorie der kreativen Krankheit ihn zu einer etwas einseitigen Darstellung der Welt, in der Freud lebte, geführt hat.

Dies bringt uns zu dem zentralen Problem zurück, das den biographischen Kontroversen zugrunde liegt. Ist die Psychoanalyse das idiosynkratische Produkt eines gestörten Geistes, oder ist sie ein Gedankengut, das nicht einfach mit einem Hinweis auf die Schwierigkeiten seines Erfinders abgetan werden kann? Im Licht der hier vorgebrachten Anhaltspunkte ist der Fall noch nicht abgeschlossen. Viele biographische Details bleiben ungeklärt, und einige sind nicht zu klären. Freud selbst wollte seine Arbeit unabhängig von seiner Persönlichkeit, nur durch ihren Gehalt bewertet wissen. Ellenberger wie Jones würden mit ihm und auch untereinander darin übereinstimmen, daß die Psychoanalyse diesem Test standhalten kann. Aber es wäre falsch, eine Streitfrage zu ignorieren, die gelegentlich unversehens in wesentlicheren Auseinandersetzungen auftaucht.

Vorrangig ist dabei die Frage, ob die Psychoanalyse als Therapie funktioniert. Freud selbst setzte in unterschiedlicher Weise dem therapeutischen Wert seiner Technik Grenzen. Er dachte, daß die Psychoanalyse am besten für hysterische und zwanghafte Patienten geeignet sei, die Kontakt zur Realität behielten, aber ungeeignet für Psychotiker, die sich von der Realität zurückgezogen hätten und deren verstärkter Narzißmus sie davon abhalte, mit dem Analytiker eine Beziehung einzugehen. Im allgemeinen war er der Ansicht, daß ein Patient, um von seiner Technik zu profitieren, einen gut durchschnittlichen Grad an Bildung brauche, einen durchschnittlich zuverlässigen Charakter und daß er vorzugsweise unter 50 Jahre alt sein sollte.[12] Falls die Symptome gravierend sind, bestünde, dachte er, die erste Aufgabe darin, ihnen Erleichterung zu verschaffen, bevor man den langen anstrengenden Prozeß einer psychoanalytischen Nacherziehung ordentlich in Angriff nehmen könne.[13] Er beanspruchte kein Monopol für die psychoanalytische Behandlung, sogar dann nicht, wenn alle diese Bedingungen zuträfen: »Es gibt zu viele Arten und Wege der Psychotherapie. Alle sind gut, die zum Ziel der Heilung führen.«[14] Angesichts der ökonomisch privilegierten Position der meisten seiner Patienten träumte er auch von der Ausdehnung seiner Technik auf ambulante Kliniken, wo sie allerdings, wie er dachte, durch die Hinzunahme von Suggestion und Hypnose modifiziert werden müßte.[15] Er sagte voraus, daß diese Behandlungsmethode innerhalb eines halben Jahrhunderts von biochemischen Therapien eingeholt werden würde[16], und in »Die endliche und die unendliche Analyse« drückte er seinen tiefen Pessimismus gegenüber den Chancen einer vollständigen Heilung aus.[17] In einem Brief an Oskar Pfister schrieb er: »... die optimalen

Bedingungen (für eine Psychoanalyse) bestehen da, wo sie nicht gebraucht wird – das heißt bei Gesunden.«[18]

Aus seiner eigenen Praxis berichtete er sowohl von Erfolgen wie von Mißerfolgen, wiewohl es unmöglich ist, sich über deren Verteilung ein Urteil zu bilden. Am Anfang seiner Forschung, als er noch die mögliche Bedeutung der erblichen Komponente der Hysterie erwog, hatte er zuversichtlich erklärt, daß nur eine große statistische Untersuchung diese Streitfrage entscheiden könne; als später Rank die Theorie des Geburtstraumas entwickelte[19], gebot Freud ebenfalls solange Zurückhaltung, bis empirische Beweise erbracht worden seien. Aber Jahre später, angesichts der Erfolge seiner Therapie, verwarf er die Vorstellung einer statistischen Überprüfung mit der Begründung, daß die individuellen Fälle hinsichtlich vieler Variablen sich so unterschieden, daß Vergleiche unmöglich seien.[20]

Es wird wohl kaum überraschen, daß in den gegenwärtigen Auseinandersetzungen um den Erfolg einer Behandlung emotionaler Störungen vor allem auf seine frühe und nicht auf seine spätere Einstellung gegenüber statistischer Verifikation verwiesen wird. Es gibt einen viel zitierten Aufsatz von Eysenck[21], der die zu dieser Zeit erhältlichen Daten über den Erfolg verschiedener Formen der Therapie gesammelt hatte und zu dem Schluß gelangte, die psychoanalytische Therapie habe eher schlechtere Resultate als gar keine Therapie. Aufgrund der enormen Schwierigkeiten, aus einem solchen Material, das immer auf den Grad der Erkrankung zu Beginn der Behandlung bezogen werden muß, die richtigen Schlüsse zu ziehen, sowie der viel diskutierten Frage der Diagnose und dem noch schwierigeren Problem der Erfolgskriterien einer Behandlung, hat Bergin[22] die Mühe auf sich genommen, zu den Originaldaten, die Eysenck benutzte, zurückzukehren, und ist seine theoretischen Voraussetzungen und die Arithmetik durchgegangen. Dieses immer wieder erhellende Verfahren führte zu dem Ergebnis, daß gemäß Eysencks Kriterien die Psychoanalyse in 95 Prozent der Fälle erfolgreich war. Nun ist Bergin vorsichtig genug, zu betonen, daß er selbst kein Psychoanalytiker sei und daß seine eigenen Kalkulationen, obgleich arithmetisch korrekt, nicht als stichhaltiger angesehen werden sollten als Eysencks Ergebnisse. Er habe in seinem Versuch, der es seinerseits nicht vermeiden konnte, von bestimmten Vorannahmen auszugehen, lediglich ein positives Vorurteil gegen Eysencks konsequent antianalytische Einstellung gestellt.[23]

Die Psychoanalytiker wurden ihrerseits durch eigene Erfahrungen, aber auch durch solche Angriffe auf ihre Therapie dazu angeregt, ihre Erfolgsquote zu überprüfen. Vor kurzem erst wurden die Ergebnisse einer monumentalen empirischen Untersuchung veröffentlicht[24], die 1954 an der Menninger-Klinik begann und die zweifellos die Grundlage für weitere Untersuchungen und Auseinandersetzungen bilden wird. Eines der Untersuchungsergebnisse – den größten Nutzen hatten jene Patienten, die die Analyse mit einem gewissen Maß an Ich-Stärke begannen – bestätigt Freuds Vermutung, die Analysanden sollten einen zuverlässigen Charakter haben und relativ gesund sein.

Natürlich konzentrieren sich die meisten Untersuchungen in diesem Bereich auf den therapeutischen Erfolg der psychoanalytischen Behandlungsmethode. Daher wurde auch eine wichtige Konsequenz hinsichtlich ihres Verhältnisses zur akademischen Psychologie bislang offensichtlich noch nicht systematisch berücksichtigt: nämlich die kognitive Beeinflussung des einer solchen Behandlung ausgesetzten Verstandes. Besonders in der Glanzzeit der Psychoanalyse vor dem Zweiten Weltkrieg haben viele Psychologen die eigene Analyse gesucht, nicht nur um mit ihren individuellen Problemen besser zurechtzukommen, sondern weil sie auch ein wissenschaftliches Interesse an der Analyse verspürten.[25] Ob nun diese Psychologen in ihrer weiteren Arbeit tatsächlich psychoanalytische Methoden eingesetzt haben oder nicht – einige taten es, andere nicht –, ich habe den Eindruck, daß von ihnen ein beachtlicher und anhaltender *intellektueller* Einfluß ausgegangen ist. Es würde sich lohnen, dem nachzugehen, weil dabei alle Schwierigkeiten einer Untersuchung zum Vorschein kämen, in der Fakten zählen, die nicht quantifiziert werden können.

Freuds relativ pessimistische Einschätzung seiner therapeutischen Methode war für ihn nur deshalb auszuhalten, weil er – obwohl der Meinung, daß »die Psychoanalyse ... aus der ärztlichen Not geboren (wurde)«[26] – ihren dauerhafteren Beitrag mehr als Theorie und als Forschungsmethode sah denn als »ein parteiloses Instrument, wie etwa die Infinitesimalrechnung«[27]. Er war ein Arzt wider Willen. Schließlich war die Medizin auch nicht seine erste Berufswahl gewesen, und er hat von sich gemeint, daß er nicht genügend sadistische Impulse besäße, um sie in den Wunsch, andere zu heilen, umzuwandeln. Und dennoch habe er, wie er versicherte, alles, was er wisse, von seinen Patienten gelernt.

Gerade diese letzte Behauptung gab den Anlaß zu einer weiteren Kontroverse mit »kuriosen« persönlichen Untertönen, gelinde ausgedrückt. David Bakan[28] meint, daß Freuds Folgerungen, ob richtig oder falsch, nicht aus klinischen Beobachtungen stammen, sondern durch eine lebhafte Einbildungskraft entstanden sind, die in seiner Jugend durch das Studium der jüdischen Kabbala genährt wurde. Freuds Vorfahren waren tatsächlich fest in der orthodoxen chassidischen Tradition verankert, und er selbst hatte in seiner Jugend Hebräisch gelernt. Bakan läßt offen, ob Freud vorsätzlich talmudische Lehren als klinische Beobachtungen verkleidet oder ob das unbewußte Gedächtnis die Interpretation seiner eindeutigen klinischen Beobachtungen beeinflußt habe. Tatsache ist, daß er einige erstaunliche Parallelen zwischen kabbalistischen Gedanken und psychoanalytischen Vorstellungen aufzeigen kann, ganz besonders hinsichtlich der Bedeutung der Sexualität.

Andere sind in ihren Verdächtigungen gegenüber Freuds Folgerungen aus dem klinischen Material weit weniger zurückhaltend. Frank Cioffi[29] hat die ungewöhnliche Frage erhoben: »War Freud ein Lügner?« und beantwortet diese Schlagzeile zu seiner eigenen Genugtuung mit der Behauptung, daß er zwar kein Lügner sei, obwohl seine Darstellung, wie er die Theorie über die Entstehung der Hysterie zuerst auf sexuelle Verführung des Kindes entwickelt und dann widerrufen habe, »völlig falsch« sei, daß er aber unter einer »massiven Amnesie« der tatsächlichen Ereignisse in dieser Phase gelitten habe. Die Angelegenheit wäre kaum einer Bemerkung wert, wenn sie nicht auf einer peinlich genauen Textanalyse verschiedener Erklärungen Freuds basierte, eine eindrucksvolle Methode, die Cioffi schon früher für seine Angriffe auf Freud genutzt hatte und die tatsächlich Widersprüche offenlegt. Cioffi kommt durch seine Studien zu der Behauptung, daß Freud ein Pseudowissenschaftler sei, der gewohnheitsmäßig und absichtlich methodologisch fehlerhafte

Verfahren benützt habe (absichtlich im Sinne einer verfeinerten Selbsttäuschung).[30] In der Tat tendieren Positivisten zu ähnlichen Schlußfolgerungen, aufgrund ihrer Gleichgültigkeit gegenüber der subtilen Wechselwirkung von Erfindung und Entdeckung im kreativen wissenschaftlichen Denken und ihrer Annahme, daß wissenschaftliche Arbeit gleichbedeutend mit Operationalismus und Hypothesenprüfung sei.

Der Behauptung, daß Freud ein geschickter Obskurantist sei, der Wissenschaftler von der Überprüfung seiner Ideen mittels anerkannter Verfahren abhalten wollte, muß die Tatsache gegenübergestellt werden, daß bereits etliche hundert experimentelle Tests zu Freuds Hypothesen existieren, von denen einige sie bestätigen und andere nicht. Deshalb sollte Cioffi seine Thesen dahingehend abändern, daß Freud ein schlechter Lügner war und zudem äußerst ungeschickt in dem Versuch, die Wissenschaft von der Überprüfung seiner Ideen abzuhalten.[31]

Wenn man solche Argumente *ad hominem* für anstößig hält, so muß man gerechterweise hinzufügen, daß sie auch von Psychonanlytikern benutzt wurden, tatsächlich auch von Freud selbst[32] – eines der weniger schönen Kapitel in der Auseinandersetzung um die Gültigkeit der Psychoanalyse. Weder die Tatsache, daß einige Menschen die Psychoanalyse aus persönlichen Gründen ablehnen noch daß Freud möglicherweise in seiner Darstellung des Schicksals seiner Verführungstheorie durch verwickelte Motive beeinflußt war, hat irgend etwas mit der Stichhaltigkeit seiner Überlegungen zu tun.

Nun führt aber Cioffis pedantischer und arroganter Positivismus zu einem Problem, das nicht nur für eine Bewertung Freuds, sondern auch für das Verständnis des Dilemmas der modernen Psychologie von großer Bedeutung ist: das Problem des Status der Psychoanalyse als Wissenschaft. Ist sie eine Wissenschaft und wenn, von welcher Art? Philosophen und Erkenntnistheoretiker haben sich Psychoanalytikern und Psychologen zugesellt und sich in einer schier endlosen Debatte, die nun schon Jahrzehnte dauert, mit diesem Problem auseinandergesetzt.

Freud selbst, der in vielen anderen Punkten durchaus bereit war, die Vorläufigkeit seiner Formulierungen zuzugeben, deren Modifizierung er von anderen im Licht empirischer Daten erwartete, ließ in dieser Frage keinen Zweifel aufkommen. »Psychoanalyse ist eine Naturwissenschaft – was sollte sie sonst sein?«[33] Er hatte natürlich als Naturwissenschaftler begonnen und lange vor der Entwicklung der Psychoanalyse physiologische und neurologische Untersuchungen veröffentlicht. Er hielt an diesem Selbstbild als Naturwissenschaftler fest und war beunruhigt darüber, daß, wie er in seiner frühen Veröffentlichung mit Breuer schreibt, seinen Fallstudien der »seriöse Stempel der Wissenschaft« anscheinend fehle; widerwillig gestand er ein, daß sie mehr wie Romane klingen.[34]

In der Art seines Denkens war er sowohl zu großen Gedankensprüngen als auch zu strenger Argumentation fähig. So argumentierte er zum Beispiel im »Wenn-dann-Schema«, das die Logik des Experiments bestimmt, daß wenn seine hysterischen Patienten tatsächlich unter organischen Verletzungen litten, wie einige behaupteten, der Verlauf ihrer Seh-, Hör-, Sprach- oder Bewegungsstörungen mit den bekannten Nervenleitungen übereinstimmen müßte. Aber die Hemmungen seiner Patienten widersprachen dem; sie litten, als ob sie keine anatomischen Kenntnisse hätten. Deshalb, folgerte er, müßten die Symptome psychischen Ursprungs sein. Er war sich sehr wohl der Gefahr eines Zirkelschlusses bewußt, wenn man an einem Material Hypothesen überprüft, das ursprünglich zu deren Aufstellung geführt hatte. Aber die Psychoanalyse war noch nicht reif für Tests, die dadurch überzeugend wirken, daß sie eine andere Entwicklung nehmen als die, die zu ihrer Entdeckung geführt hatte.[35] In diesem Sinne nannte er sich selbst einen Entdecker, der neues Land gewinnt, auf dem andere dann die wissenschaftliche Gültigkeit seiner Überlegungen überprüfen können. Sein Anspruch, die Psychoanalyse sei Naturwissenschaft, ruht auf zwei Grundpfeilern seines Werkes: dem psychologischen Determinismus und der psychoanalytischen Methode der Beobachtung.

Freuds Determinismus ist ganz eigener Art. Erstens ist er absolut und unnachgiebig, weit mehr als in dem Sinn, in dem er heutzutage in einigen Bereichen der Naturwissenschaften verwendet wird, in denen die Anerkennung von Zufallsfaktoren zu einer abgeschwächten Form des Determinismus geführt hat. Zum Beispiel behauptet er in der *Psychopathologie des Alltagslebens*[36], daß das Vergessen der Zeile eines Gedichtes, das man einmal auswendig kannte, durch die besondere Bedeutung, die die vergessene Zeile besitzt, psychologisch determiniert sei. Zum zweiten könnten psychologisch bestimmende Faktoren nur rückwirkend festgestellt werden und seien, einmal entdeckt, nicht prognostisch zu nutzen. Seine Erklärung für diese, wie er es nennt, »betrübliche Erkenntnis«[36] ist sehr einfach: Bislang können wir die genaue Bedeutung der verschiedenen psychologischen Faktoren noch nicht messen, mit dem Ergebnis, daß wir in zirkulierender Weise »am Ende nur (sagen), die sich durchgesetzt haben, das waren die stärkeren«; die Psychoanalyse kann nur rückblickend die Kausalität erkennen, wohingegen eine Vorhersage unmöglich ist. In allen Wissenschaften setzt der Grundsatz »unter gleichbleibenden Bedingungen« deren vorhersagender Kraft Grenzen. Da dieselben Umstände sich nie wiederholen, weder für das lebende Individuum noch für die Gesellschaft, von der Welt ganz abgesehen, ist die historische Vorhersage, dieser alte Traum der Menschheit, nur eine der großen Illusionen, mit denen wir leben, aber durch die wir uns in der wissenschaftlichen Untersuchung des Menschen und der Gesellschaft nicht beeinflussen lassen sollten.

Nun gibt es noch einen dritten wesentlichen Aspekt in Freuds Determinismus. Und zwar sind die psychischen Phänomene auf zweierlei Weise überdeterminiert: Zum einen kann die Ursachenkette beliebig weit in die Vergangenheit hinein verfolgt werden. Hysterische Symptome zum Beispiel können aus relativ aktuellen Zusammenhängen erklärt werden, aber es gibt immer psychisch bedeutende Vorfälle, die diesen vorausgegangen sind und die den Einfluß der nachfolgenden bestimmen und daher zur Erklärung herangezogen werden können. Zum andern sind sie auch dadurch überdeterminiert, daß mehrere Faktoren, ein jeder mit einem gewissen Erklärungswert, gleichzeitig zur Bildung von Symptomen beitragen.

Freuds zweite Rechtfertigung des Anspruchs der Psychoanalyse auf den Status einer Naturwissenschaft ist die psychoanalytische Methode, auf die wir im nächsten Kapitel genauer eingehen werden. Fürs erste muß hier eine Andeutung genügen, die lediglich seine Überzeugung belegen soll: »Schon vor mir haben Dichter und Philosophen das Unbewußte entdeckt, aber ich entdeckte die wissenschaftliche Methode, durch die das Unbewußte erforscht werden kann.«

Ob man Freuds Anspruch auf den wissenschaftlichen Status der Psychoanalyse schließlich akzeptiert oder zurückweist, wird von mehreren Faktoren abhängen: vom eigenen Wissenschaftsverständnis; ob und wie man zwischen Naturwissenschaften und anderen Wissenschaften unterscheidet; und ob man die Naturwissenschaften als den besten Weg zur Erforschung der Welt ansieht. Freud selbst hat da einen recht überschwenglichen und vielleicht romantisch verklärten Wissenschaftsbegriff, wenn er meint: »Die Wissenschaft ist eben die vollkommenste Lossagung vom Lustprinzip, die unserer psychischen Arbeit möglich ist.«[37]

Die Auseinandersetzung um den wissenschaftlichen Standort der Psychoanalyse verläßt sich zu Recht nicht auf Freuds Behauptungen, aber die Erbitterung in den Angriffen auf die Psychoanalyse als Wissenschaft bleibt dennoch überraschend. So schrieb kürzlich ein Naturwissenschaftler: »Es setzt sich die Überzeugung durch, daß die orthodoxe psychoanalytische Theorie der ungeheuerlichste intellektuelle Schwindel des 20. Jahrhunderts ist und so oder so nur zur Vernichtung bestimmt – fast wie ein Dinosaurier oder Zeppelin in der Ideengeschichte, das aufgeblasene Konstrukt eines vollkommen falschen Entwurfs und ohne jede Nachkommenschaft.«[38] Aber die Beiträge der Philosophen zu dieser Frage sind doch überwiegend recht ernsthaft und zeigen deutlich die immanenten Schwierigkeiten, eine endgültige Antwort zu finden. Alle, die mit Karl Poppers Wissenschaftsbegriff übereinstimmen, wonach der entscheidende Test einer Theorie ihre Widerlegbarkeit ist – und in Sachen Psychoanalyse lautet sein Urteil, daß sie in dieser Hinsicht vorwissenschaftlich sei[39] –, werden in der relevanten Literatur viel Unterstützung finden. So nahm zum Beispiel Ernest Nagel auf einem psychoanalytischen Symposium[40] Poppers Standpunkt ein, als er die Auffassung vertrat, daß die Psychoanalyse keine Wissenschaft sei, weil ihre Modelle und Begriffe so vage sind, daß sie nicht widerlegt werden könnten. Kurz darauf verwarf er die gesamte Psychoanalyse, weil ihr einige experimentelle und anthropologische Daten widersprachen. Offensichtlich kann er beides nicht vereinigen. Auf derselben Tagung regte Phillip Frank zu einer konzilianteren Formulierung an. Er zitierte Carnap, der zwischen logischen, semantischen und pragmatischen

Elementen einer Theorie unterscheidet, und würdigt den pragmatischen Wert der Entdeckungen der Psychoanalyse, um schließlich die rhetorische Frage zu stellen: Weshalb sollte man sie nicht in diesem Sinne benützen? Diese vernünftige Einstellung widerspricht im Grunde Popper gar nicht, der durchaus anerkennt, daß viele wissenschaftliche Ideen ihren Ursprung in Mythen haben. Vielleicht aber ist dies keine hinreichende Unterscheidung gegenüber anderen Quellen der Inspiration für die Forschung. Barbara Wootton, die in ähnlicher Richtung denkt, schließt daraus sehr schnell, daß Ibsen, der gelegentlich mit einigen Freudschen Einsichten übereinstimmt, »dem Verstand einen deutlicheren Eindruck hinterläßt als die einführenden *Vorlesungen zur Psychoanalyse*«[41]. Dies zeigt eine merkwürdige Unterschätzung konzeptueller Formulierungen. Ungeachtet seiner frühen Befürchtungen war Freud trotz allem kein Geschichtenerzähler, sondern der Schöpfer von Konzepten, der in der Spannung von Begriff und Wirklichkeit um Klarheit rang, ganz besonders im Hinblick auf das Unbewußte. »Der Analytiker lehnt es ab zu sagen, was das Unbewußte ist, aber er kann auf das Erscheinungsgebiet hinweisen, dessen Beobachtung ihm die Annahme des Unbewußten aufgedrängt hat«[42]; und an sich »ist das Unbewußte so unerkennbar wie Elektrizität«[43].

McIntyre beginnt sein Buch über das Unbewußte[44] mit der Frage nach dem wissenschaftlichen Status: »Die entscheidende Frage lautet also, ob das Unbewußte (wie das Elektron) zu den Begriffen mit großem Erklärungswert gehört oder (wie der Äther) zu den wertlosen und leeren theoretischen Begriffen.« Er konnte sie nicht eindeutig beantworten, sondern kommt zu dem Ergebnis, daß Freuds große Stärke »in seiner Fähigkeit liegt, die Dinge so zu sehen und so zu beschreiben, daß wir sie auch sehen können«. Und Wittgenstein, den er zitiert, scheint dem recht zu geben, wenn er sagt, daß Freud keine Erklärungen anbiete – (ich nehme an, er meint damit, daß die Psychoanalyse keine Wissenschaft ist) –, »sondern eine wunderbare Darstellung der Fakten. Es sind alles exzellente Gleichnisse, wie zum Beispiel der Vergleich des Traumes mit einem Bilderrätsel.« Demnach war Freud nicht mit der Erklärung, sondern mit der Entschlüsselung von Bedeutungen beschäftigt. Diese Auffassung von Psychoanalyse als einer Hermeneutik wird von vielen geteilt und ist von Habermas[45] am entschiedensten vertreten worden. Ich werde darauf in einem späteren Abschnitt noch zurückkommen.

Wie dem auch sei, McIntyres Zusammenfassung besagt, daß in Freuds Beobachtungen so manche Wahrheit liegt. Nun sind aber gerade jene »Fakten«, die Freud auf eine Weise darstellt, daß sie auch für andere vollstellbar werden, Gegenstand der Kontroverse. Kaum etwas hat schon zu seiner Zeit selbst unter Anhängern mehr Unglauben, Unwillen, ja Feindseligkeit und Spott hervorgerufen, als jene »Fakten«, die Freud unter dem Begriff der infantilen Sexualität zusammenfaßte. Infantile Sexualität wurde zuerst als ein anstößiges Wort angegriffen. Selbst Jung plädierte 1907, als er noch zu Freuds engerem Kreis gehörte, für eine Ersetzung des Wortes »sexuell«, und ein Jahr später wiederholte Bleuler diese Forderung mit noch größerem Nachdruck.[46] Aber Freud blieb in Begriff wie Inhalt unnachgiebig. Tatsächlich betonte er mehrfach, daß die »Fakten« infantiler Sexualität, wenn man es erst einmal wage, sie zu benennen, für das bloße Auge so offensichtlich seien, daß es ein reines Wunder sei, daß sie nicht schon früher ihre volle Beachtung erlangt hätten. Sicherlich gab es einige Vorläufer. Freud selbst zitiert einen Mediziner, Sandford Bell, der 1902 über 2500 Beobachtungen infantiler Sexualität gesammelt hatte, und einen weiteren Mediziner, Lindner, der schon 1879 das Daumenlutschen als sexuelle Befriedigung beschrieb. Ellenberger zitiert noch mehr, und die Weltliteratur enthält viele bedeutende Beispiele, von denen Rousseaus Bekenntnisse seiner perversen Sexualerfahrung in der Kindheit die bekanntesten sind.

Freud betrachtete die verschiedenen Manifestationen infantiler Sexualität als »Fakten«. Aber in der Wissenschaft sind »Fakten« nie so eindeutig wie die Fakten eines Telefonbuches. Sie stehen immer im Lichte einer Vorannahme, einer Idee oder eines Konzepts, durch das sie ihre Bedeutung erhalten. So haben gerade diejenigen, die Freuds Erläuterungen zur infantilen Sexualität bezweifelten, die Bedeutung dieser Fakten in Frage gestellt, indem sie nachwiesen, daß die aus ihnen von Freud abgeleiteten Schlußfolgerungen widerlegt werden konnten. Faktum und Folgerung sind in Freuds Werk in der Tat oft schwer auseinanderzuhalten, und die Überprüfung der Folgerungen ist als eine Möglichkeit der Annäherung an die Realität infantiler Sexualität ein durchaus legitimes Verfahren. Mehrere empirische Psychologen haben hierzu wichtige Nachforschungen gesammelt und sie kommentiert. Einer der frühesten Forschungsberichte zur infantilen Sexualität[47] kommt zu dem Ergebnis, daß es keine unterstützenden Beweise gäbe. Ein anderer bejaht zwar im Prinzip das Freudsche Modell, aber nicht die frühe Sexualität.[48] Im Gegensatz dazu entdeckt der neueste Beitrag[49] Untersuchungen, die die Schlußfolgerungen aus der infantilen Sexualität bestätigen, und deshalb erkennt er die zugrunde liegenden Fakten an. Und so geht der Streit von neuem los.

Es gibt noch andere Auseinandersetzungen, ernste und triviale, die in späteren Diskussionen wieder auftauchen werden. Abgesehen von der um Freuds Biographie, beziehen sie sich überwiegend auf Fragen, die auch in der gegenwärtigen Psychologie umstritten sind: der Einfluß der Methode auf den Untersuchungsgegenstand; die zweckdienliche Ebene der Theoriebildung; die Gültigkeit von Untersuchungsergebnissen zu verschiedenen Zeitpunkten und in unterschiedlichen Zusammenhängen; aber vor allem der spezifische Status der Psychologie als Wissenschaft: Ist sie eine Naturwissenschaft? Eine Sozialwissenschaft? Eine humanistische Wissenschaft? Oder steht sie außerhalb des gesamten Wissenschaftsbereichs? Über diese Fragen wird vielleicht am heftigsten gestritten, wenn es um die Psychoanalyse geht. Aber man braucht nicht sehr weit zu schauen, um zu erkennen, daß sie auch die akademische Psychologie plagen.

2. Kapitel: Von der Hypnose zur psychoanalytischen Methode

Wie wir gesehen haben, beruht Freuds Anspruch auf Wissenschaftlichkeit der Psychoanalyse auf seiner Überzeugung, daß er eine »objektive« Methode entdeckt habe, um die menschliche Psyche unter der Oberfläche der bewußten Erfahrung, dieser leicht erreichbaren Spitze des Eisbergs, zu erforschen. Welche Methode ist das?

In den psychologischen Lehrbüchern ist es üblich geworden, Fragestellung und Theorie getrennt von den Untersuchungsmethoden darzustellen, so daß die Methoden auf den Stand des technischen Know-hows verwiesen werden, der auf eine unbeschränkte Fülle von Untersuchungsproblemen angewendet werden kann. Testkonstruktion, Einstellungsmessung, die Technik der Ausdrucksgitter, die der semantischen Unterscheidung und andere Techniken werden in unserer gegenwärtigen methodenzentrierten Psychologie so beschrieben, als hätten deren Erfinder mit den substantiellen Problemen, zu deren Lösung sie beizutragen versprachen, keinerlei Schwierigkeiten gehabt – und ob sie hatten, zumindest einige von ihnen (Binet zum Beispiel mit dem praktischen Problem der Schulorganisation; George Kelly mit seiner Konzeption der Persönlichkeit)! Wie wichtig auch die Beherrschung technischer Verfahren für den Studenten einer Disziplin sein mag, die eingefahrene Darstellungsweise in den Lehrbüchern verstellt das wesentliche Element kreativer Forschung mehr, als daß sie es offenlegt: das ständige Wechselspiel zwischen Annahmen, Untersuchungsproblemen, Konstruktion von geeigneten Methoden, Entdeckung und nachfolgender Modifikation der Methode.

Im Falle Freuds wäre eine Beschreibung seiner Methode, auf die er ja so großen Wert legte, ohne eine Darstellung der Geschichte ihrer Entstehung besonders unangemessen; nicht nur, weil es ihn gut 20 Jahre gekostet hat, um zu einer Formulierung ihrer zentralen Thesen zu gelangen, sondern auch weil eine Darstellung ohne eine Zusammenfassung der theoretischen und praktischen Probleme, die zu ihrer Entwicklung geführt haben, sinnlos wäre. Deshalb ist eine historische Darstellung angezeigt.

Bereits zu einem recht frühen Zeitpunkt in der akademischen Laufbahn Freuds, als er noch sehr in seine neurologischen Arbeiten vertieft war und hoffte, auf diesem Gebiet seine Karriere zu machen, setzten die ökonomischen Bedingungen diesem Traum ein Ende. Im Gespräch mit seinem bewunderten Lehrer, Professor Brücke, triumphierte das Realitätsprinzip über das Lustprinzip.[1] Brücke erklärte Freud, daß es noch viele Jahre dauern würde, bis er sich berechtigte Hoffnungen auf einen ausreichenden Lebensstandard mit Hilfe theoretischer Forschung machen könne. Zu dieser Zeit war Freud sehr in seine spätere Frau verliebt, wollte heiraten und eine Familie gründen. Der einzig gangbare Weg war für ihn der Eintritt in die praktische Medizin. Es war diese äußerst widerstrebend getroffene und zu jener Zeit sehr enttäuschende Entscheidung, die ihn zu seinem Lebenswerk führte. Er konnte damals noch nicht wissen, daß der Einstieg in die Berufspraxis zusammen mit einem Interesse an theoretischen Problemen und an der Forschung eine besonders günstige Voraussetzung für die Entdeckung neuer Zusammenhänge bildet.

In den letzten Jahrzehnten des 19. und zu Beginn des 20. Jahrhunderts gab es allem Anschein nach in der Wiener Mittelschicht überraschend viele Menschen mit schweren neurotischen und vor allem hysterischen Symptomen. In Freuds frühen Fallstudien[2] findet man zum Beispiel eine junge Mutter, die zwar angeblich ihr Baby säugen wollte, aber zu erbrechen begann, sobald das Baby ihr an die Brust gelegt wurde – eine partielle Paralyse ohne organische Ursachen; oder die berühmte Anna O., die zeitweise völlig unfähig war, sich ihrer deutschen Muttersprache zu bedienen, obwohl sie sich im Englischen ausdrücken konnte. Solch dramatische hysterische Symptome sind heutzutage ziemlich selten, was an sich interessant ist. Zu der Zeit jedenfalls, in der sich Freud in das klinische Feld begab, stellten sie für den medizinischen Berufsstand ein sehr ernstes Problem dar. Die Ärzte waren in ihrer Einstellung zu solchen Störungen geteilter Auffassung. Einige verfochten einen stur moralischen Kurs, indem sie die Patienten dazu aufforderten, sich zusammenzureißen, da mit ihnen im Grunde alles in Ordnung sei. Andere schlugen einen gemäßigteren Ton an, der für die Badeorte und die Sanatorien einen beträchtlichen Gewinn abwarf, da sie Entspannungskuren, Bäder, einen Milieuwechsel oder elektrische Behandlungen des gelähmten Körpergliedes verschrieben. Ernstere Fälle wurden, sofern sie es sich leisten konnten, in teure Privatkliniken überwiesen, wo sie eine überwiegend pflegerische Betreuung erhielten. Ein Beispiel ist jener Wolfsmann, den Freud später behandelte[3] und der von Kraepelin persönlich an einen solchen Ort überwiesen worden war. In Ergänzung zu diesen medizinischen Verfahren gab es sowohl in Wien als auch in Rußland, laut den Erinnerungen des Wolfsmanns, aber vor allem in Frankreich zahlreiche Versuche, in der Behandlung solcher Symptome Hypnose anzuwenden. Wenn auch das Interesse an der Hypnose seit den Glanzzeiten Mesmers nie gänzlich erlosch, hat ihre spätere Verbindung mit dem Spiritismus ihr medizinisches Ansehen zu Recht untergraben[4], zumindest in Wien. Ungeachtet dessen hatte Breuer, ein Wiener Arzt von hohem Ansehen, durch die Hypnose einige beachtliche Heilerfolge erzielt. Er hatte sie noch nicht publiziert, als er sie dem jungen Freud persönlich mitteilte, der aber später Breuer doch noch zu einer gemeinsamen Veröffentlichung, den *Studien zur Hysterie*[5], bewegen konnte.

Freud hatte sein Interesse an der Hypnose in Frankreich entdeckt. Er erhielt 1885 ein Reisestipendium für ein Studium in Paris. Dort wurde er ein bewundernder Schüler Charcots; auch machte er sich mit dem Werk Pierre Janets vertraut und besuchte Bernheim und Liébault in Nancy. Diese Männer wandten alle die Hypnose an und befanden sich auf der Höhe ihres Ruhmes. Charcots Vorlesungen und klinische Demonstrationen beeindruckten nicht nur seine Studenten, sondern auch die feine Pariser Gesellschaft. Kurze Zeit nach seinem Tode wurde er jedoch diskreditiert und verspottet, als bekannt wurde, daß einige seiner Patienten in der Salpetrière gegen geringes Entgelt die erstaunlichsten Symptome produzieren konnten. Es ist nicht bekannt, ob sie schon zu Charcots Lebzeiten durch seine Assistenten so angelernt wurden, aber man hat es behauptet. Das erinnert an eine Schwierigkeit, der jeder gegenübersteht, der es mit Neurosen zu tun hat: die Trennung der echten Symptome (echt in dem Sinne, daß sie nicht der Willenskontrolle unterstehen) von Täuschung oder Simulation. Was immer im Falle Charcots nun die Wahrheit gewesen sein mag, Freuds Hypnosekenntnisse stammten nicht nur von ihm. Die französischen Ärzte unterschieden sich in den Zielen, für die sie die Hypnose einsetzten, sowie in ihren Theorien über den Ursprung der Neurose. Was Freuds Geist so faszinierte, das war das Phänomen selbst, weniger dessen theoretische Abstützung – was einmal mehr seine tiefe Überzeugung zeigt, daß das Eintauchen in die manifesten Gegebenheiten eine notwendige Vorbedingung ist, um zu Erklärungen zu kommen, und nicht der umgekehrte Weg, wie er von der hypothetisch-deduktiven Methode verlangt wird. Theorien können aufgegeben werden, Beobachtungen nicht, pflegte er sehr viel später zu sagen. Dieses Vermögen, aus einer konkreten und detaillierten Beobachtung eine theoretische Frage zu formulieren, kennzeichnet am treffendsten seine Denkweise.

Zu diesen Hypnose-Vorführungen gab es unendlich viele offene Fragen. Wie zum Beispiel läßt sich der Gehorsam gegenüber einer post-hypnotischen Suggestion, im Hause einen Regenschirm zu öffnen, verstehen, die anschließend von der völlig wachen Person nur mit den unzulänglichsten Rationalisierungen erklärt wird? Oder – was für die Entwicklung der Psychoanalyse von größter Bedeutung war – wie sollte man das kuriose Phänomen begreifen, daß die Leute unter Hypnose Erinnerungen wiederbeleben konnten, die ihnen außerhalb der Hypnose offensichtlich nicht zugänglich waren? Obwohl Freud später, wie wir sehen werden, die Hypnose völlig verwarf, ging einer der grundlegendsten Begriffe der Psychoanalyse aus seinem Ringen um eine Beantwortung dieser durch die Hypnose aufgeworfenen Fragen hervor, nämlich der Begriff des Unbewußten.

Wie Freud selbst mit Nachdruck betonte, hat er diesen Begriff natürlich nicht erfunden. Schon etliche vor ihm, besonders Schopenhauer und Nietzsche, hatten ihn verwendet. Das Neue bei Freud ist nun, daß dieser Begriff zur Konstruktion eines Modells der Psyche eingesetzt wird oder – um genauer zu sein – zweier solcher Modelle, die auf sehr unterschiedlichen Voraussetzungen beruhen. Obwohl er im Laufe seines Lebens das zweite auf Kosten des ersten zu entwickeln versuchte, konnte er sich von diesem doch nie ganz befreien.

Das erste war in der Sprache der Physiologie formuliert. Zu

der Zeit, als Freud die Hypnotherapie anwandte, war er noch sehr mit neurologischen Forschungen beschäftigt. Im Rahmen dieser Arbeit sah er in der Erforschung des Nervensystems einen Weg zum Verständnis des Unbewußten, zu dessen Annahme er durch die hypnotischen Phänomene gezwungen worden war. Der beträchtliche Aufwand, den er darin investiert haben muß, wurde erst posthum als *Entwurf einer Psychologie*[6] bekannt. Die geistige Ausrichtung dieses *Entwurfs* kommt vielleicht am deutlichsten in der Newtonschen Sprache zum Ausdruck, in der Freud einleitend die zwei Hauptgedanken formuliert:

»1. das, was Tätigkeit von Ruhe unterscheidet, als Quantität (Q) aufzufassen, die dem allgemeinen Bewegungsgesetz unterworfen ist,

2. als materielle Teilchen die Neuronen anzunehmen.«[7]

Ernst Kris beschrieb in seiner Einführung zu jener Ausgabe, in der der Entwurf zuerst veröffentlicht wurde, dessen Tragweite als »... ein konsequenter Versuch ... alle Vorgänge letztlich als quantitative Veränderungen zu erfassen. Diese Vorgänge aber sind nicht auf Wahrnehmung und Gedächtnis beschränkt, sie umfassen das Denken und das Affektleben, Psychopathologie und Normalpsychologie ...«[8]

Obwohl der *Entwurf* bereits wesentliche Gedanken der späteren Untersuchungen Freuds und sicherlich einen Teil des zukünftigen Vokabulars der Psychoanalyse vorwegnimmt und obwohl er offensichtlich einige physiologisch orientierte Psychologen von der Bedeutung Freuds für ihre Arbeitsgebiete überzeugte[9], sollte seine eigene Beurteilung dieses ersten Modells der Psyche nicht vergessen werden: Er hielt ihn nicht für publikationsreif.

Sein zweites Modell der Psyche (auf das wir später noch genauer eingehen) bewegt sich in den Begriffen der Psychologie. Das Unbewußte spielt in diesem Modell eine größere Rolle als im ersten. Seine spätere Theorie greift auf seine Erfahrungen mit der Hypnose zurück, in der sich unterschiedliche Bewußtseinszustände zeigten und jene Bewußtseinslücken, die nur unter ganz bestimmten Umständen wieder geschlossen werden können. Dies hatte ihn besonders an Bernheims Arbeit als Hypnotiseur beeindruckt. Wie er berichtet, hat Bernheim seine Patienten nach der Trance immer gefragt, woran sie sich erinnern könnten. Die unmittelbare

Antwort war vage und wenig konkret. Aber Bernheim akzeptierte ein »Nein« nicht als Antwort. Er sagte seinen Patienten, daß sie sich schon erinnern würden, wenn sie sich nur genug Mühe gäben; er suggerierte ihnen, daß sie im Grunde wüßten, was geschehen war und befahl ihnen, es auszusprechen. Unter solchem Druck folgten dem Befehl viele.[10] Diese Tatsache führte Freud zu der Entdeckung der »Durchlässigkeit« des Unbewußten. Was unbewußt war, konnte bewußt gemacht werden.

Dies scheint eine beinahe unvermeidbare Konsequenz aus den hypnotischen Phänomenen, die Freud beobachtete. Doch ist hier bereits eine Schwierigkeit der Freudschen Terminologie angelegt, die ihn trotz seiner wiederholten Klärungsversuche ständig verfolgte und die viele seiner Kritiker sehr beschäftigt hat[11]: die Verdinglichung (Reifikation) der Begriffe. »Durchlässigkeit« könnte so verstanden werden, als sei das Unbewußte nicht nur ein Begriff der Erklärung, sondern ein physikalisches Objekt, wie es seine spätere Verwendung des Begriffs »psychischer Apparat«[12] ebenfalls vermuten läßt. Hinsichtlich des Unbewußten klärte Freud diese Frage erst sehr viel später in einer seiner metapsychologischen Schriften.[13] Dort unterscheidet er drei Verwendungsweisen des Begriffs »unbewußt«: die deskriptive, die dynamische und die systematische. Der deskriptive Begriff spricht den Inhalt des Unbewußten an: Dieser besteht aus physiologischen und instinktiven Vorgängen, die immer außerhalb des menschlichen Bewußtseins verbleiben, obwohl sie das Verhalten und die Erfahrungsweisen beeinflussen; vorbewußtem Material, das verhältnismässig leicht bewußt werden kann; und Gedanken und Vorstellungen von zurückliegenden Ereignissen, die das Bewußtsein verdrängt hatte. Die dynamische Verwendung des Begriffes bezieht sich auf die Schlußfolgerungen, die für eine Erklärung der Konflikterfahrungen von Menschen notwendig wurden, die sich selbst den Grund ihrer inneren Unruhe nicht erklären konnten. Hierfür mag Bruckner ein gutes Beispiel sein, der sich dem lästigen Zwang unterworfen fühlte, die Blätter der Bäume abzählen zu müssen, ohne zu wissen, warum. Der systematische Gebrauch ist für die Sprache der Theorie von Bedeutung. In der angesprochenen Schrift betont Freud ausdrücklich, daß das Unbewußte *keine* anatomische Einheit ist.

Jedoch warfen Bernheims Fälle noch eine weitere Frage auf, mit der sich später Freuds psychologisches Modell der Psyche befaßte, und die ihn den Prototyp aller Abwehrmechanismen bestimmen ließ, die *Verdrängung*: Warum sperrten sich diese Patienten so energisch gegen ihre Erinnerungen an das Geschehen während der Hypnose? Als Determinist mußte Freud eine bestimmte Gegenkraft annehmen.

Eine gewisse Zeit noch arbeitete Freud mit Hypnose, indem er seine Patienten anwies, im Trancezustand ihre störenden Symptome abzulegen, und viele taten es auch. Aber sein ruheloser Geist war mit diesem Verfahren bald unzufrieden. Freilich hatte diese Methode entscheidende Vorteile, wenn sie erfolgreich war, in erster Linie hinsichtlich der Schnelligkeit, in der sie mit den Symptomen umgehen konnte. Jene Frau zum Beispiel, die nicht in der Lage war, ihr Baby zu säugen, konnte es, nachdem Freud sie zweimal hypnotisiert hatte. Aber mit der Geburt des nächsten Kindes kehrten die Symptome wieder. Davon abgesehen konnte gar nicht jeder Patient hypnotisiert werden. Denen, die hypnotisiert werden konnten, kam dieses Erlebnis unheimlich vor. Wie Freud mit etwas verletzten Gefühlen berichtet, führte es nicht dazu, daß die Patienten den Arzt schätzten, sondern daß sie ihn mieden, obwohl er ihnen doch geholfen hatte. Ein weiterer Grund für die Ablehnung der Hypnose war, daß sie Freud, den Arzt wider Willen, anscheinend langweilte. Sie half ihm nicht, die Funktionen der Psyche zu verstehen. »Hypnose verstellt, Psychoanalyse deckt auf«, pflegte er später im Hinblick auf die Entwicklung seiner Technik zu sagen.[14] Interessant ist, daß einige Psychoanalytiker nach Freuds Tod zur Hypnose zurückgekehrt sind und deren Nachteile überwinden konnten, sogar ihre Langeweile.[15]

Jedenfalls begann Freud bald in Zusammenarbeit mit Breuer das einfache Verfahren der hypnotischen Befehle zu modifizieren. Eine Zufallsbeobachtung im Fall Anna O., die den Begriff der »Sprachkur« (talking cure) erfand, führte Breuer zu der Entdeckung, daß die Symptome der Patienten nach einer hypnotischen Sitzung sich legten, wenn sie während dieser Sitzung starke Gefühlsausbrüche gezeigt hatten. Dies änderte den Gebrauch, den die beiden von der Hypnose machten. Sie begnügten sich nicht länger mit posthypnotischen Zwangshandlungen, sondern begannen, die Gefühle des Patienten und seine Erinnerungen zu erforschen. Deshalb konnte die Behandlung auch nicht mehr in einer oder zwei Sitzungen durchgeführt werden, sonder die Therapie wurde ein langwieriger Prozeß. Breuer nannte dies die kathartische Methode. Die Ergebnisse dieser Methode sind in den *Studien über Hysterie* beschrieben, die zu einem Zeitpunkt erschienen, als der Bruch zwischen Breuer und Freud schon offensichtlich war.[16] Freud stieß bei Breuer auf eine zunehmende Ablehnung seiner Ideen, vor allem hinsichtlich der Bedeutung, die er der Sexualität in der Ätiologie der Neurosen beizumessen begann.

Die Entdeckung der Rolle, die die Sexualität bei Neurosen spielt, war für Freud anscheinend aus theoretischen Gründen ganz besonders wichtig. Denn die Sexualität stellte offensichtlich eine Verbindung zwischen dem Somatischen und dem Psychischen her. Für Freud als einem erfahrenen Naturwissenschaftler war dies entscheidend. Die Sexualität überbrückte den Spalt zwischen Körper und Geist, zwischen seinem physiologischen Modell und dem entstehenden Modell der psychischen Repräsentationen.

Es läßt sich nicht genau sagen, welche Bedeutung der Bruch mit Breuer für Freuds endgültige Abkehr von der Hypnose als Therapieform hat. Er hat stets gewürdigt, was er von ihm und von ihr gelernt hatte. Aber seine unter dem Eindruck seiner Praxis entstandene Überzeugung, daß das Wesen des hypnotischen Prozesses in der besonderen Beziehung zwischen dem Patienten und dem Therapeuten lag, führte ihn letztlich zur Ablehnung der Hypnose. Er nannte diese Beziehung eine *Übertragung* (auf die wir noch eingehen werden), die er sehr schnell als die entscheidende Kraft nicht nur in der Hypnose, sondern auch in anderen Beziehungen zwischen dem Arzt und dem Patienten und in der Erziehung erkannte. Zur letztendlichen Enttäuschung kam es, weil dieses wesentliche Element der Hypnose nicht während der Hypnose untersucht werden konnte, wie er meinte.[17] Um die Übertragung verstehen zu können, benötigte er die Kooperation eines völlig wachen Patienten. In Erinnerung an Bernheim verwarf er die Trance und begann, direkten oder etwas subtileren Druck auszuüben, um den völlig bewußten Patienten zur Preisgabe seiner Geheimnisse zu bewegen. Die Couch ist ein Überbleibsel aus der Hypnose-Behandlung. Um die Gedächtnisleistung des Patienten zu steigern, teilte ihm Freud auf suggestive Weise mit, daß die Erinnerungen auftauchen würden, wenn er die Hand auf seine Stirn lege. Und so war es denn auch.

In der Regel waren die Geschichten, die unter diesen Bedingungen in Erinnerung gerufen wurden, für die Patienten peinlich, beschämend und schmerzhaft, aber sie konnten deutlich mit den Symptomen, unter denen sie litten, verbunden werden. Der Versuch zu vergessen – die Verdrängung – war letztlich doch nicht erfolgreich. Die Symptome waren ein Kompromiß zwischen der vollständigen Bewußtwerdung und der erfolgreichen Verdrängung, eine quasi-respektable Ersatzbildung, solange die Vergangenheit beängstigender war als die Krankheit und die Bewußtwerdung noch nicht erreichbar war. Wenn diese Konstruktion einen Sinn haben sollte, mußte eine bedeutungsvolle Verbindung zwischen dem Originalvorfall und der Natur der Symptome angenommen werden. Für Breuers kathartische Methode des Abreagierens der Gefühle war es ausreichend, daß Anna O. zum Beispiel unter Hypnose sich daran erinnerte, daß die Lähmung ihres linken Armes zum erstenmal aufgetreten war, als sie ihren kranken Vater zu versorgen hatte; damals hatte sie die Halluzination einer schwarzen Schlange. Breuer war zufrieden, weil die Symptome nach der Sitzung verschwanden. Freud war es nicht. Das Verständnis der Bedeutung der Symptome aus der Sicht der psychischen Welt des Patienten wurde zu seinem Hauptanliegen.

Dieser Wechsel von der Katharsis zur Enthüllung des verdrängten Lebens, das Studium der Bedeutungen, markiert den eigentlichen Anfang der Psychoanalyse. Freud wollte den konkreten Inhalt des Verdrängten aufdecken und ihn dem Bewußtsein des Patienten zugänglich machen, damit er in einer vernünftigen Weise angenommen oder zurückgewiesen werden könne. Wie dies zu erreichen war, das beanspruchte noch einige Zeit der Ausarbeitung. Ungefähr zu diesem Zeitpunkt der Entwicklung der psychoanalytischen Methode ereignete sich ein wissenschaftlicher Zwischenfall, der – was immer man von ihm halten mag – bei Freud doch einen sehr verstörenden Eindruck hinterlassen haben muß: seine Entdeckung, daß das, was er so überzeugt als Erkenntnis vertreten hatte, die er seiner neuen Methode verdanke, nicht wahr sein konnte. 1896 schrieb er zwei Artikel, »Zur Ätiologie der Hysterie«[18] und »Weitere Bemerkungen über die Abwehr-Neuropsychosen«.[19] Der erste enthält folgende Erklärung: »Freilich, wenn infantile Bestätigung der Sexualität ein fast allgemeines Vorkommnis wäre, dann fiele auf deren Nachweis in allen Fällen (der Hysterie) kein Gewicht.«

Aber diese Möglichkeit lehnte er damals als »arge Übertreibung« ab. Der zweite Artikel beinhaltete die Erklärung, daß die letzte Ursache der Hysterie immer die Verführung eines Kindes durch einen Erwachsenen sei. Bald darauf zog Freud beide Erklärungen als falsch zurück. Es war mehr die Art, in der er sie öffentlich widerrief, die Cioffi die Gelegenheit zu der extravaganten Frage gab, ob Freud ein Lügner sei.[20] Freud mußte einsehen, daß das, was ihm seine Patienten erzählt hatten, nicht Erinnerungen an tatsächliche Ereignisse, sondern Phantasien und frühe Wünsche waren. Außerdem erkannte er, daß es für die Hysterie keine letzte Ursache gab. Viele Jahre später erwähnte er das Problem, daß einige Kinder, die ebenfalls solche Phantasien erlebt hatten, keine Neurose entwickelten. Schließlich meinte er, daß die Psychoanalyse keine Antwort auf die Frage habe, weshalb eine Neurose entsteht.[21] Wenn man Freuds prekäre Stellung zu dieser Zeit, die Anfeindungen, die die Verführungstheorie hervorgerufen hat, und das untergrabene Selbstvertrauen in die eigene Forschung in Betracht zieht, kann kein Zweifel daran bestehen, daß die Notwendigkeit des Widerrufs eine traumatische Erfahrung war. Das Problem ist hier jedoch nicht Freuds Gewissenhaftigkeit in der Berichterstattung, sondern die Auswirkungen auf die Entwicklung seiner Methode.

Freud hatte damals die Katharsis durch Suggestion ersetzt, und wie viele Anekdoten über Freuds frühe Praxis berichten, nahm er nicht nur an, daß die Erinnerungen wiederkämen, sondern auch der Erlebnisinhalt dieser Erinnerungen. Cioffi beruft sich auf ein Klischee der richtigen wissenschaftlichen Haltung, wenn er sagt: »Über die psychoanalytische Untersuchungsweise der Neurose sage ich: so sieht keine unvoreingenommene Untersuchung aus ...«[22], aber er hätte nur den *Doppel-Helix*[23] lesen müssen oder sich das Verhalten einiger brillanter Wissenschaftler in der Verteidigung ihrer Hypothesen anschauen sollen, um zu erkennen, daß dies eine Ideologie ist und keine Beschreibung dessen, wie Wisschenschaftler *de facto* vorgehen. Freud war nicht neutral; wie viele andere große Männer hatte er einen leidenschaftlichen Intellekt. Aber im Unterschied zu den meisten anderen Wissenschaftlern hat er einen durchgehenden Bericht seiner Arbeiten hinterlassen, der es uns ermöglicht, genau zu verfolgen, wo ihn sein leidenschaftliches geistiges Engagement fehlgeleitet hat, wo es ihn, wie im obigen Fall, Gedankensprünge zu machen erlaubte, die schwerlich aus »unvoreingenommenen Untersuchungen« stammen, und wie er darum kämpfte, seine wissenschaftliche Vorstellungskraft so unter Kontrolle zu halten, daß sie dem Verständnis der Psyche diente und nicht der Mystifikation. Diese Anstrengung kennzeichnet seine wiederholte Betonung direkter Beobachtung und deren Priorität gegenüber der Theorie, aber vor allem die fortlaufende Modifikation seiner Technik.

Freud hat aus seinen Fehlern gelernt. Im wesentlichen brachten sie ihn zu der Einsicht, daß das Gedächtnis nicht zwischen Realität und Phantasie unterscheidet. Methodisch gelangte er zur Ablehnung von Suggestion und direktem physischem Kontakt mit seinen Patienten. Was er jedoch in der Phase, in der er noch durch den Druck seiner Hand suggestiv wirkte, gelernt hatte, übertrug er auf die weitere Entwicklung der psychoanalytischen Methode. Er erkannte die Macht des unbewußten Seelenlebens, und daß, da es für den Patienten per definitionem nicht spontan greifbar war, der Verstand des Patienten und seine aktive Kooperation die einzigen brauchbaren Quellen waren, aus denen auf das Unbewußte zurückgeschlossen werden konnte. Er wußte, daß die Patienten sich gegen die Aufdeckung der Details ihres Alltags oder ihrer Träumereien sperrten, die ja häufig sexuelle Inhalte berührten, die sie in der Hypnose noch recht offen mitgeteilt hatten. Außerdem wußte er natürlich, daß das Verhältnis von Arzt und Patient den Fortgang der Therapie beeinflußte. Wie er in den *Studien über Hysterie*[24] eingehend beschreibt, hatte die Suggestionstechnik zwar gelegentlich eine deutliche Wiederbelebung eines früheren Ereignisses bewirkt, in anderen Fällen aber offensichtlich nur bedeutungs- und zusammenhanglose Worte hervorgebracht. In diesen Fällen war es das schlichte Gebot der Hilfe, der praktische Imperativ, dieses Ziel weiterzuverfolgen, der ihn dazu zwang, so offensichtliche Mißerfolge nicht zu übergehen. So forschte er weiter, und andere Worte erschienen, die sich am Ende zu einer bedeutungsvollen Erinnerung zusammenfügten. Das besondere Verhältnis von Wort und Sache, auf das er später noch eingegangen ist[25], ging daraus als eine neue Spekulation oder gar als eine Entdeckung hervor, die ohne Zweifel durch seine voranalytische Arbeit *Zur Auffassung der Aphasien*[26] beeinflußt war. Mit Blick auf die psychoanalytische Methode ist hier genau die Technik der freien verbalen Assoziation entstanden. Freud führte seine ersten Interviews der Patienten noch auf der Couch durch, ganz unter dem Eindruck seiner Erfahrungen mit den älteren Methoden. So sollte es noch eine ganze Weile dauern, bis die Grundregel der psychoanalytischen Therapie vollständig formuliert war.

In dieser Zeit, ja, vielleicht zeit seines Lebens, war Freud im Grund kein orthodoxer Freudianer. Er sah die Patienten von nur 20 Minuten bis zu einer Stunde in unterschiedlichen Abständen, mal täglich, mal wöchentlich oder mit noch größeren Pausen von etwa drei Monaten und häufig weniger, mitunter nur für einen Spaziergang im Prater, wie im Falle Gustav Mahlers. Offensichtlich nahm er in diesen frühen Sitzungen eine aktivere Rolle ein, als er sie später festlegte, da er sich engagiert auf theoretische Auseinandersetzungen einließ und sogar bei aktuellen Lebensentscheidungen[27] Ratschläge erteilte.

Als die Zahl derer, die analysiert oder Analytiker oder beides werden wollten, zunahm, wurde eine systematische Ausarbeitung der Verfahrensregeln notwendig. Es war gut, daß praktische Notwendigkeit die Ausarbeitung der Behandlungsmethode vorantrieb, denn die in ihr angelegten theoretischen Probleme – die jeder Methodisierung eigen sind – waren doch enorm. Freud war sich ihrer wohl bewußt, und sie beschäftigten ihn bis an sein Lebensende. Eines dieser Probleme ist die Frage der Validität: Bis zu welchem Grad waren die gewonnenen Daten ein Produkt der angewendeten Methode? Innerhalb des letzten Jahrzehnts haben viele Psychologen diese Frage als das nie vollständig gelöste Grundproblem ihrer Forschungen erkannt. Das Wissen um diese Schwierigkeit führte Freud auf seiner Suche nach weiteren Anhaltspunkten in Bereiche, die von der analytischen Situation weit entfernt sind, wie wir noch sehen werden. Vorerst aber war es sein wichtigstes Ziel, das Element der Suggestion in der Therapie zu reduzieren, wenn nicht gar auszuschließen. Denn er hatte erkannt, daß die freie Assoziation nicht tatsächlich frei war, solange der Patient unter dem Einfluß der analytischen Situation stand.[28]

Ein anderes Grundproblem war die Anwendung dieser Methode auf Bereiche, die außerhalb der Neurosenbehandlung lagen, da seine Theorie, die aus seiner klinischen Praxis enstanden war, zu einer allgemeinen Theorie der Psychologie des Normalen und des Anormalen führte. Freuds implizierte Überzeugung, daß Methode und Theorie immer eng zusammenhängen, veranlaßte ihn, dieses Problem ebenso zu behandeln wie die Frage der Validität, wie ich noch zeigen werde. Doch ergab sich aus Freuds Überlegungen zur Analytikerausbildung zunächst eine Zwischenlösung. Die Pflicht zur Lehranalyse führte zu einer reichhaltigen Auswahl von Personen, die sich dem analytischen Verfahren aus anderen Motiven unterzogen als die Patienten, wenngleich sie selbst sicherlich nicht frei von Neurosen waren – aber wer ist das schon? Ursprünglich dachte Freud, daß die Selbstanalyse, so wie er sie in der Traumdeutung dargestellt hatte, etwas sei, das jeder durchführen könnte, und beantwortete die Frage, wie man Analytiker werde, mit der Aufforderung, die eigenen Träume zu analysieren. Freud setzte die eigene Selbstanalyse bis an sein Lebensende fort, aber die Zweifel wuchsen, ob man auf diese Weise letztlich erfolgreich sein könne. Wie Reuben Fine sagte: »Hatte man zuerst gedacht, ein jeder könne tun, was Freud getan hatte, so entschied man am Ende, daß es keiner kann.«[29]

Ohne unsere spätere Diskussion anderer Auffassungen zu diesen Problemen vorwegzunehmen, will ich hier zunächst die therapeutische Methode selbst beschreiben. Sie konzentrierte sich letzten Endes auf die »Grundregel«: Die einzige Verpflichtung des Patienten während der analytischen Sitzung ist, die spontanen Inhalte seines Bewußtseins ohne jede Zensur mitzuteilen, wie trivial oder peinlich, beleidigend oder albern sie ihm auch erschienen. Die Couch mit dem hinter dem Patienten sitzenden Analytiker hatte die Funktion, die Entspannung zu fördern und von den sozialen Zwängen gegenüber dem Analytiker zu befreien. Dem Analytiker ging es nun darum, unterdrücktes Material herauszufinden, um es ins Bewußtsein zu heben, damit der Patient rational damit umgehen konnte. Gelegentlich bot der Analytiker »Interpretationen« an (die Erklärung der Bedeutung einzelner Elemente des Materials) oder »Konstruktionen« (die Zusammenfügung bedeutungsvoller Elemente zu einem vollständigen Bild von der Bedeutung eines Vorfalls).

Der eigentliche Kunstgriff, der dieses Verfahren so wirksam werden ließ, lag in der Analyse der Übertragung zwischen Patient und Analytiker. So wie sich deren Beziehung entwickelte, entwickelten sich auch die Gefühle des Patienten, Liebe und Haß, Abhängigkeit und Rebellion. Indem der Patient seine Vergangenheit wiederbelebt, treten all jene Gefühle, die die Beziehung zu seinen Eltern und anderen Autoritätspersonen bestimmten, wieder an die Oberfläche und werden auf den Analytiker projiziert. Der Analytiker veranlaßt nun den Patient zum »Durcharbeiten« seiner Übertragungsgefühle, indem er nach Parallelen im »wirklichen« Leben des Patienten, in Vergangenheit wie Gegenwart, sucht. Um eine reale Berechtigung der Gefühle des Patienten zum Analytiker zu vermeiden, muß das Verhältnis in Distanz gehalten und dem Patienten gegenüber eine freundliche Neutralität bewahrt werden, die sämtliche sozialen Kontakte vermeidet, die einer Rechtfertigung der Einstellung des Patienten gegenüber dem Analytiker dienen könnte, was die Suche nach signifikanten Parallelen im Leben des Patienten außerhalb der Analyse erschweren würde.[30] Ebenso könnten Gefühle des Analytikers gegenüber dem Patienten die Therapie beeinträchtigen, wenn sie nicht derart unter Kontrolle gehalten sind, daß die »Gegenübertragung« des Analytikers auf den Patienten bewältigt werden kann. Daher die Notwendigkeit einer Lehranalyse.[31]

Wir sollten noch darauf hinweisen, daß sich die zentrale Funktion der Übertragung im therapeutischen Prozeß erst nach und nach herausstellte. Als Freud sich zum erstenmal dieses Phänomens bewußt wurde, betrachtete er es gleichfalls (nicht nur Breuer) nur als eine lästige Störung, als ein neues Symptom, das lediglich die Abwehr des Patienten gegenüber dem analytischen Prozeß verstärke. Erst als er allmählich begriff, daß der Patient in der Übertragungsbeziehung die frühen emotionalen Konflikte tatsächlich wieder *erlebte*, sie fühlte und nicht nur sich an sie erinnerte, obwohl sie vom

Vater oder der Mutter auf die Person des Analytikers übertragen worden waren, änderte er seine Ansicht. So wurde die Übertragung zum wichtigsten Instrument des therapeutischen Prozesses, das bei entsprechender Handhabung die Vergangenheit in der Unmittelbarkeit des Hier und Jetzt wiederaufleben lassen konnte. Die Empfindungen der Liebe oder des Hasses, die der Patient gegenüber dem Analytiker entwickelt, sind insofern neurotisch, als sie durch die besonnene emotionale Neutralität des Analytikers in dieser Beziehung nicht gerechtfertigt sind. Obwohl der Analytiker diese Übertragungsneurose gebrauchen muß und sie schließlich auflöst, darf er sie doch nicht durch sein Verhalten provozieren. Die Steuerung dieses delikaten Beziehungsverhältnisses ist die schwierigste Aufgabe für den Analytiker. Mißerfolge in dieser Hinsicht sind wahrscheinlich die Ursache vieler erfolgloser oder vorzeitig abgebrochener Analysen.

Die Entwicklung der »Grundregel« basiert auf Freuds unerschütterlichem psychologischen Determinismus, wie er ihn zuerst in der *Traumdeutung*[32] entwickelt und nie wieder aufgegeben hat, obwohl sich das Gesamtkonzept und die Terminologie änderten. Sein psychologisches Modell der Seele umfaßte ein komplexes hierarchisches System der durch Erfahrung gewonnenen Repräsentationen von Gedanken und Gefühlen, die in einem verwickelten, sich überschneidenden Netzwerk miteinander verbunden sind. Das hierarchische Element liegt nicht in der Zeitdimension von früher Kindheit bis zur Gegenwart, sondern in einer Hierarchie der Verfügbarkeit für das Bewußtsein. Jeder Knoten in diesem Netzwerk besitzt Verbindungen zu tieferliegenden Repräsentationen; folgt man diesen Verbindungen, so kann man zu anderen Knotenpunkten gelangen, die sich dem Bewußtsein entzogen haben oder verdrängt worden sind. Wo in der freien Assoziation zwei Knotenpunkte erschienen – in einem der frühen Fälle Freuds zum Beispiel »Concierge« und »Nachthemd« –, sollte die Verfolgung dieser Assoziationen dem Bewußtsein deren Verbindung zueinander enthüllen. Diese Hierarchie setzt sich aus Objekten zusammen, die im Leben des Patienten eine Rolle spielten und mit Gefühlen verbunden waren und so das spezifisch Individuelle ausmachen. Deshalb bedarf die psychoanalytische Therapie der aktiven Teilnahme des Patienten. Dessen Assoziationen und nicht die des Analytikers bestimmen den Weg durch die Hindernisse und Verwickeltheiten jenes außerordentlich sensiblen Netzwerkes. Dennoch tauchten allgemein gültige Regelmäßigkeiten auf. Die Geschicklichkeit des Analytikers – und die Analyse ist, wie Freud sagt, *Kunst* der Interpretation – liegt in der richtigen Einschätzung, wann er sein Fachwissen einsetzen und wann er der individuellen Struktur des Patienten folgen muß. Viele Mißerfolge und Fehler in der Therapie sind das Resultat einer verfrühten Verallgemeinerung des Analytikers.[33] Einem Patienten, der über seine Konzentrationsunfähigkeit klagt, zu sagen, daß diese von seinem ungelösten Ödipuskomplex herrühre, ist schlimmer als nur zwecklos.

Die Grundregel scheint sehr leicht zu befolgen. Philip Rieff beschreibt deren befreiende Wirkung in glühenden Worten: »Indem das Korsett der konventionellen Logik und der Prüderie abgelegt wird, gewährt die therapeutische Stunde dem Patienten eine beispiellose Erholung. Sie beendet all die Förmlichkeiten und eröffnet einen geschützten Zeitraum, in dem alles gesagt werden kann ... Eine Oase in der Wüste des Schweigens, in der der Patient lebt ... Der Therapeut hört und versteht, aber verurteilt nicht ...«[34] Aber er erkannte auch, wie Freud, daß im Grunde nichts schwerer ist, als dieser Grundregel zu entsprechen. Wenn das erst einmal erreicht ist und der Patient deren ermutigende und befreiende Möglichkeiten zu genießen beginnt, dann besteht die Chance, daß der Analytiker ihm sagt, daß er nicht länger einer Therapie bedarf.

Zusammenfassend läßt sich sagen, daß die psychoanalytische Therapie auf der fundamentalen Annahme eines psychologischen Determinismus beruht und auf der Analyse des Inhalts der Seele, weniger auf den formalen Mechanismen der Verstärkung und Konditionierung, mit denen sich die akademische Psychologie so eingehend beschäftigt. In der Computersprache ausgedrückt, ist es die Aufgabe des Analytikers, vom Output des Computers ausgehend, auf dessen ursprünglichen Input zurückzuschließen, und zwar auf der Grundlage einer nur lückenhaften Kenntnis des Programms und vagen Vermutungen bezüglich des Speichers. Die Folgerungen aus dem Input werden in der Sprache eines bedeutungsvollen Inhalts ausgedrückt.

Karl Bühler[35] erkannte das Wesen der Psychoanalyse

schon sehr früh, als er Freud einen »*Stoff-Denker*« nannte. Aber die Unterscheidung zwischen Inhalt und Mechanismus ist nur ein Unterschied in der Betonung und weder für Freud noch für die akademische Psychologie ein strenges Entweder-Oder. Dies berechtigt zumindest zu der Annahme, daß eines Tages beide Denksysteme verbunden werden könnten. Solche Spekulationen werden, zudem durch die jüngste Selbstkritik der akademischen Psychologie unterstützt, die sich gegen die engen Grenzen einer Psychologie wendet, die sich auf formale Mechanismen beschränkt und Inhalt, Zweck und Bedeutung aus ihrem Horizont ausschließt.[36] Aber eine solche Verbindung ist nicht in Sicht, zumindest noch nicht. Foucault[37] zum Beispiel, der stark unter dem Einfluß der Freudschen Theorie steht, ist davon überzeugt, daß es unmöglich ist, die Psychoanalyse mit wissenschaftlicher Psychologie zu verbinden. Er akzeptiert die Notwendigkeit der Annahme eines Unbewußten, aber er betrachtet es als ein Grenzzeichen, hinter das die wissenschaftliche Forschung nicht zu dringen vermag. Der Mensch, per definitionem unerkennbar, ist für immer der systematischen Forschung entzogen und damit allen Versuchen, ihn restlos zu erfassen. Er schreibt: »Es ist jedenfalls sehr beruhigend und eine Quelle der Hoffnung, anzunehmen, daß der Mensch nur eine vorübergehende Erscheinung ist, als Idee keine zwei Jahrhunderte alt, ein neuer Trick in unserem Wissen, und daß er wieder verschwinden wird, sobald dieses Wissen eine neue Form entdeckt hat« und die alte als unmöglich verwirft.

Solche Gedanken führen uns über die psychoanalytische Methode als einer Therapie mit begrenztem Anwendungsbereich hinaus. Freud selbst wies immer wieder darauf hin, daß er sie auch als eine Forschungsmethode einsetzte, die für ihn von großem theoretischen Nutzen war. Aber er war sich doch offensichtlich sehr unsicher darin, ausschließlich die Therapie für seine übergreifenden psychologischen Ziele einzusetzen, und versuchte ständig, Mittel und Wege zu finden, mit denen er die Gültigkeit der Psychoanalyse auch außerhalb der klinischen Situation beweisen konnte. Vielleicht war es diese Ambivalenz, oder aber nur Krankheit und Alter oder seine angebliche Verachtung anderer Wissenschaftler, die ihn in der oberflächlichsten und herablassendsten Art auf die Mitteilung einer experimentellen Verifikation der Verdrängung antworten ließ.[38] Jedenfalls hat die akademische Psychologie, wie George Klein, ein psychoanalytisch erfahrener Empiriker, schreibt, »immer wieder versucht, von den Problemen des Bewußtsein und des Unbewußten loszukommen, aber dieses Gespenst blieb am Leben. Durch Impulse der neueren psychoanalytischen Strukturtheorie einerseits und den jüngsten Fortschritten in der Beobachtungstechnik andererseits hat dieses Gespenst aber eine reale Chance, in der experimentellen Forschung doch noch zu einer greif- und handhabbaren Wirklichkeit im Laboratorium zu werden.«[39] In Fortführung des Foucaultschen Gedankens ließe sich sagen, daß nicht nur die Psychoanalyse, sondern auch die Psychologie als Wissenschaft zu einem solchen »Trick« werden könnte, wenn sie das Unbewußte nicht länger umgehen kann. Man braucht Foucaults Pessimismus gegenüber der Erforschung des Menschen nicht zu teilen oder Kleins Optimismus abzulehnen, um die enormen Schwierigkeiten zu erkennen, die jedem Versuch, psychoanalytische Gedanken mit der wissenschaftlichen Methodologie der modernen Psychologie zusammenzubringen, eigen sind. Es wird deshalb um so wichtiger, jenes Verfahren genau zu untersuchen, nach dem Freud den Übergang von der klinischen Situation zur normalen Psychologie herzustellen versuchte.

3. Kapitel: Träume, Symbole, Witze und Fehlleistungen

Der Anspruch, eine allgemeine Psychologie zu begründen, verfolgte Freud sein ganzes Leben, obwohl er von dem »Entwurf einer Psychologie«, seinem ersten Versuch in dieser Richtung, abgekommen war. Aber seine leidenschaftliche Bindung an die Psychologie blieb bestehen. 1895 schrieb er an Fliess, sich für eine Verzögerung in ihrem Briefwechsel entschuldigend: »Ein Hauptgrund aber war der: ein Mensch wie ich kann ohne ... herrschende Leidenschaft, ohne einen Tyrannen, um mit Schiller zu reden, nicht leben, und der ist mir geworden. Es ist die Psychologie, von jeher mein fernwinkendes Ziel, ... aus der Psychopathologie den Gewinn für die normale Psychologie herauszuschälen.«[1] Und selbst 1930 noch faßte er in seiner Rede anläßlich der Verleihung des Goethe-Preises diese Leidenschaft, der Situation entsprechend, in etwas zurückhaltendere Worte, als er sagte, daß es das Ziel seines Lebenswerkes gewesen sei, »die menschliche Seele zu ergründen«.[2] Jedenfalls ist sein Werk insgesamt, mehr noch als seine Behauptungen, der eindrucksvollste Beleg dieses dominierenden Interesses. Solange man dies nicht wirklich begreift, bleibt es in der Tat »ein Rätsel, weshalb Freud den Traumvorgang so ernsthaft untersucht hatte«[3]. Er tat es, weil die Träume eine Brücke zur allgemeinen Psychologie waren. Im ersten Absatz des Vorworts zur ersten Ausgabe der *Traumdeutung*[4] erwähnt Freud die Ähnlichkeit von Träumen und neurotischen Symptomen. Die Interpretation der Träume wurde zur »via regia ins Unbewußte« der Patienten und aller anderen.

Die *Traumdeutung* ist in jeder Hinsicht ein außerordentliches Buch. Es war die erste große psychoanalytische Arbeit, und Freud betrachtete sie als seine wichtigste. Sie beruht auf über eintausend Traumdeutungen und enthält den Nachweis der Selbstanalyse Freuds in der Darstellung von fast 50 eigenen Träumen, die hier als Beispiele der verschiedenen Aspekte des Träumens und seiner Deutung analysiert und interpretiert werden. Obwohl Freud die vollständige Analyse seiner eigenen Träume vorenthielt, ist dies ein einzigartiger autobiographischer Bericht, weil er einen Einblick in die alltäglichen Vorgänge des Seelenlebens gewährt, den man sonst nur bei sich selbst, aber niemals bei anderen hat.[5] Für unsere Zwecke ist die *Traumdeutung* deshalb so wichtig, weil sie teils embryonal, teils ausgearbeitet im Ansatz bereits die grundlegenden psychologischen Konzepte der Psychoanalyse enthält, wenn auch einige später einer radikalen Überarbeitung unterzogen wurden.

Das Buch selbst erschien zu Freuds Lebzeiten in acht Auflagen im Deutschen und in mehreren im Englischen. In keiner wurde die Struktur oder der theoretische Gehalt verändert, sondern lediglich neues Material hinzugefügt und die Fußnoten überarbeitet oder erweitert. Doch klärte, erweiterte und veränderte Freud einige seiner Formulierungen in der Traumdeutung an anderer Stelle.[6] Talcott Parsons betrachtet die *Traumdeutung* »als einer der großen Marksteine in der geistigen Entwicklung des 20. Jahrhunderts«[7]. Das Buch ist in sieben Kapitel unterteilt. Das erste enthält auf rund 100 Seiten eine Besprechung der wissenschaftlichen Literatur, die die Problematik der Träume untersucht.[8] Kapitel zwei bis sechs setzt sich unter Verwendung mehrerer hundert Beispiele mit der psychoanalytischen Betrachtung der Träume auseinander. Es muß wohl dieser Hauptteil des Buches gewesen sein, an den Wittgenstein dachte, als er vor allem am Puzzlehaften der Psychoanalyse Gefallen fand. In Kapitel sieben, »Zur Psychologie der Traumvorgänge«, ändert sich die Ausdrucksweise. Obwohl es noch einige Beispiele enthält, bemüht sich Freud auf diesen 100 Seiten um systematische Erklärungen; an dieser Stelle wird es offensichtlich, daß Freud hier die Sprache einer allgemeinen Psychologie spricht.

Es ist über Freuds Traumdeutung bereits so viel geschrieben worden, daß hier auf eine eingehende Darstellung verzichtet werden kann. Ich werde lediglich versuchen, einige der grundlegendsten Annahmen Freuds einzuführen und zu zeigen, wie er durch seine Einfühlung in die Phänomenologie der Träume zu einer funktionalen Begrifflichkeit (die viele seiner Kritiker als Konstruktion eines Homunculus mißverstanden) und zu seinem Modell der psychischen Vorgänge, besonders des Gedächtnisses und des Denkens gelangte.

Gleich zu Beginn des ersten Kapitels stellt Freud zwei Hypothesen auf. Er sagt: »Auf den folgenden Blättern werde ich den Nachweis erbringen, daß es eine psychologische Technik gibt, welche gestattet, Träume zu deuten, und daß bei Anwendung dieses Verfahrens jeder Traum sich als ein sinnvolles psychisches Gebilde herausstellt, welches an angebbarer Stelle in das seelische Treiben des Wachens einzureihen ist.«

Die Suche nach Bedeutungen ist hier als ein legitimes Ziel der psychologischen Forschung axiomatisch vorausgesetzt. Dies steht natürlich in klarem Widerspruch zu den expliziten Voraussetzungen des Behaviourismus, der zu seinen Glanzzeiten eine Psychologie anstrebte, die frei von Bedeutungen und auf formale Prozesse beschränkt war. Es hat sich seit jenen Tagen viel verändert, und moderne behaviouristische Verfahren haben selbst für so psychoanalytisch inspirierte Techniken wie den projektiven Test einen Platz gefunden.[9] Trotzdem bleiben die Gegensätze klar und offen. In ihren theoretischen Erklärungen bestehen die modernen Behaviouristen darauf, daß es das Ziel der Psychologie sei, formale Prozesse, wie den der Verstärkung (reinforcement), zu identifizieren, die eine Vorhersage und Kontrolle des Verhaltens ermöglichen. In der Praxis, wie zum Beispiel in der Verhaltenstherapie, findet die Erforschung der inhaltlichen Bedeutungen offensichtlich in der zwanglosen Vorbereitung des Patienten auf die experimentelle Verhaltensmodifikation statt. Es wird dort nicht nur versucht, mit dem Patienten ein gutes Verhältnis herzustellen, sondern es werden auch seine Empfindungen gegenüber den Symptomen, die Ursachen ihrer Entstehung und die Umstände, unter denen sie zu- oder abnehmen, untersucht. Wie wir noch sehen werden, hat Freud ebenfalls versucht, eine Verbindung von Bedeutungserforschung und formalen Regelprozessen herzustellen, obwohl sein eigentliches Interesse immer der ersteren galt. Daß die Aufklärung von Inhalten und nicht nur von Mechanismen das Ziel der Psychoanalyse sein soll, ist nicht nur für Psychologen, sondern auch für die modernen Philosophen der Psychologie eine schwierige und problematische Grundannahme. Cioffi hat recht, wenn er über Freuds Deutungen sagt: »Alles ist, was es ist und auch etwas anderes«[10], aber er irrt in seinem Glauben, daß dies Freud widerlege. William James zum Beispiel muß Freuds Ausgangspunkt geteilt haben. Sonst hätte er kaum jene einführende Bemerkung vor einer Harvard-Klasse fallen lassen können: »Wie kommt es, daß ein absolut respektabler Mann träumt, mit seiner Großmutter zu schlafen?«[11]

Die zweite implizite Voraussetzung ist die Annahme einer Einheit der Persönlichkeit. Wachen und Träumen seien beides Manifestationen des Seelenlebens eines Individuums, die sich in ihren Inhalten, im Fühlen wie im Denken ergänzen; die Deutung des einen erfordere die Deutung des anderen.[12] Freud bemühte sich nie um eine ausdrückliche Formulierung dieser Annahme, obwohl sie sein gesamtes Werk durchzieht. In Kapitel sieben der *Traumdeutung* kommt er einer solchen Formulierung am nächsten: »Einen Aufschluß über die Konstruktion und Arbeitsweise des Seeleninstruments wird man durch die sorgfältigste Untersuchung des Traumes oder einer andern *vereinzelten* Leistung nicht gewinnen ... können, sondern wird zu diesem Zwecke zusammentragen müssen, was sich bei dem vergleichenden Studium einer ganzen Reihe von psychischen Leistungen als konstant herausstellt« (Freuds Hervorhebung).[13]

Einige Nachfolger haben jedenfalls die Bedeutung dieses Grundsatzes erkannt. David Rapaport zum Beispiel unterstreicht in einem seiner frühen Versuche, der psychoanalytischen Theorie eine Gestalt zu geben, daß sie die Unterscheidung von Wille, Kognition und Affekt genauso vermeidet wie die Unterscheidung von Gedächtnis, Assoziation und Phantasie und daß sie Funktion und Struktur miteinander verbindet.[14] Soviel ich weiß, hat die akademische Psychologie nie in einer theoretischen Stellungnahme gegen diesen Grundsatz Einspruch erhoben. Aber sie hat auch noch nicht versucht, ihn mit der Forschung in Einklang zu bringen. Für gewöhnlich untersucht sie entweder Kognition oder Affekt, entweder Gedächtnis oder Phantasie. Selbst ein so hervorragender Psychologe wie Piaget hat seine Untersuchungen auf die kognitive Entwicklung beschränkt, obwohl er bereits eine Verbindung von Funktion und Struktur hergestellt hatte. Gewiß gibt es sehr gute methodologische Gründe für diese übliche Trennung. Wir würden wahrscheinlich gar nicht so viel wissen, wie wir de facto über Denken, Lernen, Wahrnehmung und Erinnerung wissen, wenn ihre Untersuchung ständig mit einem Auge auf deren Wechselwirkungen durchgeführt worden wäre. Aber eine strenge Methodologie hat ihren Preis:

Die Einheit der Persönlichkeit mußte in einem Maße geopfert werden, das eine Abwandlung der Frage von Krech und Klein rechtfertigt, von: »Wo bleibt der Erkennende bei der Wahrnehmung?«[15] in: »Wo bleibt das Individuum in der akademischen Psychologie?« Es ist richtig, daß wir nicht wissen und vielleicht nie wissen werden, wie man Freuds Versuch einer ganzheitlichen Auffassung des Individuums, seiner Vergangenheit wie seiner Gegenwart, mit exakten Methoden erfassen kann. Aber es ist auch richtig, daß viele Psychologen, die einen speziellen Aspekt des Menschen untersucht haben, allmählich merken, daß sie in eine Sackgasse geraten sind.

Eine dritte axiomatische Voraussetzung der *Traumdeutung* ist ausdrücklich formuliert: » ... wir (haben) die Theorie des Traums auf die Annahme gebaut, daß der treibende Traumwunsch allemale aus dem Unbewußten stammt, was, wie wir selbst zugestanden, sich nicht allgemein nachweisen, wenn auch nicht zurückweisen, läßt.«[16] Aber eigentlich kann man in einem gewissen Sinne auch behaupten, daß man diese Annahme gar nicht aufzustellen brauchte, da sie per definitionem gegeben ist. Denn da niemand behauptet, daß das Träumen einer bewußten Kontrolle unterliegt, kann es doch nur aus einem Bereich der psychischen Aktivität außerhalb der bewußten Kontrolle kommen, der gleichbedeutend mit dem Unbewußten ist. Mir scheint aber, daß in dieser Hinsicht Freuds Formulierungen in die Irre führen. Seine Hypothesen beziehen sich auf den wunscherfüllenden Charakter der Träume und nicht nur auf deren Ursprung im Unbewußten. Die Grundfunktion des Träumens, dachte Freud, sei der Schutz des Schlafs; in diesem Sinne erfüllen Träume einen bewußten Wunsch. Und der spezifische Trauminhalt erfüllt Wünsche, die aus dem Unbewußten stammen. Die *Traumdeutung* ist voll von Beispielen der Geschicklichkeit Freuds, die Interpretation eines Traumes mit diesem wiederholt formulierten Grundsatz in Übereinstimmung zu bringen; einige davon sind geradezu witzig. Freud erwähnt zum Beispiel den Traum einer Patientin, in dem sie mit ihrer Schwiegermutter die Ferien verbringt, eine Vorstellung, die sie im wachen Zustand zurückweisen würde. Sie wendete gegen Freud ein, daß dieses Beispiel doch der Idee, daß Träume Wunscherfüllungen seien, widerspräche. Nein, sagte Freud, was Sie wirklich wünschen, ist, mich zu widerlegen, und ihr Traum hat diesen Wunsch erfüllt. Freud, der immer einen guten Witz zu schätzen wußte, fügte jedoch hinzu, daß in diesem Fall auch ernstere Gründe im Spiel gewesen seien, die den unbewußten Wunsch der Patientin, ihn zu widerlegen, besser erklärten.[17]

Obwohl Freud daran festhielt, daß jeder Traum eine Bedeutung habe, dachte er weder, daß jeder Traum zu interpretieren sei, noch daß eine gerade erzielte Deutung andere mögliche Deutungen ausschließen würde. Er warnte die Psychoanalytiker, sich in der Therapie nicht auf eine *l'art pour l'art*-Ebene der Traumdeutung einzulassen, sondern sie all den anderen Erfordernissen eines Behandlungsprozesses unterzuordnen, und wies sie an, Versuche zur Interpretation aufzugeben, wo die Träume den analytischen Prozeß nicht förderten.[18]

Freud bestätigte, daß die Auffassung der Träume als Wunscherfüllungen nicht seine Erfindung war. Jedoch hat niemand sie so weit entwickelt wie er. Das steht natürlich im Zusammenhang mit seiner allgemeineren Formulierung des Lustprinzips, das alle unbewußten Vorgänge beherrscht und nach einer Spannungsreduktion strebt. Bei einem normal funktionierenden Individuum ist das Lustprinzip durch die Notwendigkeit, sich mit der Realität zu befassen, eingeschränkt – das Realitätsprinzip. Diese Ideen – und das Kapitel sieben enthält in der Tat, mehr oder weniger ausgearbeitet, den Ursprung fast aller theoretischer Grundgedanken Freuds – reichen natürlich weit über die Traumdeutung hinaus, aber sind zwingend mit den kleinsten Details der Träume und der psychoanalytischen Methode ihrer Interpretation verbunden. Welches ist diese Methode?

Ihr Ziel ist eine inhaltlich bedeutsame Interpretation, das heißt jenen besonderen Wunsch zu erkennen, der dem manifesten Trauminhalt zugrunde liegt; dieser Wunsch ist nicht immer sexuell, aber oft. Bestimmte Erfahrungen vom vorangegangenen Tage – der Tagesrest im Trauminhalt – können einen Wunsch oder eine Erfahrung aktivieren, die zu dieser Zeit nicht voll bewußt war. Das psychologische Modell der Organisation des Seelenlebens (wie oben beschrieben) macht dies im Prinzip verständlich und beinhaltet auch die Methode der Entzifferung: die freie Assoziation zu jedem Element des manifesten Trauminhalts, die schließlich zum latenten Traumgedanken führen soll. Manche Menschen träumen hin und wieder (aber kleine Kinder fast immer) ihre Wünsche direkt und brauchen nicht die Bizarrerie vieler Träume, um deren Bedeutung zu verstellen. Bei den meisten Erwachsenen ist diese Entschlüsselung notwendig, weil sie nur in der Intimität ihrer Träume die sozialen Zwänge und das rationale Denken ablegen können, während diese Zwänge wieder einsetzen, sobald sie sich ihrer Träume bewußt werden. Die unterdrückten Gefühle und Vorstellungsinhalte, die im Traum erschienen, werden wieder verdrängt. Freud vermutete – obwohl wir nicht feststellen können, ob die bewußte Erinnerung an einen Traum mit dem tatsächlichen Traum identisch ist oder nicht schon eine Vorstellung seiner Bedeutung –, daß in vielen Fällen diese Zwänge bereits während des Traumes wirken. Er nannte dies die Traumarbeit, das heißt eine Zensur des latenten Traumgedankens.

Gleich ob man nun die Wirkung einer Zensur während oder nach dem Traum annimmt, schon die bloße Vorstellung einer Zensur hat viele dazu veranlaßt, Freud der Erfindung eines Homunculus, der im Geiste und auf ihn wirken soll, zu bezichtigen. Aber man muß nur Freud selbst oder gar seine sachverständigen Kritiker genau studieren, um schnell zu merken, daß »Zensur« nur der Name für eine psychische Funktion ist, welche die zum Bewußtsein zugelassenen Inhalte und Bedeutungen aussortiert.

Tatsächlich besitzt die akademische Psychologie viele verwandte Konzepte, die genauso verhöhnt oder in das Arsenal der psychologischen Modelle aufgenommen werden könnten. Die selektive Wahrnehmung oder die Wahrnehmungsstörung sind zwei dieser Begriffe; Broadbents Filtertheorie des Gedächtnisses und der Wahrnehmung ist ein anderes Beispiel.[19] Der Filter besitzt keine größere physiologische Realität als die Zensur. Der Unterschied liegt lediglich darin, daß Freuds funktionales Konzept durch das Interesse an Inhalt und Bedeutung bestimmt ist, während das Broadbents ausschließlich formal ist. Was Broadbent an Ansehen gewinnt, verliert er an Erklärungswert. Alles, was er sagen kann, ist, daß irgend etwas herausgefiltert wird; Freud interessiert sich für das Was und Warum dieser Auslese. Es ist jedoch bemerkenswert, daß Freud und Broadbent darin übereinstimmen, daß die Wahrnehmung der Anfang aller Erfahrung ist.

Wie arbeitet nun dieser Zensurapparat? Freud unterscheidet vier Vorgänge, die dazu beitragen, das Wesen des zugrunde liegenden Wunsches zu verstellen. Den ersten nannte er Verdichtung. Träume sind oft verhältnismäßig dürftig und dicht, besonders wenn man sie mit dem Ergebnis ihrer Interpretation vergleicht, obwohl Freud sagt, daß eine Deutung nie vollständig ist und fast endlos fortgesetzt werden könnte. So kann ein zur freien Assoziation herausgegriffenes Element mit mehreren bestimmten Ereignisketten und Traumgedanken verbunden sein; oder eine Traum-Person kann den Namen eines Kollegen, aber das Gesicht des eigenen Bruders haben. Weil Träume häufig mit Worten so umgehen, als seien sie Dinge, werden diese Worte in Wortschöpfungen und psychologischen Wortspielen verdichtet. Ein berühmtes Beispiel ist Freuds Traum, der den Begriff »Autodidasker« verwendet, den die Analyse als eine Zusammensetzung aus »Autodidakt« und dem Namen Lasker, zu dem Lassalle[20] assoziiert wurde, enthüllte.

Der zweite Zensurvorgang ist die Verschiebung. Der zentrale Traumgedanke erscheint oft an einem kleinen Detail des Trauminhalts, das scheinbar nur geringe Intensität besitzt. Die Deutung zeigt, daß die dem Trauminhalt angemessenen Gefühle auf ein anderes Element verschoben wurden. So träumte Freud einmal sehr intensiv, daß sein Freund sein Onkel sei. Die Assoziation offenbarte, daß dieses Gefühl eine Verschiebung war, daß er seinen Freund als einen Einfaltspinsel ansah, der die akademische Förderung nicht verdiene, auf die Freud selbst so versessen war. Die Verschiebung wendet Gefühle häufig in ihr Gegenteil. Diese Vorstellung von der Nähe von Gegensätzen ist für Freuds weit über die Entzifferung der Traumarbeit hinausgehende Theorie wichtig. Die Nähe von Liebe und Haß oder die Tatsache, daß gegensätzliche Bedingungen – etwa eine überbeschützende oder eine zurückweisende Mutter – im Ergebnis auf ein und dieselbe Wirkung hinauslaufen oder ähnliche Bedingungen verschiedene Wirkungen haben, ist wiederum für jene Kritiker ein gefundenes Fressen, die in der Psychologie einen eindeutigen Zusammenhang zwischen einer Ursache und einer Wirkung suchen. Die Komplexität des menschlichen Wesens wird für die akademische Psychologie heute allmählich akzeptabel, wenn sie in U-förmigen Kurven dargestellt wird. Daß autoritäre Erziehung zum Beispiel, gleich wie das Fehlen jeder Führung, bei Kindern zu Aggressivität führen kann, ist wohl allgemein anerkannt.[21] Aber der Verweis auf statistische Kurven ist sicher kein Freud-gemäßes Argument. Es stimmt natürlich, daß die Nähe der Gegensätze bei der Verschiebung in Träumen und im gesamten psychischen Leben die Interpretationen enorm kompliziert und der Willkür Raum gibt.

Freud war sich dieser Schwierigkeit wohl bewußt, aber er hielt daran fest, daß das Problem in der Sache läge und nicht in der Methode und den Konzepten der Psychoanalyse, die lediglich versuche, der menschlichen Komplexität gerecht zu werden. Im Laufe seiner Arbeit hat er jedoch immer wieder Beweise für diese Vorstellung von der Nähe der Gegensätze gesammelt. Er fand sie in Volksweisheiten, in Mythen und Märchen (der häßliche Frosch verwandelt sich in den schönen Prinz), in Legende und Dichtung, im primitiven Ritual, aber vor allem in der Sprache mit ihren Überresten des primitiven Denkens.[22] Er war geradezu fasziniert von der Entdeckung, daß im antiken Ägypten das Wort *khen* für warm und kalt stand[23]; die Japaner haben dasselbe Wort für »ja« und »nein«; *personne* im französischen bedeutet »Person« aber auch »niemand«. Freud bemerkte, daß die Traumdeuter der Antike die Ansicht vertraten, daß in einem Traum ein König sein Gegenteil bedeuten kann. Gleich den Beispielen aus dem antiken Wortschatz mißachtet der Traum die Verneinung und verwendet ein und dasselbe Bild, um Gegensätzliches auszudrücken.

Freud ist nicht der einzige Psychologe, der die Sprache als Weg zu primitiven Denkweisen benutzt. Asch hat darauf hingewiesen, daß in Sprachen sehr verschiedenen Ursprungs Charakterbeschreibungen, verstanden als komplexe Abstraktionen von Verhaltensweisen, auf Wahrnehmungsmustern beruhen wie gerade, krumm, warm usw. Dieser Punkt ist relevant, weil Freud die Visualisierung und Dramatisierung von Gedanken als ein weiteres Charakteristikum der Traumsprache ansah. Diese Regression auf das Visuelle ist tatsächlich der dritte Vorgang, den die Zensur zur Folge hat.

Daß solche bildhaften Wahrnehmungsmuster älter und primitiver als das rationale Denken sind, stimmt mit Piagets Auffassung der Intelligenz überein, die er als die schrittweise erworbene Fähigkeit ansieht, von den durch sinnliche Eindrücke gewonnenen Informationen zurückzutreten.

Der letzte als Zensur verstandene Vorgang ist die Symbolisierung. Wieder befinden wir uns auf umstrittenem Terrain und haben mit einem über die Traumdeutung hinaus bedeutenden Vorgang zu tun. Über die menschliche Fähigkeit zur Erfindung und Verwendung von Symbolen gibt es natürlich keine Meinungsverschiedenheiten. In Frage stehen lediglich zwei Aspekte der Freudschen Theorie der Traumsymbole: daß sie in Träumen in der Regel für Sexuelles eingesetzt sind und daß sie häufig eine bestimmte und universale Bedeutung haben. *De facto* ist sich Freud der Tatsache, daß diese beiden Regeln viele Ausnahmen erlauben, wohl bewußt und »... daß die Aufgabe einer Traumdeutung durch die Existenz der Symbole im Traume nicht nur erleichtert, sondern auch erschwert wird«[24], da es schwer zu bestimmen ist, ob ein bestimmter Fall der Regel folgt oder deren Ausnahme ist. Ein König kann für sich selbst stehen oder ein sexuelles Symbol sein. Die Menschen haben generelle Symbole, können aber auch individuelle erfinden. Der Volkswitz findet beide Regeln jedenfalls weniger zweifelhaft als manche Akademiker. Es gibt auch indirekte experimentelle Beweise, welche die Universalität des sexuellen Symbolismus bestätigen. Hartmann[25] verwendet das Korsakoff-Syndrom – ein psychotischer Zustand, dessen auffälligstes Symptom darin besteht, daß die Patienten an einer gestörten Fähigkeit, Informationen zu behalten, leiden –, um den universellen Charakter sexueller Symbole zu demonstrieren. Er erzählte den Patienten Kurzgeschichten primitiven sexuellen Inhalts und entdeckte, nachdem er sie zur Wiederholung der Geschichten aufgefordert hatte, daß zum Beispiel Messer oder Schrotflinte das Wort Penis ersetzt hatten. Ebenfalls erwähnt er andere, gleichermaßen bestätigende, Untersuchungen über die Art und Weise der Wiederholung sexuellen Materials, das er hypnotisierten Personen in posthypnotischen Traum-Suggestionen eingab. Ohne die Unterstützung durch solche Beweise hat Freud auf der Grundlage seiner eigenen Arbeit als Traumdeuter, in Übereinstimmung mit vielen Traumdeutern der vorangegangenen

Jahrhunderte[26], wie Ellenberger betont, in der *Traumdeutung* eine große Zahl umfassender symbolischer Darstellungen männlicher und weiblicher Sexualorgane aufgeführt.

Wie diese kurze Erörterung der Zensurvorgänge gezeigt hat, führte der Versuch, die Bedeutung der Träume zu entziffern, Freud notwendigerweise über die Träume hinaus in die allgemeine Psychologie. Notwendig, weil der Grundsatz der Einheit der Persönlichkeit ihn zu der Annahme zwang, daß die Traumvorgänge eine Seite des unteilbaren psychischen Lebens des Menschen sind.

Ausgehend von dem allgemein bekannten Phänomen, daß die Träume beim Aufwachen noch greifbar sind, aber dann wieder entgleiten, oder daß man mit dem Bruchstück eines Traumes aufwacht und der Überzeugung ist, daß da noch mehr gewesen war, obwohl es sich dem Versuch der bewußten Erinnerung entzieht, oder daß ein Traum eben im Laufe des Tages plötzlich ins Bewußtsein dringt, obwohl man sich beim Aufwachen nicht an ihn erinnerte, gelangte Freud zu dem allgemeinen Problem des Gedächtnisses. Er entwarf ein graphisches Modell des »seelischen Apparats ... als ein zusammengesetztes Instrument, dessen Bestandteile wir Instanzen ... heißen wollen«, den Leser und sich selbst darauf hinweisend, daß »(wir) der Versuchung sorgfältig aus dem Weg gehen (wollen), die psychische Lokalität etwa anatomisch zu bestimmen. Wir bleiben auf psychologischem Boden ...«[27] Trotz dieser guten Vorsätze treibt es ihn im Laufe der Erörterungen zu physiologischen Spekulationen zurück, die ihn dazu bringen, den Wunsch, den Träume erfüllen, in den physiologischen Terminus der Spannungsreduktion zu übersetzen.[28]

Fast wie ein Behaviourist leitet Freud die formale Erörterung des Gedächtnisses über die Definition der Grenzen jenes Apparates ein: »All unsere psychische Tätigkeit geht von (inneren oder äußeren) Reizen aus und endigt in Innervationen.«[29] Da ein Reiz außerhalb des Organismus kein Teil des psychischen Apparates sein kann, rechnet Freud dessen Repräsentation der Wahrnehmung zu. Da die Funktion des Wahrnehmungssystems dessen ständige Bereitschaft für das »Hier und Jetzt« erfordert, muß ein getrenntes, aber damit verbundenes Gedächtnissystem (Freud nennt es mnemisch) zur Informationsspeicherung angenommen werden. In den verschiedenen Schichten dieses Gedächtnissystems werden die Assoziationen gemäß ihrer Gleichzeitigkeit, Ähnlichkeit und, so möchten wir hinzufügen, obwohl es Freud in diesem Zusammenhang nicht tut, gemäß ihrer Bedeutung gebildet. »Unsere Erinnerungen, die am tiefsten uns eingeprägten nicht ausgenommen, sind an sich unbewußt. Sie können bewußt gemacht werden; es ist aber kein Zweifel, daß sie im unbewußten Zustand alle ihre Wirkungen entfalten. Was wir unseren Charakter nennen, beruht ja auf den Erinnerungsspuren unserer Eindrücke, und zwar sind gerade die Eindrücke, die am stärksten auf uns gewirkt hatten, die unserer ersten Jugend, solche, die fast nie bewußt werden.«[30] Freud weist weiter auf den Unterschied in der sinnlichen Qualität von Gedächtnis und Wahrnehmung hin und deutet an, daß Bewußtsein und Gedächtnis sich gegenseitig ausschließen. Der letzte Gedanke ist schwer zu begreifen. Denn entweder ist das Gedächtnis *per definitionem* unbewußt oder, wenn es bis zu einem gewissen Grad bewußt gemacht werden kann, ist diese Definition falsch. In einer späteren Schrift, der »Notiz über den ›Wunderblock‹«[31], meint Freud, daß das Bewußtsein geradezu anstelle der Erinnerungsspuren entsteht. Diese und andere Passagen scheinen das Bewußtsein mit der Aufmerksamkeit für gegenwärtige Reize gleichzusetzen; in diesem Sinne wird der grundsätzliche Unterschied zum Gedächtnis für unsere Ohren um einiges verständlicher.

Man muß allerdings daran erinnern, daß viele Aspekte des Freudschen Modells der Psyche und sicherlich ein Großteil seiner Terminologie um die Jahrhundertwende zum geistigen Allgemeingut gehörten. Es gibt eine ganze Reihe Bücher, die Freuds Werk in seiner Beziehung zum geistigen Klima seiner Zeit erörtern, allen voran Ellenberger, der überwiegend den historischen Ursprüngen der Modelle der klinischen Psychologie nachging, und Joan Wynn Reeves, die sich in erster Linie mit allgemeiner Psychologie befaßte. Die moderne akademische Psychologie hat sich über weite Strecken von diesen grundlegenden Entwürfen der Psyche entfernt, weil sie sich außerhalb des Arbeitsfeldes der modernen Methodologie befinden, auf der heutzutage der Wissenschaftsanspruch der Psychologie beruht. Es ist bekannt, um nur ein Beispiel zu geben, daß Galton an sich und anderen mit freien Assoziationen experimentierte und darüber schrieb: »Der vielleicht befremdlichste Eindruck, den diese Experimente hinterlassen haben, ist die Vielfältigkeit der geistigen Arbeit im halb bewußten Zustand, und daß sie zu der begründeten Annahme der Existenz noch tieferer Schichten der geistigen Tätigkeit veranlassen, die völlig unter die Ebene des Bewußtseins abgesunken sind und die für solche psychische Phänomene verantwortlich sind, die anders nicht erklärt werden können.« Und das Gedächtnis einbeziehend: »Nach meinem Verständnis muß das Subjekt ein beständiges Interesse daran haben, einen geschützten Platz im Gedächtnis zu bewahren. Der Verstand muß häufig auf ihn zurückgreifen, aber ob er dies bewußt oder unbewußt macht, ist vielleicht gar nicht von so großer Bedeutung.«[32]

Diese Sprache scheint der Freuds selbst noch in den Meinungsunterschieden ähnlich; aber doch deutlich anders als die Sprache der meisten heutigen Psychologen. Nur einige wenige psychoanalytisch kundige Empiriker haben an diese Probleme der inneren Organisation der Psyche mit modernen Methoden heranzugehen versucht. So haben zum Beispiel Experimente zu unterschwelliger Wahrnehmung[33] bewiesen, daß nicht nur das Gedächtnis, sondern auch die Wahrnehmung unterhalb des Bewußtseins funktionieren kann; Hilgards Experimente zur Schmerzempfindung unter Hypnose[34] zeigen einen weiteren Versuch, die verschiedenen Stufen des Bewußtseins zu erhellen.

Ohne jede Frage enthält Freuds formales Modell der Psyche und ihrer Gedächtnisfunktion Widersprüche. Hier wie anderswo sind seine psychologischen Formulierungen um so überzeugender, je mehr sie in der Sprache der Zielsetzung und der Bedeutung abgefaßt sind. In bezug auf das Gedächtnis zwingt ihn der erste Grundsatz – die Suche nach der Bedeutung – dazu, sich auf den Inhalt des Erinnerten oder Vergessenen zu konzentrieren, damit er von dessen Bedeutung auf das unbewußte Ziel der Erinnerungsvorstellung schließen kann. Die Betonung des *unbewußten* Ziels impliziert aber keine Mißachtung der bewußten Ziele. In Verbindung mit seiner klinischen Arbeit hat Freud einmal gesagt, daß die bewußten Ziele kein Problem darstellen, da sie dem Patienten voll zugänglich seien. Die unbewußten Ziele aber benötigen eine spezielle Technik der Untersuchung. Und in jedem Fall ist das Vergessene *per definitionem* nur sehr schwer oder gar nicht bewußt zu erreichen. Die Selektivität des Langzeitgedächtnisses und die verbreitete Amnesie für Kindheitsereignisse sind bislang von der akademischen Psychologie noch wenig beachtet worden. Sie sind die zentralen Beweise Freuds, Kernpunkte seiner Technik, seines psychologischen Modells der Psyche und im Grunde seiner ganzen Anstrengungen, psychische Phänomene zu erklären. Wir werden bei anderer Gelegenheit darauf zurückkommen.

In einem gewissen Sinne ist es ungerechtfertigt, die Freudsche Theorie des Gedächtnisses von der des Denkens abzutrennen. Beide Funktionen sind schließlich in der modernen Psychologie unter dem Begriff der »kognitiven« Prozesse miteinander verbunden, und – was schwerer wiegt – Freuds Herangehensweise an beide Bereiche ist fast die gleiche. Andererseits hat diese Trennung allerdings den Vorteil, daß man Freuds Ansatz von dem, was wir heute »kognitive Psychologie« nennen, unterscheiden kann, da Freud die Sache nach anderen Regeln angeht. Seine Theorie des Denkens basiert auf dem Grundsatz der Einheit der Persönlichkeit und schließt Affekte, Entwicklung, Motivation, somatische Bedingungen, klinische Bedingungen und soziale Faktoren ein – eigentlich all jene Gebiete, in die die Psychologie aus zufälligen historischen Gründen ihr sperriges Objekt aufgeteilt hat. Die Auffassung des Denkens als einer Aktivität des ganzen Menschen und nicht als eine isolierte Funktion ist das Hauptcharakteristikum des Freudschen Ansatzes, der seinen Zeitgenossen noch vertraut und in den Ideen vieler Philosophen vor ihm über Jahrhunderte hinweg bereits angelegt war. Joan Reeves[35] hat die historischen und zeitgenössischen Einflüsse auf Freuds Vorstellungen über das Denken analysiert und präsentiert eine kritische und detaillierte Einschätzung seiner originären Beiträge, seiner brillanten Erkenntnisse aus der klinischen Arbeit sowie seiner Widersprüche und Ungereimtheiten. Wir wollen uns hier darauf beschränken (in Übereinstimmung mit ihren Folgerungen), Freuds Hauptleistung auf diesem Gebiet zu umreißen: die Unterscheidung zwischen primären und sekundären Denkprozessen und seine detaillierte Beschreibung der ersteren. Im kurzen Umriß: *Primäre Denkprozesse* sind durch Gefühle und Instinkte unter der Herrschaft des Lustprinzips stark beeinflußt, und *sekundäre Denkprozesse* sind Modifikationen der primären unter der Herrschaft des Realitätsprinzips. Ein jeder hat natürlich die direkte bewußte Erfahrung beider Denkprozesse. Die Gedanken wandern lassen, mobilisiert primär-prozeßhaftes Denken: Bilder erscheinen, Geschichten werden erfunden, Wünsche erfüllt, die Hindernisse von Zeit und Raum und entgegenstehende eigene Interessen oder die anderer ignoriert, heroische oder kriminelle Taten in der Phantasie ausgeführt. Aber dann klingelt das Telefon, oder die Familie verlangt das Essen, und die Realitätsprüfung erlangt wieder die Oberhand.

So wie in einer Phase der Vorherrschaft des Primärprozesses verdichtete oder symbolisierende Bilder durchaus verstandesmäßig manipuliert werden können, so kann ein sekundärer Denkvorgang im emotionalen oder instinktiven Schatten eines vorangegangenen oder damit verbundenen primärprozeßhaften Gedankens durchgeführt werden. Freud vermutete, daß das Denken des Kindes mit der Halluzination jenes Gegenstandes einsetzt, der Befriedigung verschafft, aber nun fehlt, etwa die Brustwarze. Die Halluzination befriedigt eine gewisse Zeit. Aber nicht für lange, und das Baby lernt schrittweise den Unterschied zwischen halluzinierter, das heißt primärprozeßhafter, Befriedigung und wirklichem Gegenstand kennen. Im Laufe der Entwicklung des Kindes werden sowohl die Zwänge als auch die Möglichkeiten der Realität richtig eingeschätzt. Es reifen die sekundären Denkvorgänge, die die unmittelbare Befriedigung der primären Halluzination zugunsten einer verzögerten realen Befriedigung aufgeben, die sich aus dem Befolgten der Regeln dieser Welt, zuerst in der Handlung, dann in Gedanken vielleicht ergeben. Diese zwei Prozesse entwickeln sich phasenweise, aber schließen sich natürlich nicht gegenseitig aus. Wie Hartmann sagt: »Das Bild eines vollkommen rationalen Menschen ist eine Karikatur; es repräsentiert bestimmt nicht die höchste Stufe der Anpassung, die der Mensch erreichen kann.«[36]

Obwohl Freud vieles davon in späteren Jahren weiterentwickelte, enthält die *Traumdeutung* doch schon eine erste grundlegende und detaillierte Beschreibung der Primärprozesse, welche die Traumarbeit in ihrer spezifisch primärprozeßhaften Sprache einsetzt. Der Versuch, diese Zeichensprache zu entziffern, führte zur Entdeckung ihrer grammatischen Regeln, den Mechanismen der Zensur.

All dies – und vieles mehr – ist im Kapitel sieben innerhalb eines komplexen theoretischen Überbaus mit physiologischen Anklängen dargestellt, der Freuds Energiemodell und das Konzept der »Besetzung« einschließt. Ich werde auf dieses theoretische Modell, das die verschiedenen Erklärungsebenen enthält, mit denen Freud sich abmühte, später noch zurückkommen. Hier muß der Hinweis genügen, daß die Entdekkung und Beschreibung der zwei Arten des Denkvorgangs eine eigenständige, große Leistung ist.[37]

Ellenberger faßt seine Einschätzung der *Traumdeutung* zusammen, indem er Freud vier Entdeckungen bescheinigt[38]: »Die erste ist sein Traummodell mit der Unterscheidung von manifestem und latentem Inhalt und deren besonderer Eigenschaft, gleichzeitig in der Gegenwart und der weit zurückliegenden Vergangenheit zu existieren. Die zweite ist Freuds Feststellung, daß der manifeste Inhalt eine Entstellung des latenten Inhaltes ist, die aus einer Verdrängung durch die Zensur resultiert.« Dieser Punkt entspricht der Unterscheidung zwischen primärem und sekundärem Denkprozeß. Aber um mit Ellenberger fortzufahren: »Freuds dritte Erfindung war die Anwendung der freien Assoziation als einer Methode der Traumanalyse, und die vierte war die Einführung der systematischen Traumdeutung als ein Instrument der Psychotherapie.«

Ich würde dieser Liste gerne noch zwei Punkte hinzufügen. Zum ersten der Bericht über Freuds Selbstanalyse, die gleichfalls als eine Entdeckung angesehen werden kann. Zwar meinte Freud, daß er aus Bequemlichkeit viele eigene Träume verwendet habe, wobei er selber entscheiden konnte, was den erträglichen Rahmen der Diskretion überschreite. Aber die Selbstanalyse ist darüber hinaus von Bedeutung, trotz des offenkundigen biographischen Interesses. Sie umreißt den Anspruch der Psychoanalyse, eine reflexive Psychologie zu sein, die fähig ist, ihre Begriffe auf ihre Praktiker anzuwenden, den Psychologen einbegriffen. Zum zweiten (und dies ist vielleicht nur eine Ausführung zu Ellenbergers drittem Punkt) enthält die *Traumdeutung* Freuds umfassendstes psychologisches und physiologisches Modell der Psyche, verbunden mit einem Versuch seiner theoretischen Integration, der weit über seine Auseinandersetzung mit Träumen hinausreicht.

In der *Traumdeutung* finden sich tatsächlich bereits die Beschreibungen all jener Phänomene, auf die Freud seine psychologische Theorie wenig später anwendet: Fehlleistungen und Witze, die wiederum sehr eng mit dem normalen Leben zusammenhängen und folglich Freud darin bestätigen, daß jene Theorien, Konzepte und Ideen, die er zuerst in der Erforschung der Neurose entwickelte, die Basis für eine allgemeine Psychologie bilden.

Die Psychopathologie des Alltagslebens[39] erschien 1901, *Der Witz und seine Beziehung zum Unbewußten*[40] 1905, aber beide Themen hatten Freud seit Jahren beschäftigt und spielten schon in seiner Selbstanalyse eine Rolle. Die *Psychopathologie* erlebte viele Auflagen, und jeder wurden etliche Beispiele von Fehlleistungen hinzugefügt, so daß dieses Buch jetzt mit konkreten Beispielen vergessener Namen, Wörter, Absichten, verlegter Gegenstände, Versprecher oder Verschreiber oder offensichtlich unbeabsichtigter Handlungen schon fast überladen ist. Sie ereignen sich im alltäglichen Leben so häufig und werden in der Regel vom Akteur und seiner Umgebung so schnell als verborgene Wünsche verstanden, daß das Phänomen der Fehlleistungen hier als bewiesen angesehen werden kann.[41] Freud gelingt der Nachweis, daß sie ein unbeabsichtigter Durchbruch unbewußter verdrängter Vorstellungen sind, die sich der Mechanismen der Verdichtung, Verschiebung, Verdrehung der Bedeutung, Dramatisierung und Symbolisierung bedienen. Das *Witz*-Buch kommt zu demselben Schluß: Im Unterschied zur Fehlleistung hat man es hier mit einem bewußten Einsatz des primär-prozeßhaften Denkens zu tun, der Lust bereiten und schaffen soll.

Wie dem auch sei, es gibt in der *Psychopathologie* ein Beispiel, das zu einer kritischen Prüfung herausgegriffen werden soll. Es geht um Freuds unerschütterlichen Glauben an die absolute Unzufälligkeit menschlicher Handlungen, um seine Überzeugung, daß, wo keine bewußte Zielsetzung ersichtlich ist, eine unbewußte angenommen werden muß, die das eigentliche Problem darstellt.

Freud bezieht sich auf einen Brief, den er seinem Freund Fliess geschrieben hatte und in dem er meinte, daß er in den Fahnen der *Traumdeutung* 2467 Druckfehler erwarte.

»Du findest im Briefe die Zahl 2467 als übermütige Willkürschätzung der Fehler, die sich im Traumbuch finden werden.

Es soll heißen: irgendeine große Zahl, und da stellt sich diese ein. Nun gibt es aber nichts Willkürliches, Undeterminiertes im Psychischen. Du wirst also auch mit Recht erwarten, daß das Unbewußte sich beeilt hat, die Zahl zu determinieren, die vom Bewußten freigelassen wurde. Nun hatte ich gerade vorher in der Zeitung gelesen, daß ein General E. M. als Feldzeugmeister in den Ruhestand getreten ist. Du mußt wissen, der Mann interessiert mich. Während ich als militärärztlicher Eleve diente, kam er einmal, damals Oberst, in den Krankenstand und sagte zum Arzte: ›Sie müssen mich aber in acht Tagen gesund machen, denn ich habe etwas zu arbeiten, worauf der Kaiser wartet.‹ Damals nahm ich mir vor, die Laufbahn des Mannes zu verfolgen, und siehe da, heute (1899) ist er am Ende derselben, Feldzeugmeister und schon im Ruhestande. Ich wollte ausrechnen, in welcher Zeit er diesen Weg zurückgelegt, und nahm an, daß ich ihn 1882 im Spital gesehen. Das wären also 17 Jahre. Ich erzähle meiner Frau davon, und sie bemerkt: ›Da müßtest du also auch schon im Ruhestand sein?‹ Und ich protestiere: davor bewahre mich Gott. Nach diesem Gespräche setzte ich mich an den Tisch, um Dir zu schreiben. Der frühere Gedankengang setzt sich aber fort und mit gutem Recht. Es war falsch gerechnet; ich habe einen festen Punkt dafür in meiner Erinnerung. Meine Großjährigkeit, meinen 24. Geburtstag also, habe ich im Militärarrest gefeiert (weil ich mich eigenmächtig absentiert hatte). Das war also 1880; es sind 19 Jahre her. Da hast Du also die Zahl 24 in 2467! Nimm nun meine Alterszahl 43 und gibt 24 Jahre hinzu, so bekommst du 67! Das heißt, auf die Frage, ob ich auch in den Ruhestand treten will, habe ich mir im Wunsche noch 24 Jahre Arbeit zugelegt. Offenbar bin ich gekränkt darüber, daß ich es in dem Intervall, durch das ich den Obersten M. verfolgt, selbst nicht weit gebracht habe, und doch wie in seiner Art von Triumph darüber, daß er jetzt schon fertig ist, während ich noch alles vor mir habe. Da darf man mit Recht sagen, daß nicht einmal die absichtslos hingeworfene Zahl 2467 ihrer Determinierung aus dem Unbewußten entbehrt.«[42]

Was soll man von dieser Episode und ihrer Interpretation halten? Sie hat etwas von Zahlenmystik, die, wie immer dies einem Brief an Fliess, der solchen Spekulationen sehr zugeneigt war, angemessen sein mag, dem Unbewußten mathematische Fähigkeiten zuspricht, die zumindest auf den ersten Blick ganz unglaublich zu sein scheinen. Zweifelsohne suchte Freud ursprünglich nach der Bedeutung der Zahl 2467. Seine Assoziationen sind real und einleuchtend. Das Dilemma entsteht in der Frage, ob die Interpretation nach der Niederschrift einer zufällig gewählten Zahl durch einen außerordentlich geschickten Verstand erfunden wurde oder ob sie in ihren Inhalten bereits vor der Interpretation feststand und es nur der Anwendung der psychoanalytischen Methode bedurfte, um die unbewußten Vorgänge zu entwirren. Mit anderen Worten, waren die Assoziationen »frei«, oder hat Freud, um die Macht des Unbewußten nachzuweisen, zunächst vorsätzlich und bewußt mit den Zahlen gespielt, indem er auf einer Trial-and-error-Basis zu den ersten beiden sein Alter addierte, um zu sehen, was sich daraus ergäbe? Spielt es eine Rolle, ob die Bedeutung zuerst durch unbewußte Vorgänge entstanden oder später durch eine erfolgreiche »Suche nach Bedeutung«[43] hineingelegt worden ist, vor allem, wenn diese Unterscheidung so außerordentlich schwer zu treffen ist und schon die bloße Aufklärung der Bedeutung offensichtlich befriedigt, gleich wie der Vorgang entstanden war?

Aus zwei Gründen ist diese Frage zu bejahen. Zum einen weil sie Freud selbst immer wieder sehr beschäftigt hat. Schon in den *Studien über Hysterie* hat er dieses Problem aufgeworfen und es offengelassen:

»Selbst wenn alles vorüber ist, wenn die Kranken, durch den logischen Zwang überwältigt und von der Heilwirkung überzeugt, die das Auftauchen gerade dieser Vorstellungen begleitet – wenn die Kranken, sage ich, selbst angenommen haben, sie hätten so und so gedacht, fügen sie oft hinzu: Aber erinnern, daß ich es gedacht habe, kann ich mich nicht. Man verständigt sich dann leicht mit ihnen: es waren unbewußte Gedanken. Wie soll man aber selbst diesen Sachverhalt in seine psychologischen Anschauungen eintragen? Soll man sich über dies verweigerte Erkennen von seiten der Kranken, das nach getaner Arbeit motivlos ist, hinwegsetzen; soll man annehmen, daß es sich wirklich um Gedanken handelt, die nicht zustande gekommen sind, für welche bloß die Existenzmöglichkeit vorlag, so daß die Therapie in der Vollziehung eines damals unterbliebenen psychischen Aktes bestünde?«[44]

Entstand die Bedeutung der Zahl 2467 durch »einen psychischen Akt«, der lange, nachdem diese Zahl niedergeschrieben worden war, stattfand? Wir werden später noch auf ähnliche Zweifel in den Überlegungen Freuds zurückkehren. Kritiker haben Freud in Widersprüche zu treiben versucht, indem sie Zitate aus dem Zusammenhang rissen. Im Hinblick auf ähnliche Beispiele der Zahleninterpretation in der *Psychopathologie des Alltagslebens* haben sie diese mit Freuds Aussage konfrontiert, daß es im Unbewußten »keine Negation, keine Zweifel, keine Grade von Sicherheit (gibt)«[45]. Das Zitat ist korrekt, aber Freud beschreibt hier den *Kern* des Unbewußten, der aus Triebrepräsentanzen besteht.

In derselben Schrift fährt er mit der Beschreibung der verschiedenen Schichten unbewußter Vorgänge fort. Die unterdrückten Vorstellungen, die im Gegensatz zu ihrem Kern einst bewußt waren und als hochorganisiert und frei von Selbstwidersprüchen beschrieben werden, verwenden das Material des bewußten Lebens und haben Erscheinungsformen, die sich denen des bewußten Denkens angleichen, mit dem einen Unterschied, daß sie der bewußten Selbstreflexion nicht ohne die Anstrengung zugänglich sind, die Freud aufbrachte, um die Bedeutung der Zahl 2467 herauszufinden. Ich möchte die Widersprüche in Freuds Formulierungen nicht verleugnen; sie sind zahlreich. Aber nicht in diesem Fall: Seine Theorie der unbewußten Vorgänge schließt die Möglichkeit zu beiden, alogischen und logischen, Operationen mit ein, ganz so, wie es die Primärprozesse implizieren. Viele der offensichtlichen Widersprüche bei Freud sind aber aus der Tatsache entstanden, daß der eilige Leser (oder sollten wir sagen, der unbewußt motivierte Leser?) für die Aufnahme seiner Ausführungen nicht das entsprechende Durchhaltevermögen mitbringt. Seine Gedankenführung beschränkt sich nie auf einen Paragraphen oder gar auf ein Kapitel. Spätere Teile enthalten genauere Angaben, die zum Verständnis des Ganzen hinzugezogen werden müssen.

Der zweite Grund aber geht über den Wunsch hinaus, diese eine Episode oder die inneren Zweifel und Unsicherheiten in Freuds Denken zu verstehen, und führt zur eigentlichen Substanz des Problems: Gibt es noch andere Beweise für die Behauptung, daß unbewußte Vorgänge logisch komplexe Operationen entwickeln können?

Galtons Überzeugung von der Existenz mächtiger unbewußter Schichten des Geistes wurde bereits erwähnt. Jedoch sind die erstaunlichsten Beispiele der Bedeutung unbewußter Vorgänge bei mathematischen Erfindungen von Hadamard[46] gesammelt worden. Auch wenn sein Material unsystematisch und anekdotisch ist, die Mathematiker, von denen und über die er die Geschichte ihrer Erfindungen zusammenstellt, waren sicherlich frei von den Einflüssen psychoanalytischen Denkens (einige haben vor Freud gelebt). Sie verfolgten keine persönlichen Interessen; und die Aufrichtigkeit ihrer Selbstbeobachtungen steht über jedem Zweifel. Es mag ausreichen, hier ein oder zwei Beispiele anzuführen. Da ist der bekannte Bericht Poincarés, der aufs Land fuhr, um seinen Kopf für eine Weile von der Mathematik zu entlasten: »Gerade als ich meinen Fuß auf die Stufe setzte ... kam mir der Gedanke ... daß die Transformationen, die ich zur Definition der Fuchschen Funktionen verwendet hatte, mit denen der nicht euklidischen Geometrie identisch waren.« Oder Gauß, der berichtet, daß er über Jahre von einem Problem verfolgt wurde, das er nicht lösen konnte: »Schließlich hatte ich vor zwei Tagen Erfolg ... wie ein Lichtblitz schien das Rätsel gelöst. Ich kann selbst nicht mehr sagen, was der rote Faden war, der mein früheres Wissen mit dem verband, was meinen Erfolg ermöglichte.« Soviel ich weiß, gibt es keine andere psychologische Erklärung, die diesen und anderen Phänomenen gerecht würde, als Galtons und Freuds Annahme mächtiger unbewußter geistiger Vorgänge, die zu logischem Denken und mehr fähig sind.

Was die Zahl 2467 betrifft, so hat möglicherweise Freuds Ehrgeiz, die absolute Macht des Unbewußten vorzuführen, ihn zu einer erfundenen statt entdeckten Konstruktion geführt. Es ist aber auch möglich, daß sein Unbewußtes, wie das von Poincaré und Gauß, seinem Bewußtsein darin überlegen war, Zahlen zu manipulieren. Aber diese zweite Erklärungsmöglichkeit, wie Freud zu der Zahl kam – durch unbewußte Absichten und nicht rein zufällig –, ist nicht ganz überzeugend. Es ließe sich einwenden, daß die Analogie zu Poincaré und Gauß nicht zu sehr beansprucht werden sollte, da das Ergebnis ihres Unbewußten ohne Zweifel durch viele Stunden bewußten Denkens wohl vorbereitet war, während Freuds Zahlenspiele nicht den Eindruck erwecken, daß er viel

Zeit darauf verwendete, sein jeweiliges Alter bestimmten Zahlen hinzuzufügen.

Das kleinere Dilemma der Wahl zwischen den beiden Interpretationen dieser Episode spiegelt das größere Dilemma des wissenschaftlichen Status der Psychoanalyse und wahrscheinlich auch jener wichtigen Bereiche akademischer Psychologie, die sich notgedrungen mit der Erklärung von Inhalten beschäftigen. Wenn die Bedeutung sich aus den Mechanismen ergibt – die bewußt oder unbewußt sein können –, dann besteht letztlich eine Nähe zur Naturwissenschaft. Wenn die Bedeutung aber hineingelegt worden ist, um speziellen Lebensumständen gerecht zu werden, ohne Bezug auf Mechanismen – zum Beispiel, um Freud zu einer Reflexion über seine unbewußten Gedanken in dieser Zeit zu zwingen –, dann hat sie die Kraft, das Bewußtsein zu erweitern. Ihre heuristische Funktion als eine Aufforderung zur Selbstanalyse, die auch durch andere Zahlen hätte angeregt werden können, bleibt unbenommen, aber dann handelt es sich sicherlich nicht um eine Naturwissenschaft. Von dieser besonderen Episode einmal abgesehen, die eigentliche Herausforderung der Freudschen Theorie an die Psychologie liegt in ihrem Versuch einer Verbindung, das heißt sowohl eine Bedeutung zu entziffern als auch einen Bedeutung hineinzulegen. Freuds Untersuchung der Urhorde und des Patriarchats zum Beispiel in *Massenpsychologie und Ich-Analyse*[47], die er natürlich selbst als eine Konstruktion ansah, die eine Bedeutung erfindet, hat die Kraft eines Mythos und zudem den Vorteil, mit jenen Folgerungen übereinzustimmen, die er aus seinen klinischen Beobachtungen gezogen hat. Aber da es *per definitionem* unmöglich ist, für die Annahme solcher prähistorischer Ereignisse Beweise zu erhalten, entzieht sie sich einer wissenschaftlichen Fundierung.

4. Kapitel: Persönlichkeit

Wahrscheinlich gibt es kaum einen Gegenstand der Freudschen Psychologie, der in seiner Terminologie so bekannt und im öffentlichen Bewußtsein und den verstreuten technischen Anmerkungen so verdreht ist wie sein Konzept der Persönlichkeit. Das hat mehrere Gründe. Erstens hatte Freud zwei Persönlichkeitsmodelle, und obwohl er ausdrücklich das erste im zweiten aufgehen sah, ist deren Verhältnis zueinander sicherlich kein einfaches und wird häufig schlicht übergangen. Zweitens führte seine Terminologie, die er nicht als seine Erfindung betrachtete, zu einer Verwechslung von Ding und Begriff, das heißt von Wirklichkeit und ihrer begrifflichen Fassung. Er sprach natürlich immer nur von theoretischen Konzepten. Schwerwiegender ist aber, daß in diesem Zusammenhang der Begriff »Metapsychologie« in einer idiosykratischen Weise verwendet und daher natürlich auch häufig mißverstanden wird. Er bedeutet nicht das gleiche, was Metaphysik im Verhältnis zur Physik bedeutet. In Freuds Terminologie ist Metapsychologie »ein Begriff, der nicht das bezeichnet (wie es scheinen könnte), was über die gesamte Psychologie hinausgeht, sondern ganz einfach nur jene psychologischen Untersuchungen, die sich nicht auf Bewußtseinsphänomene beschränken und die die allgemeinsten Grundsätze der Analyse auf einer höchst abstrakten Theorieebene formulieren«[1].

Freud nannte sein erstes Persönlichkeitsmodell topographisch hinsichtlich der Tiefendimension im psychischen Raum. Er unterscheidet drei »Orte« des psychischen Geschehens – das Unbewußte, das Vorbewußte und das Bewußte –, die mitunter spontan und reibungslos ineinander übergehen, aber in der Regel durch die Mechanismen der Zensur getrennt bleiben, die zwischen dem Unbewußten und dem Vorbewußten, dem Vorbewußten und dem Bewußten operieren. Die Überleitung in der entgegengesetzten Richtung verläuft über den Mechanismus der gewöhnlichen Erinnerungsspeicherung vom Bewußten zum Vorbewußten oder auf dem Wege der Verdrängung vom Bewußten ins Unbewußte.

Viel davon war natürlich in Freuds Theorie schon seit den *Studien über Hysterie* angelegt, auch wenn es noch nicht als eine Analyse der gesamten Person dargestellt wurde. Jahrzehntelang war Freud zu sehr mit der Erforschung der unbewußten Vorgänge beschäftigt, als daß er sich dem Menschen in seiner Gesamtheit hätte widmen können; das Bewußtsein taucht in seinen früheren Schriften nur als ein nachträglicher Gedanke auf. Die sekundären Denkvorgänge, ein Hauptgegenstand der akademischen Kognitionspsychologen, sind zum Beispiel noch kaum untersucht. Es gibt heute einige Psychoanalytiker, unter ihnen vor allem der Franzose Lacan[2], die Freuds späteren Persönlichkeitsbegriff ablehnen, die Entwicklung der psychoanalytischen Ich-Psychologie zurückweisen und sich völlig auf seinen frühen Entwurf konzentrieren. Dies hat zu heftigen Angriffen innerhalb des psychoanalytischen Lagers geführt. Freud selbst hat zwischen der Analyse bewußter und der unbewußter Vorgänge nie ein völliges Gleichgewicht hergestellt, wenngleich sein zweites Persönlichkeitsmodell den Weg dahin anzeigt.

Dieser zweite Zugang hat seine konzeptuelle Hauptstütze in der wohl bekannten Trias von Ich, Es und Über-Ich. Psychoanalytiker nennen dies den strukturalen Zugang, indem sie sich auf einen Strukturbegriff wie den von Bertalanffy beziehen, der besagt, daß Strukturen langsame Vorgänge von langer Dauer sind, wohingegen Funktionen schnelle Vorgänge von kurzer Dauer sind.[3] Nun haben wir es bei diesem zweiten Persönlichkeitsmodell mit dem Ergebnis einer schrittweisen Entwicklung zu tun. Freuds eigene Darstellung in *Das Ich und das Es*[4] ist sehr komplex und enthält wesentlich mehr als nur eine Erklärung dieser drei Grundbegriffe. In einem gewissen Sinne ist sie wieder ein Versuch, all seine theoretischen Vorstellungen miteinander zu verbinden; aber wiederum nicht ganz erfolgreich und somit ein weiterer Grund für Mißverständnisse und Ablehnung. Karl Poppers Bemerkung, daß Ich, Es und Über-Ich keinen höheren Anspruch auf Wissenschaftlichkeit haben als Homers Olympische Dichtung[5], oder Joan Reeves' Ansicht, daß »einer späteren Generation Freuds allgemeines Motivationsmodell und jenes populäre Triumvirat von Es, Ich und Über-Ich wie eine altmodische Merkwürdigkeit vorkommen könnte«[6], sind Beispiele, wie Kritiker, die nicht aus Prinzip feindselig waren, diese komplexen Ideen aufgenommen haben. Allerdings macht keiner der beiden nähere Angaben darüber, ob sie gegen das Persönlichkeitsmodell Einspruch erheben oder gegen die Energietheorie, die die Schrift *Das Ich und das Es* durchzieht, oder gegen die Verbindung von erstem und zweitem Entwurf oder die Gefahr einer Verabsolutierung psychischer Instanzen.

Angesichts einer solchen Kritik ist es wichtig, den Weg genau nachzuzeichnen, auf dem Freud zu diesen Entwürfen gelangte, auch um deren wissenschaftlichen Wert klären zu können. Denn sie sind viel mehr als nur ein »Mythos«.

Obwohl sich Freud lange auf die Möglichkeiten der Ableitung unbewußter Vorgänge aus der Entzifferung bewußten Materials konzentriert hatte, zwang ihn seine gewohnheitsmäßige Aufmerksamkeit für die kleinsten Details der Ausdrucksweise seiner Patienten zu der Annahme verschiedener bewußter Funktionen des Ichs. Das »Ich« war damals ein allgemein gebräuchlicher Begriff. Vor allem wunderte er sich über die Tatsache, daß ein Subjekt sich selbst als Objekt betrachten kann; das heißt, daß ein Mensch eine kritische Distanz *sich selbst gegenüber* einnehmen kann, sei es abschätzend, lobend oder tadelnd. Zwei Typen der klinischen Beobachtung führten ihn zu der Bedeutsamkeit dieser besonderen Aufteilung der Ich-Funktionen: Zum ersten die Unübersehbarkeit dieser kritischen Funktion bei depressiven und melancholischen Patienten, bei denen alle anderen Ich-Funktionen durch ein übertriebenes und irrationales Gefühl der Schuld und Wertlosigkeit beeinträchtigt waren. Zum zweiten erkannte er, daß sich diese Funktion erst später als andere Ich-Vorgänge entwickelte. Kleine Kinder entwickeln sie nur nach und nach mit fortschreitender Reifung und dem sozialisatorischen Einfluß ihrer Eltern. Zusammen legen diese zwei Beobachtungen nahe, daß die Fähigkeit des Ichs, sich selbst zu kommentieren, einen speziellen Namen verdient. Freud nannte sie zuerst Ich-Ideal, dann Über-Ich. Heute kann weder die Tatsache, daß Menschen Beurteilungen über sich als Objekte bilden können und in der Regel auch tun noch daß diese selbstkritische Instanz einen eigenen Namen verdient, kaum bestritten werden. Auf einer Ebene ist dann das Über-

Ich der deskriptive Begriff eines bestimmten Bereichs des psychischen Lebens auf einem hohen Abstraktionsniveau. Es lohnt sich, den anderen beiden Begriffen auf derselben Ebene nachzugehen, wie auch Freud es getan hat. Aber bevor wir mit der Beschreibung der verschiedenen Funktionen beginnen, die unter dem Namen der drei psychischen Instanzen zusammengefaßt sind, sollte noch auf einige allgemeine Gesichtspunkte der ausgereiften Freudschen Persönlichkeitstheorie hingewiesen werden.

Zunächst ist zu sagen, daß er sich nie mit statischen Situationen beschäftigte, sondern stets über Prozesse nachgedacht hat. In diesem Sinne unterscheidet er sich von einigen Theorien der Persönlichkeit, aber gleicht anderen akademischen Persönlichkeitstheorien, wie zum Beispiel der Gordon Allports[7], trotz wesentlicher Unterschiede zwischen den beiden, oder George Kellys Theorie des Persönlichkeitsaufbaus[8]. Die Freudsche ist eine struktural-funktionale Theorie.

Die zweite generelle Eigenschaft liegt in Freuds Annahme, daß die Persönlichkeit das Ergebnis einer fortlaufenden Wechselbeziehung zwischen den Bedürfnissen des Organismus und der äußeren Realität ist. Insofern besteht eine Ähnlichkeit zwischen seiner Theorie und Piagets Theorie der Akkomodation und Assimilation, aber ein scharfer Gegensatz zum Behaviourismus oder Eysencks strikt biologisch orientierter Extraversion-Introversions-Theorie der Persönlichkeit. In moderner Ausdrucksweise war Freud sicherlich ein Interaktionist. Aber der Unterschied zu Piaget liegt in Freuds Grundsatz der Einheit der Persönlichkeit, die Kognitions-, Bedürfnis- und Gefühlsaspekte einschließt. Da Piaget sich ausschließlich mit der Kognition befaßt, kann er zur eigentlichen Persönlichkeit natürlich nichts sagen.

Der nächste grundlegende Aspekt der Freudschen Persönlichkeitstheorie verbindet ihn jedoch wieder mit Piagets Ansatz, während er sich deutlich von den Vorstellungen vieler anderer akademischer Persönlichkeitspsychologen abhebt: die Auseindandersetzung mit realer Zeit und psychischer Zeit. Er hatte sich ja nicht nur auf eine retrospektivische Psychologie eingelassen, sondern der problematische Zeitbegriff selbst beeinflußte seine Darstellung der psychischen Funktionen, wie wir noch sehen werden. Mit dieser Problematik war auch schon der heilige Augustinus vertraut, der mit der ganzen Hingabe seines brillanten Geistes nach einer Definition »realer Zeit«, das heißt äußerer Zeit, gesucht hatte, um schließlich resignierend festzustellen, »so ist es, oh Herr, mein Gott, ich messe sie; aber was ich messe, das weiß ich nicht«. Und doch ahnte er etwas von der großen Bedeutung, die ein Verständnis der Zeitdimension für die Psychologie hat, als er von der Suche nach einer objektiven Definition abließ und sich dem *Zeiterleben* zuwandte. In diesem Zusammenhang sprach er von der Zeit als einer dreifach gefalteten Gegenwart: eine Gegenwart vergangener, aber erinnerter Dinge, eine Gegenwart momentan erlebter Dinge und eine Gegenwart zukünftiger, aber jetzt vorweggenommener Dinge.[9] Es ist nur zu bedauern, daß Freud Augustinus' *Bekenntnisse* offensichtlich nicht gelesen hatte; sie hätten ihm möglicherweise in der Abfassung seiner Ideen über die Kausalität, die nur retrospektiv erkennbar ist, geholfen und ihn vor der Anschuldigung der Teleologie bewahrt.

Diese allgemeinen Charakteristika des Freudschen Persönlichkeitsbegriffs bilden den Hintergrund, vor dem seine Beschreibung der drei struktural-funktionalen psychischen Instanzen gesehen werden muß.

Das Es ist ein summarischer Begriff, der verschiedene Funktionen zusammenfaßt, wie instinktive Triebe – Hunger, Durst, Sexualität –, die den ganzen Menschen mobilisieren und reale Folgen haben. Diese Folgen betreffen das Verhalten und nicht nur den Organismus, aber die Triebe sind, in Freuds Worten, »gegen das Somatische offen«. Es gibt noch andere im Es abgelagerte Funktionen, die gleichermaßen bestimmende Folgen haben, aber aus frühen Erlebnissen hervorgehen, die verdrängt wurden; das heißt, daß es Erinnerungen von Vorstellungen, Ereignissen, Handlungen und Gefühlen gibt, die vom Bewußtsein ausgeschlossen sind, aber die gesamte Person antreiben. Diese Triebvorgänge operieren ohne logische Organisation, »gegensätzliche Regungen bestehen nebeneinander, ohne einander aufzuheben oder sich voneinander abzuziehen ... Es gibt im Es nichts, was man der Negation gleichstellen könnte, auch nimmt man mit Überraschung die Ausnahme von dem Satz der Philosophen wahr, daß Raum und Zeit notwendige Formen unserer seelischen Akte seien. Im Es findet sich nichts, was der Zeitvorstellung entspricht, keine Anerkennung eines zeitlichen Ablaufs und, was höchst merkwürdig ist und seiner Würdigung im philosophischen Denken wartet, keine Veränderung des seelischen Vorgangs durch den Zeitablauf. Wunschregungen, die das Es nie überschritten haben, aber auch Eindrücke, die durch Verdrängung ins Es versenkt worden sind, sind virtuell unsterblich, verhalten sich nach Dezennien, als ob sie neu vorgefallen wären.«[10]

Zu dieser Stelle gibt es einiges anzumerken. Ich habe absichtlich Freuds Hinweise auf die Energie- bzw. Triebmodelle, mit denen wir uns später in einem anderen Zusammenhang auseinandersetzen werden, übergegangen, aber diese Auslassung scheint mir das Verständnis der Es-Funktionen nicht zu behindern. Sie können auf einer ausschließlich deskriptiven Ebene studiert werden, wenngleich auf einem recht hohen Abstraktionsniveau. Auf einem etwas niedrigeren Abstraktionsniveau läßt sich sagen, daß die Es-Funktionen sich auf jene Bereiche des menschlichen Empfindens und Verhaltens beziehen, die wir passiv erfahren, deren Ursachen unbekannt sind oder die wir willentlich nicht kontrollieren können. Die Folgen dieser Funktionen drängen ins Bewußtsein und veranlassen uns zu bestimmten Handlungen, zu depressiver oder heiterer Stimmung, lassen uns ein Sexualobjekt anziehender als ein anderes erscheinen oder führen zu Ideen, Träumen, Gedanken und Phantasien; ihre Ursprünge entziehen sich jedoch der bewußten Introspektion. Sowohl die Laienpsychologie eines gesunden Menschenverstandes als auch der Determinist Freud nehmen an, daß es für solche psychischen Ereignisse in der biologischen und der Erfahrungsgeschichte eines Menschen bestimmte Ursachen gibt, aber daß die Lücken im Bewußtsein unserer eigenen Geschichte uns daran hindern zu wissen, warum wir so wurden, wie wir sind.

Daß solche Ereignisse, von denen einige nie bewußt erfahren und andere vergessen oder verdrängt werden, Auswirkungen im Hier und Jetzt haben sollen, widerstrebt der Bereitschaft vieler Psychologen, Freud zu folgen. Man denke zum Beispiel nur an den Spott, mit dem seine Äußerung bedacht wurde, daß eine frühe anale Fixierung möglicherweise den erwachsenen Charakter in Richtung Ordentlichkeit, Knauserigkeit und Starrsinnigkeit beeinflussen kann.[11] Selbst wenn man einmal die Frage beiseite läßt, ob es sich hierbei um eine starre Ursachenkette handelt[12] – Freud hat dies nicht behauptet, andernfalls hätte er mehr Vorhersagen als Rekonstruktionen erstellt –, wird dieser Spott angesichts der Tatsache gegenstandslos, daß Freud im Grunde nur Augustinus' subjektiven Zeitbegriff verwendet hat, der die Vergangenheit zur Gegenwart werden läßt und nicht nur als eine objektiv abgelaufene Zeit, die womöglich keine Spur hinterließ, begreift. Die Vergangenheit bleibt nur in dem Maße wirksam, in dem sie zum Zeitpunkt des Originalvorfalls eine Veränderung produziert hat, die sich entweder in ihrer ursprünglichen Form erhält oder über weitere Veränderungen bis hin zur Gegenwart reicht. Ohne diese Annahme bliebe die Wirkung des Vergangenen auf einer Ebene mit dem primitiven teleologischen Glauben, wonach die noch nicht wirklich gewordene Zukunft die Gegenwart beeinflußt.

Zweifelsohne werden viele Psychologen durch Penfields Beobachtungen eher überzeugt werden als durch diese Argumente. Penfield beobachtete, während er unter lokaler Anästhesie Epileptiker operierte, daß die Patienten bei vollem Bewußtsein Rückblendungen in ihre Vergangenheit wiedererlebten und nicht nur von bloßen Erinnerungen berichteten, wenn die Elektrode einen gewissen zerebralen Bereich berührte.[13] Die auf diesem Weg erlangte Einsicht scheint richtig, aber aus falschen Gründen. Penfields Beobachtungen faszinieren in ihrer Art als ein Indiz für die grundlegende Einheit von Geist und Körper, aber nicht als eine Aufforderung, die Psychologie auf Physiologie zu reduzieren, um ihr auf diese Weise größeres Ansehen zu verschaffen. Die größtmöglichen Leistungen einer Physiologie der Zukunft werden die Notwendigkeit für eine psychologische Terminologie, welche die Wirkung der Vergangenheit psychologisch erfaßt, nicht beeinträchtigen.

Die Zeitlosigkeit, die »virtuelle Unsterblichkeit« der unbewußten Vorgänge verweist also auf Aspekte des Vergangenen, die damals einen Einfluß hatten und heute immer noch wirken. Andere Ereignisse wiederum, die damals keine weiteren Auswirkungen hinterließen, sind natürlich vollkommen verschwunden. Die Koexistenz von Widersprüchen, das Fehlen der Verneinung und der logischen Organisation in unbewußten Vorgängen muß in ähnlicher Weise verstanden werden, wie schon in der Diskussion der Primärprozesse angezeigt wurde. Die Widersprüche im Es bestehen aufgrund der simultanen Existenz logisch unvereinbarer Propositionen; jede Proposition in sich kann völlig vernünftig und rational sein. Ein kleiner Junge zum Beispiel kann einmal wie seine sanfte und gutmütige Mutter sein wollen und ein andermal wie sein Vater, der mächtig und aggressiv ist. Wenn beide Wünsche verdrängt werden, können sie beim erwachsenen Menschen Es-Funktionen auslösen, die nur in ihrer Verbindung unlogisch sind. Nur die *Organisation* unbewußter Vorgänge in ihrer Gesamtheit ist frei von solchen logischen Zwängen, bei denen eine Prämisse fallengelassen werden muß, wenn sie einer anderen widerspricht. *Innerhalb* eines jeden Elements der unterdrückten Erfahrung operiert weiterhin die Logik, so wie sie in dem einst bewußten Gedanken vorhanden war. Eingestandenermaßen war Freud in der Zusammenfassung dieser Dinge nicht sehr klar. Aber festzuhalten bleibt, daß sie als eine annehmbare Beschreibung eines bestimmten Bereichs psychischer Vorgänge angesehen werden kann.

Auf derselben Ebene können, wiederum unter der Vernachlässigung der Freudschen Trieblehre, die Ich-Funktionen verstanden werden. Denn neben triebbestimmtem Denken und Handeln pflegen wir ja auch einen bewußten Umgang mit der Welt, in der wir leben, das heißt, die Ich-Funktionen kommen ins Spiel. Die wichtigsten sind natürlich Wahrnehmung und Selbstwahrnehmung, der Erwerb von Wissen über die Welt um uns und über unseren eigenen Körper, die das Erlebnis der Bewußtheit ermöglichen. Gedächtnis, Lernen, sekundäre Denkprozesse und Realitätsprüfung, das heißt die Suche nach einer Übereinstimmung zwischen inneren Repräsentationen und dem tatsächlichen Verhalten dieser Welt, sind zusammen mit der Steuerung der motorischen Aktivitäten die wichtigsten Bereiche der Ich-Funktionen. All diese Prozesse und Aktivitäten sind, in deutlichem Unterschied zu den Es-Funktionen, einheitlich und organisiert. »Wenn wir uns populären Redeweisen anpassen, dürfen wir sagen, daß das Ich im Seelenleben Vernunft und Besonnenheit vertritt, das Es aber die ungezähmten Leidenschaften.«[14] Obwohl es für ein systematisches Verständnis der Persönlichkeit sinnvoll ist, Ich-Vorgänge von Es-Vorgängen zu unterscheiden, finden in Wirklichkeit beide selbstverständlich gleichzeitig statt, so daß die Ich-Funktionen die Übersetzung und Kontrolle der Es-Impulse einschließen, die ins Bewußtsein drängen und den Charakter einer Forderung haben, die nicht ignoriert werden kann.

In der Beschreibung der Ich-Funktionen benutzt Freud ein bilderreiches, aber irreführendes anthropomorphistisches Vokabular, das es leicht macht, ihn zu beschuldigen, daß er Prozesse verdinglicht und an Ryles »Maschinengespenst« glaube[15], wenn er sagt: »Das arme Ich ... dient drei gestrengen Herren, ist bemüht, deren Ansprüche und Forderungen in Einklang miteinander zu bringen ... kein Wunder, wenn das Ich so oft an seiner Aufgabe scheitert. Die drei Zwingherren sind die Außenwelt, das Über-Ich und das Es.«[16]

Ein Ergebnis der Kontrollfunktion der Ich-Prozesse ist die Erfahrung der Angst; ein anderes die Entwicklung von Lebens-Strategien, um mit den Schwierigkeiten des Lebens fertig zu werden, ob sie nun von innen oder von außen kommen. Diese Strategien sind den Abwehrmechanismen gleichzusetzen, die Freud als einen Bestandteil der Ich-Funktionen ansieht. Der Begriff »Mechanismus« ist unpassend; denn es sind außerordentlich sinnvolle Strategien, die bewußt oder unbewußt ausgebildet worden sind, um das Leben leichter und überschaubarer zu machen, und keine mechanische Reaktionen auf bestimmte Reize mit Ursachen, aber ohne Sinn und Zweck. Die Verdrängung ist nach Freud die vorherrschende Abwehrform. Aber auch andere Strategien wie Projektion, Verleugnung, Rationalisierung, Sublimierung usw. spielen eine Rolle, wenngleich Freud die Umstände ihres Auftretens nur teilweise analysiert hat. Sie werden nicht nur im kranken, sondern auch im gesunden Zustand eingesetzt, um die durchgehend synthetisierende Leistung des Ichs in seiner Auseinandersetzung mit inneren oder äußeren Konflikten zu unterstützen. In diesem Sinne haben Abwehrstrategien eine Funktionsähnlichkeit mit der Auflösung kognitiver Dissonanzen[17] und dem Bartlettschen Begriff der »Sinnfindung«[18] (*effort after meaning*). Weder Festinger noch Bartlett hielten es für notwendig, genauer zu bestimmen, ob diese Strategien bewußt oder unbewußt eingesetzt werden. Die Untersuchung der verschiedenen Bewußtseinsstufen lag damals und liegt heute weitab vom Interesse der akademischen Psychologie. Für Freud war dies aber ein Hauptgesichtspunkt; er berichtet aus der Arbeit mit seinen Patienten, daß diese sich ihrer Ich-Abwehrmechanismen nicht bewußt gewesen seien, was auf die Verbindung beider Persönlichkeitstheorien seine Auswirkungen hatte.

Der dritte Funktionsbereich, ursprünglich Ich-Ideal genannt, wurde zum Über-Ich. Seine Herkunft aus dem Ödipuskomplex werden wir später diskutieren, denn sie ist für eine Beschreibung seiner wichtigsten Funktionsweisen unbedeutend. Es wird häufig übersehen, daß Freud die Über-Ich-Funktionen in dauernder Entwicklung begriffen sah und nicht als bereits in der frühen Kindheit vollständig aufgebaut: »Im Laufe der Entwicklung nimmt das Über-Ich auch die Einflüsse jener Personen an, die an die Stelle der Eltern getreten sind, also von Erziehern, Lehrern, Idealen, Vorbildern. Es entfernt sich normalerweise immer mehr von den ursprünglichen Elternindividuen, es wird sozusagen unpersönlicher.«[19] In der weiteren Darstellung wendet sich Freud jedoch vom entwicklungsgebundenen Aufbau der Über-Ich-Funktionen ab; in bezug auf die elternlichen Einflüsse in den späteren Jahren, wenn der kindliche Glaube an die Omnipotenz und Herrlichkeit seiner Eltern durch ein realistisches Urteil eingeschränkt wird, schreibt er: »Es kommen dann auch Identifizierungen mit diesen späteren Eltern zustande, sie liefern sogar regelmäßig wichtige Beiträge zur Charakterbildung, aber sie betreffen dann nur das Ich, beeinflussen nicht mehr das Über-Ich, das durch das früheste Elternimago bestimmt worden ist.«[20] Dazu ist zu sagen, daß Freud unter Über-Ich-Funktionen mehr versteht als nur die Tendenz zur Selbstbestrafung oder Selbstkritik; diese Bewußtseinsformen werden durch Selbstbeobachtung und der Errichtung des Ich-Ideals ergänzt.

So gesehen hat Freud mit seinem zweiten Persönlichkeitsmodell keinen Homunculus erschaffen, sondern eine Beschreibung der alltäglichen menschlichen Lebensstrategien auf einem hohen Abstraktionsniveau. Freud beabsichtigte eine allumfassende Beschreibung der Persönlichkeit durch diese drei Hauptfunktionen. Eine Bestätigung, daß sie für eine ganzheitliche Betrachtung der Persönlichkeit zentral sind, kommt vielleicht überraschenderweise aus einer faktorenanalytischen Studie. Pawlick und Cattell[21] unterzogen eine ausgedehnte Testreihe »objektiver« Persönlichkeitsvariablen einer dreistufigen Faktorenanalyse. Sie kommen zu folgendem Ergebnis: »Obwohl wir unsere Untersuchung ohne jede Vorliebe für die psychoanalytische Theorie begonnen hatten, ist es eine beeindruckende Tatsache, daß die psychoanalytische Beschreibung von Ich, Es und Über-Ich gut mit den drei Faktoren, die diese Untersuchung gefunden hat, im Einklang ist.«

Diese Bestätigung hat ihr besonderes Gewicht, gerade weil sie von einem völlig verschiedenen Standpunkt herstammt und auf unabhängigen Methoden beruht. Andererseits trifft es natürlich zu, daß man bei einer Faktorenanalyse nicht mehr herausbekommt, als man in die Tests hineingelegt hat. Während das Ergebnis deshalb bestätigt, daß Es, Ich und Über-Ich sicherlich nicht Erfindungen Freudscher Einbildungskraft sind, kann es dennoch nicht als Beweis für die Vollständigkeit des Freudschen Persönlichkeitsentwurfs gewertet werden. Soviel ich weiß, wurde die Vollständigkeit der Freudschen Persönlichkeitsauffassung bis heute auch noch nie bezweifelt, vielleicht weil vor allem seine anthropomorphistische und seine physiologische Sprache in seinen Abhandlungen über Ich, Es und Über-Ich Anlaß zur Kritik gegeben haben, so daß seine klassifizierenden Leistungen unberücksichtigt blieben. Abgesehen von seiner Terminologie, besteht Freuds Modell aus der Idee, die Persönlichkeit als eine habituelle Mischung aus all jenen Zwecken zu betrachten, in die menschliche Handlungen eingespannt sind: die Befriedigung der organischen Bedürfnisse, das Erfüllen internalisierter Normen und die Beziehung zur Außenwelt, zu ihren Chancen und Forderungen.

Wir haben es hier mit einer, wie es Basch[22] nennt, klassifizierenden Persönlichkeitstheorie zu tun, die auf einer Ebene mit Linnaeus' botanischer Klassifikation ihrer Ergebnisse auf dem Weg der Abstraktion von den konkreten Beobachtungen erreicht, wobei sie wie jede andere Theorie durch eine Annahme, was das Wesentliche der Phänomene sei, geleitet wird. Da die akademische Psychologie zu einer Zeit ihren unabhängigen wissenschaftlichen Status erlangte, als die Naturwissenschaften sich schon zu erklärenden Theorien entwikkelt hatten, war sie oft versucht, die Linnaeussche Phase, in die untersuchten Phänomene System und Ordnung zu bringen, zu überspringen. Allerdings teilte Freud die Ambitionen der naturwissenschaftlich orientierten Theorien. Aber er war als Beobachter aus beruflicher Notwendigkeit zu gewissenhaft, um das Rohmaterial zu ignorieren, das ihm Menschen zeigte, die mit sich und ihrer Umwelt nicht zurechtkamen. Was die klinische Situation ans Licht brachte, das waren keine Energiemodelle, sondern der ständige Lebenskampf, in dem er drei Hauptgruppen der Zielsetzung entdeckte, die durch das Ich, das Es und das Über-Ich dargestellt sind.

Eine Klassifikation dieser Art ist insofern bedeutend, als sie mehr als nur die Befriedigung eines Ordnungssinnes leistet und darüber hinaus zukünftiger Forschung den Weg weisen kann. Es gibt verschiedene Anwendungsbereiche, für die Freud seine Klassifikation erstellt hat. Wenn wir wiederum sowohl die physiologischen Spekulationen als auch die entwicklungstheoretischen Hypothesen beiseite lassen, so sind es im Bereich der Persönlichkeit vor allem die klinischen Anwendungsmöglichkeiten, auf die hier näher eingegangen werden sollte. Erstens ist die Klassifikation bestimmter Funktionen ein Indikator zur Beschreibung von Persönlichkeit und Persönlichkeitsstörungen. Dabei ist eine Verlaufsbeschreibung sowohl für die klinische Arbeit als auch für die Entwicklung der klinischen Theorie weit wertvoller als die bloße Anwendung psychiatrisch-diagnostischer Etiketten, die ein geschlossenes Krankheitsbild vorgeben, an Stelle von spezifischen Funktionsstörungen. Zweitens führte sie ihn zur Formulierung des Ziels psychoanalytischer Therapie: »Wo Es war, soll Ich werden.«[23] Wie jeder Aphorismus ist dies eine extreme Formulierung, die eher eine Richtung als ein realisierbares Ziel angibt. Nach Freuds eigener Beschreibung der Es-Funktionen – die Vorgänge beinhalten, die *per definitionem* dem Bewußtsein unzugänglich sind – können sie niemals durch Ich-Funktionen vollständig ersetzt werden. Nicht einmal all das, was einst bewußt war, aber verdrängt wurde und deshalb in der spezifisch irrationalen Weise der Es-Funktionen wirkt, kann in Ich-Funktionen umgewandelt werden. So erweist sich die Analyse schließlich als unendlich. Aber die Ausrichtung der Arbeit von Analytiker wie Analysand auf eine Synthese der gesamten Lebenserfahrung orientiert sich an einer solchen Persönlichkeitsauffassung.

In einer Hinsicht ist die zweite, klassifizierende Persönlichkeitstheorie der ersten überlegen: Die Erfassung des Seelenlebens eines Menschen hinsichtlich seiner unbewußten, vorbewußten und bewußten psychischen Inhalte kann leicht als ein Versuch zur Isolierung des Individuums mißdeutet werden, als existiere es in einem sozialen Vakuum. Doch Freud selbst ist nie in diese Sackgasse geraten, auch nicht vor der Formulierung seines zweiten Modells. Sowohl seine Konzentration auf den Inhalt des Seelenlebens als auch seine Betonung der Übertragungssituation machen ihn durchgängig zu einem Sozialpsychologen. Die Anerkennung der Beziehung zur realen Welt als einer entscheidenden Ich-Funktion fügt den sozialen Aspekt der Persönlichkeit endgültig in seine Formulierung ein. Aber die Identifikation verschiedener Bewußtseinsstufen war für Freuds Denken so zentral, daß er sich zur Verbindung beider Modelle gezwungen sah. Die beiden Modelle sind allerdings nicht leicht zusammenzubringen – was uns kaum verwundert. Die erste Klassifikation ist eine der Qualität psychischer Prozesse, die zweite eine der Zweckbestimmungen. Freud präsentiert das folgende Diagramm[24] als ein Modell »der Strukturverhältnisse der seelischen Persönlichkeit«, für das er sich allerdings sogleich entschuldigt; es sei eine notwendig unkorrekte Darstellung eines außerordentlich verwickelten Komplexes.

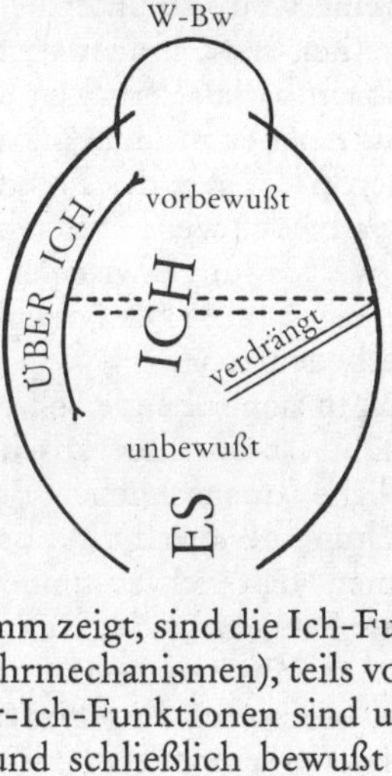

Wie das Diagramm zeigt, sind die Ich-Funktionen teils unbewußt (die Abwehrmechanismen), teils vorbewußt und teils bewußt. Die Über-Ich-Funktionen sind unbewußt, können aber vorbewußt und schließlich bewußt werden. Die Es-Funktionen werden unbewußt ausgeführt.

In der bereits besprochenen Schrift über das Unbewußte hat Freud zwischen der deskriptiven, der dynamischen und der systematischen (theoretischen) Verwendung diese Begriffe unterschieden. Obwohl er es selbst nicht vorgeschlagen hat, könnte man sein Persönlichkeitsmodell in der gleichen Weise betrachten. Wir haben uns schon zur Genüge mit der Beschreibung der Persönlichkeit befaßt. Sie scheint mir eine zweckentsprechende Kurzfassung eines umfassenden Bildes aller menschlichen Funktionen zu sein. Nun ist es angezeigt, die dynamische und die theoretische Verwendung des Freudschen Persönlichkeitsmodells kurz zu beschreiben.

Dynamisch gesehen, eröffnet Freuds Persönlichkeitsmodell einen Weg zum Verständnis von Konflikten – in uns wie mit der Welt um uns oder mit beiden, unter normalen ebenso wie unter pathologischen Umständen. Es wird wohl kaum ein »normales« menschliches Wesen geben, das niemals einen Konflikt zwischen Begehren und Moral oder zwischen den eigenen Handlungen mit bewußten Zielen und denen anderer erfahren hat. Selbstverständlich kann man den Menschen so erforschen, als gäbe es keine Konflikterfahrung, allerdings nur bis zu einem bestimmten Punkt. Es ist sogar möglich, Konflikterfahrungen, die normalerweise vor Entscheidungen erlebt werden, auf eine Weise zu untersuchen, die innere dynamische Vorgänge ignoriert, indem sie bei Ratten wie bei Menschen von beobachtbarem Verhalten auf die Existenz von Konflikten schließt. Aber es ist unmöglich, innere Konflikte ohne Erklärungen von der Art des Freudschen Persönlichkeitsmodells zu verstehen, wenn Verstehen das Herstellen einer inhaltlichen Verbindung zwischen den untersuchten Phänomenen und der gesamten Persönlichkeit, der diese Phänomene eigen sind, bedeutet.

Das konfliktfreie, in sich ruhende Selbst als ein andauernder seelischer Zustand ist eine idealistische Abstraktion, die nichts mit tatsächlichen menschlichen Erfahrungen zu tun hat. Freuds Entdeckung der drei Funktionsbereiche, die den Menschen bestimmen, läßt sich zumindest als ein heuristisches Prinzip auf der Suche nach der Herkunft von Konflikttendenzen verwenden. Zusätzlich erlaubt sie den Vergleich von Konflikttypen, wie immer verschieden die Lebenssituation der Individuen auch sein mag, und ist deshalb gerade für die klinische Praxis von außerordentlicher Bedeutung.

Schließlich aber wirft sie eine grundlegende theoretische Frage auf: Was muß angenommen werden, um bestimmen zu können, ob eine Konflikterfahrung durch Es, Ich oder Über-Ich-Funktionen beherrscht wird? Freuds Antwort auf diese Frage findet sich in seinen Ideen über psychische Energie und in seinen entwicklungspsychologischen Rekonstruktionen. Doch später mehr darüber.

5. Kapitel: Psychologische Geschlechtsunterschiede: Inferenz, Theorie oder Vorurteil?

Freuds *Vorlesungen zur Einführung in die Psychoanalyse* bewahren gedruckt noch die Lebendigkeit und Direktheit des gesprochenen Wortes; sie sind weit mehr eine Auseinandersetzung mit seinen Zuhörern als eine kühle, systematische Darlegung. Er beginnt jedes Mal mit den Worten: »Meine Damen und Herren«; im Eifer der Darstellung seiner Theorie, die sich mit möglicher Kritik und der näheren Ausführung seiner anfänglichen Behauptungen befaßt, verkürzt sich im weiteren diese Anrede zu »Meine Herren«.[1] Man hat nicht berichtet, daß die Frauen während seiner Lesung den Saal verlassen hätten.

Daß ich diese amüsante Fehlleistung an den Anfang einer Untersuchung zu Freuds Kommentaren über die psychischen Geschlechtsunterschiede gestellt habe, sollte nur verdeutlichen, daß die Titelfrage dieses Kapitels keine rhetorische ist. Tatsächlich hat die anhaltend scharfe Auseinandersetzung über die Freudschen Ansichten zu diesem Thema weit darüber hinausreichende Folgen. Sie ist nicht nur die Ursache einiger Abspaltungen innerhalb der psychoanalytischen Bewegung (Karen Horney, Clara Thompson und andere); sie ist nicht nur der Zankapfel der Frauenbewegung[2]; und nicht nur haben einige Lösungsvorschläge zu diesem Streit zu einer generellen Ablehnung unbewußter Vorgänge geführt oder gar zu einer Eliminierung der Theorie des Ödipuskomplexes; sondern über ihre zentrale Bedeutung für die Freudsche Theorie hinaus ist diese Kontroverse für die gesamte Psychologie wichtig geworden, vielleicht sogar für die gesamte Wissenschaft: Ist eine kulturunabhängige Psychologie möglich? Kann der Mensch irgendein Wissen erlangen, das nicht von den sozialen und historischen Bedingungen seiner Wissenschaft geprägt ist?

Die allgemeine philosophische Diskussion dieser Fragen bildet den Hintergrund für ein glücklicherweise etwas einfacheres Thema: Ist die Freudsche Auffassung der Geschlechtsunterschiede ein Ergebnis des späten viktorianischen Zeitalters, in dem er aufgewachsen war, gültig vielleicht zu jener Zeit, aber heute nur noch von historischem Interesse? Und hat ihn seine eigene Persönlichkeit, über mögliche kulturelle Einflüsse hinaus, zu einem andauernden Vorurteil bestimmt, nicht nur zu einer vereinzelten Fehlleistung?

Wie so vieles in seinem Werk, demonstriert die Freudsche Auffassung der Geschlechtsunterschiede seine Suche nach beidem, Sinn und Mechanismus; sie ist inhaltsschwer, provokativ, komplex, schlau und in einem ernsthaften Studium dieses Problems nicht zu ignorieren, aber sie ist auch zweideutig und widersprüchlich.

In seiner Vorlesung über die Weiblichkeit[3] unterscheidet Freud drei für eine Untersuchung der Geschlechtsunterschiede relevante Aspekte: den biologischen, den psychischen und den kulturellen. Die Sache wäre verhältnismäßig einfach, wenn die biologische Männlichkeit eindeutig eine psychische Männlichkeit nach sich ziehen würde, die ihrerseits die soziale Rolle der Männer bedingte. Ohne Zweifel hat diese simple Annahme über lange Zeit die männliche wie wie weibliche Reflexion über ihre jeweiligen Rollen und Identitäten bestimmt und hat selbst heute noch viele Anhänger. Freud warnt ausdrücklich vor einer solchen bequemen Vereinfachung. Obwohl die biologische, die psychische und die kulturelle Geschlechtsidentität nie so vollkommen übereinstimmen, erreichen die meisten Männer und Frauen eine einheitliche Identifikation aus diesen verschiedenen Elementen. Es ist diese Erfahrung, die im Zentrum des Freudschen Denkens steht. Er beginnt mit der einzigen unveränderlichen biologischen Dichotomie menschlicher Organismen: Das Ei ist weiblich, das Spermium ist männlich; das Ei empfängt passiv, das Spermium bewegt sich aktiv. Psychoanalytisch ausgedrückt heißt das, daß das Ziel der angeborenen, sexuellen Triebe bei den Frauen ein passives und bei den Männern ein aktives ist. Aber Freuds Begriff der Triebanlage ist komplexer als andere Verwendungen des Begriffs »Anlage«, die sie als eine eingebaute biologische Tendenz verstehen. Triebanlagen sind in Freuds Terminologie psychische Niederschläge biochemischer Vorgänge, aber nicht diese Vorgänge selbst. So verstanden, werden die Triebanlagen durch ihre Ziele nicht ausreichend beschrieben; die Art und Weise, wie sie diese

Ziele erreichen, ist genauso wichtig. In Verfolgung der biologischen Ziele bricht die Identifikation von männlich/aktiv und weiblich/passiv zusammen. Beide Geschlechter können entweder aktive oder passive Haltungen annehmen. Die sekundären biologischen Geschlechtsunterschiede sind bei beiden Geschlechtern unterschiedlich ausgeprägt – im Gegensatz zur Aktivität des Spermiums und der Passivität des Eis. In Anbetracht dieser zusätzlichen biologischen Faktoren kam Freud zu der Feststellung, daß die Menschen in unterschiedlichem Maße sowohl biologisch wie psychisch und kulturell bisexuell sind.[4]

Freud verwendet den Begriff der psychischen Bisexualität sowohl in einem allem Anschein nach trivialen als auch offensichtlich sehr bedeutenden Sinn. Im Laufe der Darstellung seiner Theorie zu abfälligen Bemerkungen über die psychische Weiblichkeit verführt, benutzte er die Anwesenheit weiblicher Psychoanalytiker bei seinen Lesungen zu einem unbeholfenen Kompliment, indem er ihnen einen hohen Anteil psychischer Männlichkeit zusprach. Aber wir haben bei Freud gelernt, daß eine anscheinend triviale Bemerkung außerhalb des eigentlichen Gedankenflusses einen verdrängten Inhalt verraten kann. Die Vermutung liegt vielleicht nicht allzu fern, daß Freud mit einigen seiner Schlußfolgerungen nicht gerade zufrieden war, daß er irgendwo in der Beweisführung eine Ungereimtheit verspürte, die er nicht lösen konnte, zumal er selbst mehrfach eingestand, daß er sich über die Psyche der Frauen unklar war. Ausdrücklich hat er die Forderung nach einer psychologischen Definition von Weiblichkeit als der Sache unangemessen abgelehnt. Hier wie andernorts betont er, daß Definitionen zwar das Ergebnis, aber nicht der Ausgangspunkt einer Untersuchung sein können, in der mit wechselnden Annahmen um größere Klarheit gerungen wird.

Aber die klare Bedeutung der These von der Bisexualität liegt vor allem in der Tatsache, daß sie die Grundlage für die entscheidende psychoanalytische Frage hinsichtlich der Geschlechtsunterschiede bildet: Wie entwickelt ein neugeborenes Baby, bei dem sicherlich noch keine psychische Repräsentation seiner sexuellen Ausstattung angenommen werden kann, aber das ein bisexuelles psychisches Potential besitzt, eine psychische Identität als Mann oder als Frau? So formuliert, macht diese Frage sofort deutlich, daß Freud diesen Prozeß nicht als eine von vornherein feststehende Sache ansah, nicht als die unvermeidliche Entfaltung der Reifung, sondern als ein aktives Wechselspiel zwischen dem Kind und unterschiedlichen Sequenzen äußerer Ereignisse; also ein von Schwierigkeiten überladener Prozeß, dessen Verlauf die Art und Weise der sexuellen Identifikation bestimmt, die schließlich erreicht wird.

Freud behauptet, daß es im Ausdruck der infantilen Sexualität in den ersten drei Lebensjahren, wenn überhaupt, nur wenige Unterschiede zwischen Jungen und Mädchen gibt. Der für die Freudsche Entwicklungstheorie so zentrale Begriff der »infantilen Sexualität« bedarf einer Erklärung.[5] Schon allein der bloße Umstand, daß Freud infantile Sexualität von genitaler Sexualität unterscheidet, verdeutlicht, daß er einem kleinen Jungen nicht den Wunsch nach dem Sexualakt mit seiner Mutter unterstellte. Wenn das seine Auffassung gewesen wäre, wären die Adjektive »infantil« und »genital« bezüglich der Sexualität überflüssig und irreführend. In Freuds Denken war Sexualität stets ein übergeordneter Begriff, dem infantile und genitale Formen als klar unterschiedene Unterbegriffe zugeordnet waren. Während er sich sonst immer sehr eng an die Logik seiner Terminologie gehalten hat, ließ er den übergeordneten Sexualitätsbegriff undefiniert, was zu gröbsten Mißverständnissen führte. Jedoch hat George Klein, ein Psychoanalytiker und Experimentalpsychologe, aus Freuds Schriften dessen wesentlichen Sexualitätsbegriff herausgearbeitet: »Der verbindende Faktor infantiler und erwachsener Sexualität ... ist die Fähigkeit, *primäre, scharf umrissene Lusterlebnisse* zu haben, die von Kindheit an eigenständig auftreten können ... sie sind durch direkte Stimulation der Hautoberfläche des Körpers erzeugbar ... (sie) sind der positive Aspekt eines spezifisch erregenden Prozesses in einer Körperzone und unterscheiden sich von der angenehmen Erfahrung von Zufriedenheit oder Belohnung.«[6] Klein streicht einige Äußerungen in Freuds *Drei Abhandlungen zur Sexualtheorie*[7] heraus, in denen Freud sich besonders auf die kinästhetische Lust *sui generis* bezieht, die die Sexualität konstituiere, und er kann zutreffend nachweisen, daß der gesamte Aufbau dieser Arbeit auf dieser Grundannahme beruht. Wäre die infantile Sexualität mit der genitalen Sexualität identisch, wäre der eigentliche Grundgedanke eines entwicklungsorientierten Ansatzes reiner Unsinn. Die infantile Sexualität hat außer der »Spürlust«, die aus der Stimulation der Körperzonen entsteht, nichts gemein mit den vielfältigen Erfahrungen und Vorstellungen, die die erwachsene genitale Sexualität begleiten. Aber die erwachsene Sexualität kann in der Verschiedenartigkeit ihrer Erscheinungsformen Elemente ihrer infantilen Ursprünge enthalten. Einige davon sind kulturell positiv sanktioniert, andere negativ (orale versus anale Lustformen).

Aus dieser Auffassung infantiler Sexualität folgen die allgemein bekannten Stufen oraler, analer, phallischer und genitaler Sexualität. Die Babys beiderlei Geschlechts erleben ihre erste sexuelle Lustbefriedigung durch die Stimulation der oralen Zone durch die Brust oder die Flasche. Man würde das Kind mit der logischen Fähigkeit eines Erwachsenen ausstatten, wenn man annähme, daß es in dieser frühen Phase bereits die Lustquelle in der Stimulation der Schleimhaut der Lippen und des Mundes lokalisieren könne. Es ist vielmehr die gesamte Situation, einschließlich der Mutter, die das erste infantile Sexualerleben gestaltet. Daraus folgt, daß beide Geschlechter eine tiefe Bindung an die Mutter entwickeln. Viele wohlmeinende Kritiker haben zu bedenken gegeben, daß weit weniger Anfeindung und Unverständnis entstanden wäre, wenn man genau denselben Vorgang statt als infantile Sexualität als Liebe zur Mutter beschrieben hätte. Wie bereits angedeutet, war aber mehr beabsichtigt als nur »die Schockbehandlung durch Ehrlichkeit«[8], wie Philip Rieff Freuds Nachdruck auf diesen Begriff bezeichnet, eine Bemerkung, die Freud unterschiebt, daß er sich mehr um die Wirkung auf ein »schockbehandeltes« Publikum sorgte als um die Idee an sich.

Die nächste Körperzone, auf die der Einfluß der Erwachsenen die kindliche Aufmerksamkeit hinlenkt, ist der Anus. Die Unvermeidlichkeit des Interesses am Anus ist mehr sozial als biologisch begründet; denn die Mutter zieht aus einer erfolgreichen Stuhlbeherrschung größeren Nutzen als das Kind. Hier ist die noch beide Geschlechter betreffende psychologische Situation schon um einiges komplexer. Selbst wenn von einem ungefähr zwei Jahre alten Kind angenommen werden kann, daß es zur Lokalisierung der körperlichen

Quelle einer Lust am Zurückhalten oder Freilassen der Faeces in der Lage ist, so ist doch die Erwachsenenwelt an der Regulierung dieser Erfahrung aufs Intimste beteiligt. So stellen die Eltern, meistens die Mütter, an die sich entwickelnde kognitive Organisation des jungen Kindes erste Forderungen, um die aufkeimenden Ich-Funktionen an die sozialen Regeln anzubinden. Eine gute Handlung wird belohnt, eine schlechte bestraft. Das von gesellschaftlich erzeugten Ekelgefühlen noch freie Kind interessiert sich für das Produkt seines Körpers, das mit Lusterfahrung verbunden ist und von den Erwachsenen offensichtlich als wichtig angesehen wird; es spielt mit seinen Exkrementen. Und wieder einmal sind die Eingriffe der Erwachsenen ebenso unvermeidbar, wie sie für das Kind schwer zu verstehen sind, ein frühes Beispiel der Konflikterfahrung. Der Bereich der Gefühlserfahrungen, die mit der Entdeckung des Anus als einer sexuellen Lustquelle beim Kinde verbunden sind, ist weitgespannt: Ein Erlebnis von Erfolg oder Mißerfolg, die Erfahrung von Belohnung und Frustration, die mit Widerstand und Gehorsam zusammengeht[9], und die Erfahrung, geliebt oder ungeliebt zu sein, hängen eng mit ihm zusammen, allesamt Erfahrungen, die sich schließlich auch noch mit denen des oralen Bereichs verknüpfen. Denn die verschiedenen Stufen der Sexualentwicklung lösen einander nicht notwendigerweise ab, sondern können bis ins Erwachsenenleben als Lustquelle bestehen bleiben.

Gleichzeitig oder etwas später entdeckt das Kind die besondere Empfindlichkeit der Genitalien als eine Möglichkeit lustvoller Stimulation, woraus sich die tatsächliche Allgegenwart der frühen Masturbation erklärt. Sie ist im Alter von drei bis vier Jahren die Hauptform autoerotischer Befriedigung. Freud nennt dies die phallische Phase, im Unterschied zu der noch entfernten, letzten genitalen Phase. Ob nun »phallisch« der richtige Begriff ist für die Erfahrung beider Geschlechter, ist ein strittiger Punkt, auf den wir hier nicht weiter eingehen wollen, zumal dies so oder so der Augenblick ist, von dem an Freud die Sexualentwicklung der beiden Geschlechter zu unterscheiden beginnt, indem er mit überzeugender Sicherheit über die des Jungen und nur zögernd und mit vielen nachträglichen Überlegungen über die des Mädchens spricht.

Der Junge tritt in die Phase des Ödipuskomplexes. Dieser dramatische Name, den Freud jener Abfolge bestimmter Entwicklungsereignisse verliehen hat, ist ein so mächtiger Brennpunkt der Freudschen Theorie geworden, daß es vergeblich wäre, ihn mit der Absicht einer Änderung nach seiner Eignung zu hinterfragen. Die in dieser Nomenklatur enthaltene, für Freuds Denken so typische große Analogie hat jedoch nicht nur Vorteile, sondern auch die Nachteile jeder Analogie.

Sophokles' König Ödipus ist natürlich die Tragödie eines Erwachsenen. Dies verstärkt die Konfusion zwischen infantiler und erwachsener Sexualität. Einige der interessantesten Kommentare über den Ödipuskomplex beziehen sich auf dieses Problem. Schorske[9] zum Beispiel, der aus einer Analyse der politischen Träume Freuds auf wahrhaft Freudsche Weise folgerte, daß dieser von einer tiefen Ambivalenz gegenüber der politischen Autorität beherrscht war, verwies auf die Tatsache, daß Freud nur die sexuellen Aspekte der Ödipus-Legende verwertete, mit dem Effekt einer »Neutralisierung der Politik ... Sophokles' *Ödipus Rex* ist nur als eine *res publica* denkbar, in der der tatsächliche Held durch politische Notwendigkeit motiviert wird: Theben von der Pest zu befreien.« Wie interessant auch immer der politische Sinn des *Ödipus Rex* und Schorskes Folgerungen bezüglich Freuds politischem Ödipuskomplex sein mögen, so sind dies doch Aspekte des erwachsenen Bewußtseins, die nicht den Sinnbereich der während der Phasen infantiler Sexualität möglichen Erfahrungen betreffen. Gleicherweise hat Ricoeur[10] in bezug auf Erwachsene die Tatsache betont, daß König Ödipus selbst das moderne Publikum nicht nur deshalb so begeistert, weil wir, wie Freud annahm, unbewußt realisieren, daß seine Tragödie den Sehnsüchten unserer Kindheit entspricht, sondern weil er offenbart, daß jedes erwachsene Selbstbewußtsein an und für sich tragisch ist; bevor Ödipus sich selbst erkannte, hat er nicht gelitten.

Obwohl die Hinweise beider Autoren in ihrem Zusammenhang noch weit fundierter sind als hier angedeutet, wollen wir sie absichtlich zurückstellen, ebenso wie Sophokles' Jokaste, die sagt, daß viele Söhne davon träumen, mit ihrer Mutter zu schlafen. Das mögen sie vielleicht als Erwachsene träumen, wobei der Traum dann eine Folge der spezifischen Bearbeitungsweise sein kann, in der sie ihre frühe ödipale Erfahrung bewältigen. Aber mit der eigenen Mutter im erwachsenen, technischen Sinne eines Geschlechtsverkehrs zu schlafen, liegt außerhalb des geistigen Fassungsvermögens eines drei oder vier Jahre alten Jungens.

Es gibt zwei Faktoren in diesem Lebensalter, über die sich sowohl die meisten Entwicklungspsychologen als auch aufmerksame Laienbeobachter eines kleinen Kindes einig sind. Erstens hat ein drei bis fünf Jahre altes Kind ein enormes und mitunter beängstigendes Repertoire intensiver und leidenschaftlicher Gefühle. Verzweiflungsausbrüche, Wutanfälle, Eifersucht und unbeherrschte Liebe und Haß belegen die Intensität der Gefühle, die ein kleines Kind zu empfinden in der Lage ist. Zweitens, obwohl es in Freuds Schriften nirgends so gesagt wird, ist die kognitive Fähigkeit des kleinen Kindes sehr eingeschränkt, ungeachtet der großen Fortschritte im Spracherwerb. In Piagets Begriffen befindet es sich auf der voroperationalen Stufe, abhängig von seinen Wahrnehmungen, das heißt zwar ständig auf der Suche nach Erklärungen, aber noch unfähig, von der Unmittelbarkeit seiner eigenen Sinneseindrücke zurückzutreten, und noch ganz damit beschäftigt, den eigenen Körper und seine zunehmende Kraft in den Griff zu bekommen. Am ausdrücklichsten hat Freud auf das unreife Niveau der kognitiven Entwicklung des Kindes als eines wesentlichen Merkmals der ödipalen Phase in seiner Schrift *Über infantile Sexualtheorien*[11] Bezug genommen.

Eventuell schon vor dieser Phase hat der kleine Junge seinen Penis als einen äußerst wichtigen Körperteil entdeckt, an dem vielerlei Formen der Lust entstehen können. Daß dieses Organ, das sich so offensichtlich von den Armen und Beinen unterscheidet, nicht das besondere Interesse des Jungen wekken sollte, ist völlig undenkbar.

In Freuds berühmter Fallgeschichte des kleinen Hans[12] führt das Interesse am Penis zu einer intellektuellen Entdekkung, der Herausbildung zweier Hauptkategorien in der Umwelt: Pferde und Menschen haben »Wiwimacher«, wie der kleine Hans bemerkt, »aber Tische und Stühle nicht«. Wie bei jeder intellektuellen Entdeckung muß die erste Verallgemeinerung überprüft werden, und so fragt er seine Mutter, ob sie auch einen »Wiwimacher« habe. Die törichte Frau sagt ja. Aber ein kleiner Junge müßte schon sehr dumm sein, um die morphologischen Geschlechtsunterschiede nicht zu entdecken, zum Beispiel an der Haltung beim Urinieren, vielleicht bei einer kleinen Schwester, der Beobachtung von Tieren oder beim Anblick der Körper der Eltern. Früher oder später erwirbt das kleine Kind ein völlig korrektes Wissen: Jungen und Männer haben einen sichtbaren Penis, Mädchen und Frauen nicht. Für den kleinen Jungen wird der Penis als Lustquelle zu einem äußerst wertvollen Besitz. Da die früheste sexuelle Lusterfahrung in einem kognitiven Zusammenhang mit der Mutter als einem wesentlichen Bestandteil steht, da der Junge mit ihr zutiefst verbunden ist, möchte er sie in sein gerade entdecktes phallisches Vergnügen mit einbeziehen. Er möchte von ihr berührt werden, in ihrem Bett schlafen und dort den Vater ersetzen und wünscht ihn tot oder zumindest abwesend, damit er seine Mutter »heiraten« kann. Aber er will sicherlich nicht seinen Penis in sie einführen, weil er unmöglich eine zutreffende Vorstellung dieses ziemlich komplexen physischen Aktes haben kann. Wie Freud sagt: »Kindliche Liebe hat keine Grenzen, aber auch kein Ziel. Sie ist zur Enttäuschung verurteilt.«[13] Die grundlegenden Bestandteile des Ödipuskonfliktes sind also: die leidenschaftliche, aber ziellose sinnliche Zuneigung zur Mutter; die Eifersucht auf den Vater oder auf die Geschwister im intimen körperlichen Kontakt mit der Mutter, verbunden mit Phantasien über den Tod oder das Verschwinden des Rivalen.

Aber das Wachstum der Beobachtungsfähigkeit des Kindes und seine kognitive Entwicklung bleiben nicht stehen. Bald beginnt er sich darüber zu wundern, weshalb seine geliebte Mutter keinen Penis hat. Es ist wenig überraschend, daß sein Theoriegebäude seiner direkten Erfahrung entnommen ist, wie immer korrekt oder irreführend die Erwachsenen direkte Fragen beantwortet haben mögen. Auf jeden Fall ist es nicht leicht, auf die Frage nach dem *Warum* des Geschlechtsunterschiedes eine passende Antwort zu finden. Was sich innerhalb des kognitiven Horizonts eines kleinen Jungen befindet, ist die Erfahrung, daß ihm kostbare Objekte geschenkt, aber genau so gut als Strafe durch allgewaltige Erwachsene weggenommen werden können. Selbst wenn keine direkte Kastrationsdrohung ausgesprochen wurde, so ist doch auf dieser Stufe die Vorstellung, daß Dinge weggenommen werden, eine vollkommen vernünftige Erklärung für Abwesenheit. Wenn der Penis den Frauen weggenommen wurde, so kann sich der des Jungen in der gleichen Gefahr befinden. Diese peinigende Angst vor dem Penisverlust ist in Freuds Terminologie natürlich der Kastrationskomplex. Zwei und zwei zusammengezählt führt auf der Stufe der konkreten Wahrnehmung innerhalb des erreichten kognitiven Entwicklungsstands zu logischen Folgerungen, die sich aus der gegebenen Prämisse ableiten: Wenn der Mutter dieses schreckliche Schicksal des Penisverlustes widerfahren ist, so ist sie nicht so stark und mächtig wie der Vater. Der kleine Junge beginnt, sich ihm als dem besseren Beschützer zuzuwenden und so wie er, der seinen Penis behalten hat, sein zu wollen. Der Kastrationskomplex hat zu einer Auflösung jenes Teils des Ödipuskomplexes geführt, aus dem die Feindseligkeit gegenüber dem Vater entstanden war; er wird durch eine Identifikation mit dem eigenen Geschlecht ersetzt; diese Identifikation fördert die Verinnerlichung (Internalisierung) der elterlichen Werte und errichtet so das Fundament des Über-Ichs.

Wie steht es nun um die Entwicklung des kleinen Mädchens? Mit erstaunlicher Zurückhaltung und einer tiefen Unsicherheit versucht Freud der weiblichen Entwicklung in diesen kritischen Jahren gerecht zu werden. Die frühe Anhänglichkeit des Mädchens an seine Mutter ist in ihrer Intensität gleich stark wie die des Jungen. Ihre spezifisch neuartige körperliche Lustquelle in der phallischen Phase liegt in der Berührung der Klitoris. Aber sie kann sich schwer der Entdeckung entziehen, daß das, womit die Jungen spielen, größer und, innerhalb ihrer konkreten, wahrnehmungsgebundenen kognitiven Grenzen, besser ist. Ihre Erklärungsweise dieses Unterschiedes ist der des Jungen ähnlich, aber während er sich, wenn auch bedroht, so doch privilegiert fühlt, fühlt sie sich benachteiligt. In ihrem Falle entsteht der Kastrationskomplex, das heißt die Vorstellung, daß ihr ein Ding weggenommen wurde, das ihr Bruder besitzt, während sie noch leidenschaftlich ihrer Mutter anhängt, also einer Person gleichen Geschlechts. Das Ergebnis ihrer Entdeckung ist Neid, Freuds berühmter Begriff des Penisneides.

Hier entsteht nun eine psychische Schwierigkeit, der Knaben nicht ausgesetzt sind. Ein Junge kann die Zuneigung zu seiner Mutter bewahren, während er wie sein Vater sein möchte, um sie so wie er zu lieben. Auf der anderen Seite muß das Mädchen irgendwie lernen, ihre erste große Liebe zugunsten ihres Vaters aufzugeben, und muß sich mit der Mutter identifizieren, obwohl ihrem Verstand das Weiblichsein auf dieser Stufe wegen des Fehlens des Penis als eine benachteiligte Position erscheint. Sie muß ihren Penisneid in die Liebe zu jenen, die ihn tragen, umwandeln lernen. Im Unterschied zum Jungen, bei dem die ödipale Zuneigung zur Mutter dem Kastrationskomplex vorausgeht, folgt bei ihr die leidenschaftliche ödipale Beziehung der »Entdeckung« ihrer Kastration und den damit verbundenen Gefühlen des Neides und des Grolls gegen ihr Schicksal als Frau. Wenn sich die Dinge gut entwickeln, verwandelt sich schließlich der Neid in den Wunsch nach einem Baby.

Aber wiederum muß betont werden, daß diese wechselvollen, mächtigen und komplexen Erfahrungen sich auf der Begriffsebene einer Drei-, Vier- oder Fünfjährigen ereignen, die nicht sagen kann, was sie freut oder quält, eine Tatsache, die zweifellos zur Amnesie der Leidenschaften der frühen Kindheit beiträgt; daß Kinder trotzdem nach einem Verständnis suchen und Theorien bilden, die ihrem Entwicklungsstand angemessen sind; und daß Körpererlebnisse sich in einem sozialen Kontext ereignen, der zu Neugier, zu Vergleichen und zu Interpretationen in den Beziehungen ihrer unmittelbaren sozialen Umgebung anreizt.

Angesichts der Tatsache, daß das erwachsene Gedächtnis in der Regel ohne Unterstützung nicht in der Lage ist, diese faszinierenden Ereignisse zu bestätigen, die doch einen so offensichtlichen Einfluß auf die psychischen Geschlechtsunterschiede haben, stellt sich die Frage: Können wir all dem glauben, zumindest im Sinne einer plausiblen Konstruktion? Schließlich hat Freud seine Thesen nicht aus der direkten Beobachtung von Kindern abgeleitet, sondern rückblickend aus dem Material seiner erwachsenen Patienten, von denen er die meisten am besten durch die Entdeckung zu verstehen glaubte, daß sie sich mit ungelösten Problemen aus der phallischen Phase abmühten.

Es gibt drei Rechtfertigungen für die Annahme, daß es sich hierbei um eine vernünftige Annäherung an die tatsächliche Entwicklung der sexuellen, kognitiven und emotionalen Erfahrungen beider Geschlechter handelt. Die erste findet sich in der schon vorher bemerkten einheitlichen Charakterisierung der allgemeinen psychologischen Merkmale dieser Entwicklungsstufe: Während einerseits eine enorme Fähigkeit zum Erleben und zum Ausdruck leidenschaftlicher Gefühle existiert, entwickeln sich andererseits die kognitiven Fähigkeiten nur langsam und stufenweise, und es gibt aus der Entwicklungsforschung zahlreiche Belege für die, verglichen mit dem Denken der Erwachsenen, unkonventionelle Originalität kindlicher Begriffsbildung.

Zum zweiten besteht, aus einer umfassenderen Perspektive betrachtet, eine Ähnlichkeit zwischen Freuds und Piagets Untersuchung über das kindliche Weltbild. Zwar trifft es zu, daß sich Freud außerhalb des Bereichs der Familie und besonders der Sexualität nicht mit der kognitiven Entwicklung befaßt hat; und Piaget wiederum beschäftigt sich nicht mit den Gefühlen oder mit dem Wie und Warum individueller Unterschiede. Aber beide interessierten sich gleichermaßen sowohl für die Wechselbeziehungen von Innen und Außen als auch für die kindlichen Bedeutungszuweisungen gegenüber der Umwelt und vor allem für eine kindgemäße Betrachtungsweise überhaupt, in stiller Übereinkunft, daß das Wesen eines Weltbildes immer ein Ergebnis der spezifischen Fähigkeiten seines Erschaffers ist. Wie immer inadäquat die kindliche Vorstellung einem Erwachsenen erscheinen mag, für das Kind besitzt sie jedoch eine Realitätsfunktion, indem sie ihm als Basis für seine Aktionen und Erfahrungen dient. Es dürfte wohl kaum die Fähigkeiten von Psychologen übersteigen, Piagets einfallsreiche Untersuchungstechniken einmal auf die kindliche Betrachtungsweise einer aus zwei Geschlechtern bestehenden Welt anzuwenden, um zu ermessen, wie sehr die Freudschen Rekonstruktionen zutreffende Beschreibungen der kindlichen Sicht der Geschlechtsunterschiede sind. Nebenbei bemerkt, ist es durchaus möglich, daß Freud beim Ödipus- und Kastrationskomplex beider Geschlechter den Einfluß der elterlichen Bevorzugung des Gegengeschlechts auf das Kind unterschätzt, den er nur am Rande erwähnt und der in vielen Familien doch die Regel ist. Die erotische Komponente in der väterlichen Liebe zur Tochter und der mütterlichen zum Sohn ist in der Literatur oft beschrieben worden und wird wohl einen entscheidenden Einfluß auf die Art und Weise haben, in der das Kind diesen frühen Herausforderungen begegnet, was sicherlich nicht schwer zu beweisen sein dürfte.

Zum dritten, und ungeachtet der Tatsache, daß eine systematische Verifikation bis heute aussteht, ist die Gültigkeit der Freudschen Konstruktionen durchaus einer systematischen Untersuchung zugänglich, in der die behaupteten Nachwirkungen jener frühen Ereignisse im späteren Leben beobachtet werden. Es braucht kaum gesagt werden, daß Freuds gesamtes theoretisches Unternehmen sich als eine Suche nach Erklärungen und nicht nur als Beschreibung versteht. Es steht und fällt mit der Möglichkeit, spätere Entwicklungen aus früheren Vorkommnissen zu verstehen. Im Gegensatz zu Populärversionen der Psychoanalyse hat Freud ausdrücklich darauf hingewiesen, daß die Sexual- und Persönlichkeitsentwicklung nicht mit der Bewältigung des Kastrations- und Ödipuskomplexes aufhört.[14] Aber diese frühen Ereignis- und Vorstellungsinhalte werden in der Regel verdrängt und behalten dort ihren Einfluß, wo die Es-Funktionen dominieren. Es stellt sich daher die Frage, ob es einen systematischen Nachweis der konkreten Folgen in späteren Erfahrungen und späterem Verhalten gibt, die zu erwarten sind, wenn wir die Erfahrung ödipaler Gefühle, der Kastrationsangst oder des Penisneides in der frühen Kindheit voraussetzen.

Kline[15] hat all die empirischen Belege für die Existenz solcher Nachwirkungen untersucht, die zu erwarten sind, wenn Freuds Theorie der Sexualentwicklung beider Geschlechter zutrifft. Er kommt zu dem Ergebnis, daß es sowohl für den Ödipus- als auch für den Kastrationskomplex einige taugliche Beweise gibt. Er zitiert zum Beispiel eine Studie von Hall und Kollegen, die aus Freuds Beitrag die Hypothese ableiten, daß die erwachsenen Männer mehr Träume haben müßten, die die Kastrationsangst symbolisch ausdrücken, und die Frauen mehr in Richtung Kastrationswunsch, der den Penisneid symbolisiert. Sie fanden ihre Hypothese in den Träumen von 120 männlichen und weiblichen Studenten eindrucksvoll bestätigt.

Aber was hat Freud selbst nun aus seiner Rekonstruktion der frühen Sexualentwicklung für den erwachsenen Charakter von Männern und Frauen abgeleitet?

Mir scheint es, daß er sich hier auf weniger gesichertem Gebiet bewegt. In seiner Beschreibung der frühen Entwicklung hat Freud noch sehr sorgfältig herausgearbeitet, wie in dieser Phase bei Jungen und bei Mädchen bestimmte Dinge schiefgehen können – starke Fixierung an eine dieser Stufen auf Kosten einer anderen, zu starke Identifikation mit dem gegengeschlechtlichen Elternteil oder mit dem gleichgeschlechtlichen als Liebesobjekt, was zu Homosexualität führen kann, oder die Wahl des Selbst zum Liebesobjekt, was zu einem überstarken Narzißmus und der Unfähigkeit, einen anderen zu lieben, führt, unaufgelöste Kastrationsangst oder Penisneid usw. – aber er zeigt auch, wie sie sich richtig entwickeln können. In seinen Erörterungen zur psychischen Weiblichkeit scheint er jedenfalls die Möglichkeit einer konstruktiven Auflösung dieser frühen Komplexe vergessen zu haben, zumindest bei den Frauen. Die psychische Bisexualität entfällt plötzlich; in den abschließenden Bemerkungen seiner Vorlesung über Weiblichkeit gesteht er fast widerwillig zu, daß neben der Bestimmung durch ihre sexuelle Funktion »die einzelne Frau auch sonst ein menschliches Wesen sein mag«.[16] Offensichtlich hielt er es nicht für sehr wahrscheinlich, daß eine Frau in ungezwungener Übereinstimmung mit ihrer eigenen sexuellen Identität genausogut über die sexuelle Sphäre hinaus eine ausgeprägte Identität als Person erreichen könnte.

Nach einigen warnenden Bemerkungen gegen grobe Verallgemeinerungen stellt er trotzdem fest, daß aufgrund der beinahe unvermeidbaren Erfahrung des frühen Penisneides die Frauen eine ganze Reihe von zusammengenommen nicht wünschenswerten psychologischen Charakteristika entwikkeln: Sie sind eitler, sie kompensieren ihre früh entdeckte Minderwertigkeit durch Überschätzung ihrer Schönheit und von Äußerlichkeiten; sie haben ein größeres Schamgefühl, das die Funktion hat, das Fehlen des Penis zu verbergen; sie wollen mehr geliebt werden als lieben; sie sind weniger kreativ und haben einen geringeren Gerechtigkeitssinn, da sie ihr fundamentaler Neid beeinträchtigt; ihre sozialen Interessen sind schwächer, und sie haben ein geringeres Vermögen zur Sublimation, sind unbeugsamer, altern psychisch früher, sind weniger aufrichtig und intellektuell weniger fähig.

Worauf es bei diesem Mosaik »der« Frau ankommt, hat nichts damit zu tun, ob dies nun eine weitgehend zutreffende Beschreibung der Mehrheit der Frauen zu Freuds Zeiten war oder nicht. Es mag wohl so gewesen sein; nach allem, was man weiß, trifft dies selbst heute noch zu, wie Juliet Mitchell[17] behauptet. Freud hat seine Auffassung sicherlich nicht auf irgendeinem statistischen Material begründet, das auf diesem Gebiet damals genausowenig verfügbar war wie heute. Vielmehr hat er seine Meinung über Frauen als eine aus seiner Darstellung der Entwicklung der infantilen Sexualität direkt abgeleitete Folgerung vorgetragen. Es geht vielmehr um die Genauigkeit und die Vollständigkeit dieses psychologischen Erkenntnisprozesses, die hier in Frage stehen.

Selbst wenn man Freuds Rekonstruktion der Kindheitsereignisse für angemessen hält und auf Freudschem Boden bleibt – sind nicht andere, gleichermaßen einleuchtende Folgerungen denkbar? Müßten nicht die Männer aus einer Überkompensation ihrer frühen Kastrationsängste eine extreme Eitelkeit auf ihre Männlichkeit entwickeln? Und würde das kleine Mädchen, wenn es frühzeitig lernt, daß man, auch ohne alles direkt greifbar zu haben, leben kann, ja leben muß, diese ursprünglich schmerzhafte Erfahrung nicht durch eine größere Freigebigkeit ausgleichen und aus der Not eine Tugend machen? Wenn sich der Ödipuskomplex beim Mädchen später als beim Jungen einstellt, wie Freud glaubhaft zu verstehen gibt, das heißt auf einer Stufe größeren kognitiven und verbalen Vermögens, würde es dann nicht einen besseren Kontakt zu seinem Unbewußten halten können und zu stärkerer Empathie fähig sein? Und, wiederum von ihrer späteren ödipalen Erfahrung ausgehend, müßte sie dann nicht, mehr als ein Junge, an dem wunderbaren Kindheitserlebnis festhalten, das Sexualität und Zärtlichkeit zusammenbringt, und damit weniger zur Entwicklung sadistischer Brutalität neigen?

Diese Fragen sind nicht rhetorisch. Ich behaupte nicht, daß die angedeuteten Überlegungen ein zutreffenderes Bild der psychischen Eigenschaften von Frauen wiedergeben als die Freuds, sondern lediglich, daß bei gleichen psychologischen Voraussetzungen ein weniger negativ gefärbtes Bild gezeichnet werden könnte. Er mag recht gehabt haben – aber mit einer falschen Begründung.

Konsequenterweise muß man dann fragen, was an Freuds Versuch über die Weiblichkeit falsch ist und warum. Nichts in Freuds Lebenserfahrung, soweit er sie der Mitteilung für wert hielt, deutet auf ein persönliches Vorurteil gegen Frauen hin. Im Gegenteil: Dieser erste und angebetete Sohn einer schönen jungen Frau heiratete eine Frau, die er leidenschaftlich liebte, war in seiner Ehe offensichtlich erfüllt[18], wurde ein liebender

Vater dreier Söhne und dreier Töchter (von denen eine intellektuell brillant war) und war zu tiefen Freundschaften mit anderen Frauen fähig.[19] Seine Fallgeschichten weiblicher Patienten bezeugen mehrfach deren Intelligenz, Lebhaftigkeit, weitgespannten Interessen und deren Eifer in sozialen Aktivitäten. Das Bild, das er hier vermittelt, kann sicherlich nicht als eine Verallgemeinerung seiner klinischen Praxis angesehen werden. Zwar trifft es zu, daß ihn seine ersten weiblichen Patienten in eine traumatische intellektuelle und öffentliche Krise versetzten, indem sie ihre Phantasien früher Verführungen als Erinnerungen an aktuelle Ereignisse ausgaben. Aber seitdem er aus seinem schließlichen Verständnis dieser falschen Erinnerungen einen entscheidenden theoretischen Gewinn zu ziehen verstand, kann nicht einmal diese Episode als Vorwand für die Behauptung herangezogen werden, daß die persönliche Erfahrung eine zutreffende Erklärung seiner einseitigen Auffassung des weiblichen Charakters ist.

Man kann nur vermuten, daß Freud dem vorherrschenden kulturellen Stereotyp von Frauen unterlag und deren historische Rolle fälschlich für das Wesen des Weiblichen hielt. Er glaubte, die Anfänge ihrer Entwicklung zu verstehen, und er sah im sozialen Stereotyp, was er für das unvermeidliche Ergebnis hielt. Deshalb fühlte er sich berechtigt, den psychischen Prozessen nur soweit nachzugehen, soweit sie dieses Unvermeidliche bestätigen. Nur jener gewaltige kulturelle Einfluß, der um so wirksamer war, weil Freud ihn in der Analyse des weiblichen Charakters nicht in Frage stellte, kann einen offensichtlichen logischen Fehler in einem der tiefsinnigsten späten Essays Freuds erklären, und zwar in: »Die endliche und die unendliche Analyse«[20]. Dort sagt er, daß »(man) zu keiner Zeit der analytischen Arbeit ... mehr unter dem bedrückenden Gefühl erfolglos wiederholter Anstrengung (leidet) ... als wenn man die Frauen bewegen will, ihren Peniswunsch als undurchsetzbar aufzugeben, und wenn man die Männer überzeugen möchte, daß eine passive Einstellung zum Mann nicht immer die Bedeutung einer Kastration hat und in vielen Lebensbeziehungen unerläßlich ist.« Man bemerke die Asymmetrie in der Formulierung: Die Männer müssen von der Berechtigung psychischer Bisexualität überzeugt werden, während die Frauen die Vorstellung solcher psychischer Bisexualität aufgeben sollen. Der »Peniswunsch«

ist, wie so vieles in Freuds Terminologie, ein *Pars-pro-toto-Begriff*, der psychische Aktivität bezeichnet. Und obwohl Freud in seiner Arbeit über die weibliche Sexualität vor der Annahme warnt, daß biologische Passivität zu psychischer Passivität führe, und an dieser Stelle zeigt, daß das passive biologische Ziel (das heißt die Passivität des Es) sehr aktiv verfolgt werden kann, beweist die zitierte Bemerkung, daß er selbst von dem Fehlen einer Parallele zwischen der biologischen und der psychischen Sphäre nicht überzeugt war.

Mit dem Erkenntnisvorsprung mehrerer Jahrzehnte, während denen sich ein dramatischer Wandel in den mit Weiblichkeit und Männlichkeit allgemein verbundenen Wertvorstellungen vollzogen hat, läßt sich in dieser Frage relativ leicht ein grundlegendes kulturelles Vorurteil ausmachen. Man braucht sich nicht einmal mit dem radikalen Flügel der Frauenbewegung zu identifizieren, um festzustellen, daß sehr viele moderne Frauen eine psychische Bisexualität erreicht haben; aber man muß sich entschieden von ihrer Behandlung Freuds distanzieren. Was sie nicht verstehen, ist, daß ungeachtet des grundlegenden Wandels in den sexuellen Wertvorstellungen der Erwachsenen die Vorgänge in der Kindheit davon nicht betroffen sind. Die Frauenbewegung ändert nichts an den frühen gefühls- und vorstellungsbeladenen Entdeckungen des eigenen Körpers und den mit den morphologischen Geschlechtsunterschieden verbundenen Bedeutungsinhalten, die Freud in den Entwicklungseigenschaften des menschlichen Organismus, einschließlich der langsamen kognitiven Entwicklung, begründet sah. Diese Tatsache mag sich in evolutionären Zeiträumen[21] vielleicht verändern, aber nicht entlang des geschichtlichen Wandels. Innerhalb des historischen Wandels steht der Entwurf eines Modells noch aus, das der Anpassung an eine veränderte kulturelle Situation aus der frühen Erfahrung der Kastrationsangst und des Penisneides gerecht wird. Es bleibt eine offene Frage, ob die Verwirklichung einer von Freuds Charakterbild sich unterscheidenden Weiblichkeit im Sinne der Ich-Stärke größere oder kleinere Anforderungen stellen wird und ob sie deshalb bei den Frauen zu mehr oder weniger Neurosen führen wird; vielleicht wird sich in einigen Jahrzehnten eine Gesellschaftsform ändern, die für Freuds Zeiten genauso bestimmend war, wie sie es heute ist: die Kernfamilie und damit die Möglichkeit einer leidenschaftlichen Beziehung des Kindes zur Mutter, die in Freuds Sicht für das Gelingen oder Scheitern einer sexuellen Identität so entscheidend ist. Selbst eine so radikale Veränderung könnte jedoch an der Tatsache nichts ändern, daß jedes Kind aufs neue die Existenz und Bedeutung der morphologischen Geschlechtsunterschiede zu entdecken hat.

Sobald aber Freud, mit all seinen Widersprüchen, seinen glänzenden Verstand einer Untersuchung der kulturellen Situation, wie er sie kannte, zuwandte, erwies er sich wiederum als ein radikaler und revolutionärer Denker, der nicht mehr an den Status quo gefesselt und nicht mehr grundsätzlich konservativ ist, wie er sich in der Annahme des Frauenklischees (und auch in seinen politischen Ansichten) gezeigt hat.[22]

1908 schrieb Freud einen Aufsatz über »Die ›kulturelle‹ Sexualmoral und die moderne Nervosität«[23]. Es ist eine aus mehreren Gründen bemerkenswerte Arbeit. Dort zitiert er ausführlich ein Buch von Christian Ehrenfels, dem ersten Gestaltpsychologen, der, wie Binet (aber im Unterschied zu vielen späteren Psychologen), den gewaltigen Einfluß der Sexualität auf das menschliche Schicksal sowie deren legitimen Platz in der Psychologie erkannt hatte und die Aufmerksamkeit auf die schädlichen Einflüsse der sog. zivilisierten Sexualmoral lenkte. Die Arbeit handelt von der scheinheiligen Doppelmoral im männlichen und weiblichen Sexualverhalten, das, wie Freud sagt, die Selbsttäuschung und die Täuschung anderer erzwingt und zu Neurosen führt, ganz besonders bei Frauen, für die es weit schwieriger ist, den Moralkodex zu durchbrechen, wegen der Gefahr einer vorehelichen Schwangerschaft oder wenn innerhalb der Ehe die sexuellen Beziehungen aufgehört haben; Abstinenz, behauptet Freud, sei für die Frauen schwerer zu ertragen, weil sie weniger Möglichkeiten zur Sublimierung hätten. Tatsächlich klingt Freud hier beinahe wie ein Verfechter der Frauenrechte, wenn er sagt, daß die »unzweifelhafte Tatsache der intellektuellen Inferiorität so vieler Frauen auf die zur Sexualunterdrückung erforderliche Denkhemmung zurückzuführen ist«[24].

Hier ist von biologischer Minderwertigkeit die Rede. Es folgt dann ein heftiger Angriff auf die Institution der Monogamie, da sie der Sexualität des Erwachsenen eine beinahe unerträgliche Belastung auferlege, die Frauen sexuell zutiefst unerfüllt ließe und die jungen Männer entweder dem gleichen Schicksal zutreibe oder der Ausbeutung von Arbeitermädchen in heimlichen Verhältnissen oder der Prostitution, und das in einer Zeit steter Zunahme und berechtigter Angst vor Geschlechtskrankheiten, für die es keine Heilmittel gab.[25]

Man kann sich gut vorstellen, daß dieser Text zu Freuds unverdientem Ruf als Befürworter »freier Liebe« beigetragen hat und daß einige Leute durch Freuds Verurteilung jener Heuchelei, in der sie lebten und unter der sie litten, in Wut gebracht wurden, da er ihnen keinen bequemen Ausweg zeigen konnte. Man kann diese Wut durchaus verstehen, aber sie ist bestimmt keine geeignete Voraussetzung, um Freud zu lesen. Philip Rieff hatte recht, als er die Moralität zu einem Hauptkennzeichen des Freudschen Denkens bestimmte. Der Angriff auf die Monogamie war keiner Verteidigung der Unmoral gleichzusetzen. Freud diskutiert hier lediglich zum erstenmal ein Thema, das er später in *Das Unbehagen in der Kultur*[26] wieder aufnimmt, und zwar das Verhältnis von Kultur und Triebunterdrückung. Ausgehend von der Annahme, daß die Sexualität nicht nur Fortpflanzungszwecken dient, sondern auch darauf aus ist, eine bestimmte Art der Lust zu gewinnen, suchte er nach einer Form sexueller Moral, die nicht so viel Unterdrückung fordert wie der Moralkodex seiner Zeit, der sich ohnehin selbst untergrub, da seinen Normen nicht entsprochen werden konnte, außer man akzeptierte das Überhandnehmen der Neurosen als einen angemessenen Preis für die Kultur.

Es ist wahr, daß Freud an diesem Punkt gleichsam abdankt, indem er feststellt, daß die Entwicklung eines solchen neuen Moralkodex nicht die Aufgabe der Psychologie sei – vielleicht weil er seinen eigenen früheren Beitrag zu den Bedingungen der Verwirklichung eines solchen Kodex übersah. Denn schon vor der Jahrhundertwende hatte er einen beinahe optimistischen Ausblick auf die mögliche Entwicklung der Dinge zum Besseren gegeben. Er schreibt 1898: »... es wäre einer der größten Triumphe der Menschheit, eine der fühlbarsten Befreiungen vom Naturzwange, dem wir unterworfen sind, wenn es gelänge, den verantwortlichen Akt der Kinderzeugung zu einer willkürlichen und beabsichtigten Handlung zu erheben und ihn von der Verwicklung mit der unentbehrlichen Befriedigung eines natürlichen Bedürfnisses loszulösen.«[27] Natürlich kommen wir mit Hilfe neuer Techniken der Verhütung in eine Zeit, in der dies für Millionen möglich wird. Wenn Freud mit seiner sozialen Diagnose recht hat, müßten sich damit einige Ursachen der sexuellen Frustration der Erwachsenen auflösen und etwas von der Verlogenheit der Gesellschaft verschwinden.

Am Anfang dieses Kapitels wurde die Frage gestellt, ob Freuds Auffassung der psychischen Geschlechtsunterschiede mehr als nur von historischem Interesse ist. Die Antwort ist weder ein klares Ja noch ein klares Nein. Seine Auffassung der erwachsenen Weiblichkeit befindet sich in starker Übereinstimmung sowohl mit den gesellschaftlichen als auch mit den wissenschaftlichen Stereotypen seiner Zeit; dieser Umstand wurde von Stephanie Shields für die Zeit von der Mitte des 19. Jahrhunderts bis zum ersten Drittel des 20. überzeugend dokumentiert.[28] Eine so generelle Übereinstimmung mit diesen negativen Klischees mag, soviel wir wissen, die wesentlichen Eigenschaften der Frauen jener Zeit widerspiegeln. Aber das steht nicht zur Diskussion. Worin die Physiologen, Statistiker, Philosophen und Freud selbst wesentlich irrten, war vielmehr die Annahme eines biologischen Wirkungszusammenhanges, der den Einfluß kultureller und historischer Zwänge auf den erwachsenen Charakter und sein Verhalten ignorierte.[29]

Sein Modell der Entstehung der psychischen Geschlechtlichkeit in der Kindheit bewegt sich jedenfalls auf einer anderen Ebene, gerade weil seine grundlegende Prämisse eine nicht-historische ist, nämlich das Zusammentreffen eines großen Repertoires an Gefühlen mit dem eingeschränkten Horizont des kognitiven Vermögens in den ersten Jahren der menschlichen Existenz. Kein anderes Modell der kindlichen Entwicklung vermochte diese beiden unbestrittenen Aspekte der frühen Kindheit zusammenzubringen. Außerdem sind die Gedankenkategorien, die Freud in diesem Zusammenhang anwendet, von allgemeiner, über die historische Situation hinausreichender Bedeutung. Welche Kategorien sind das?

Zum ersten die Anerkennung der grundlegenden Einheit von Körper und Geist: die Entdeckung des eigenen Körpers, die bei jedem Geschlecht zwingend zu unterschiedlichen Ergebnissen führt und aus der die Erkenntnisbildung des Kindes entsteht. Selbst wenn die Sprachen, in denen Körper und Geist beschrieben werden, verschieden sind und die Psychologie nicht auf Physiologie reduziert werden kann, ohne wesentliche Erkenntnisse zu verlieren[30], so ist doch jede Erfahrung nur innerhalb eines Körpers möglich. Zum zweiten ist es Freuds eindrücklicher Hinweis auf die Sexualität als einer gewaltigen Kraft im seelischen Leben, der in deutlichem Gegensatz zu jener sterilen Betrachtungsweise der Geschlechtsunterschiede steht, die die akademische Forschung in diesem Bereich durchweg charakterisiert. Die Leidenschaften, gezähmt oder ungezähmt, stehen im Zentrum seines Denkens und nicht Reiz (*stimulus*) und Reaktion (*response*). Zum dritten – und hier befindet er sich in Übereinstimmung mit der akademischen Entwicklungspsychologie – besteht Freud darauf, daß die genaue Verfolgung jener Prozesse, durch die wir so werden, wie wir sind, ein wichtiger Weg zum Verständnis des menschlichen Wesens ist. Diese Kategorien lassen zusammengenommen Freuds Einstellung zur Untersuchung der Geschlechtsunterschiede erkennen. Eine Einstellung ist freilich prinzipiell nicht beweisbar; man kann sie nur annehmen oder ablehnen. Freuds konkretere Beschreibungen der einzelnen Entwicklungsphasen sind häufig so sehr mit seiner Einstellung vermischt, daß es schon eines beträchtlichen Scharfsinnes bedarf, um das Beweisbare vom Unbeweisbaren zu unterscheiden. Aber man hat es dennoch, wie angedeutet, versucht – mit unterschiedlichen Ergebnissen, von denen einige Bestätigung brachten und andere nicht. Es könnte und sollte auf diesem Gebiet weit mehr geleistet werden.

Gegenwärtig kann man nur darüber spekulieren, ob die konkreten Antworten, die Freud zur kindlichen Sexualität beisteuert, unter neuen historischen Umständen verändert oder modifiziert werden. Es gibt heutzutage zahlreiche Familien, in denen der Vater die Erziehung übernimmt, während die Mutter zur Arbeit geht. Aber wenn die erste leidenschaftliche Zuneigung der Erziehungsperson gilt, was wird dann den kleinen Jungen in der Entwicklung seiner Liebesfähigkeit gegenüber Frauen unterstützen? Wird die sexuelle Entwicklung eines Mädchens erleichtert, wenn sie ihr erstes Liebesobjekt nicht mehr zu verlassen braucht? Ist es nicht denkbar, daß die volle Verfügbarkeit beider Eltern als erste Bezugspersonen der Kindheit für beide Geschlechter das Leid und die Mühe verringern könnte, die heute mit dem Erwerb der Geschlechtsidentität gemeinhin verbunden sind? Nur die Zukunft kann das beantworten. Freud hat solche Möglichkeiten nicht erwogen.

6. *Kapitel:* Die Metapsychologie: Erklärung oder erklärungsbedürftig?

Freud hat seinen idiosynkratischen Ausdruck »Metapsychologie« auf verschiedene Weise verwendet. Zum erstenmal erscheint er vor der Jahrhundertwende in seinen Briefen an Fliess; in einem dieser Briefe fragt er seinen Freund, »ob ich für meine hinter das Bewußtsein führende Psychologie den Namen Metapsychologie gebrauchen darf«[1]. Der Zusammenhang, in dem diese Frage gestellt wird, läßt die Bedeutung dieses Ausdrucks im unklaren. Freud berichtet von seiner Arbeit an der *Traumdeutung* und sagt: »Es scheint mir, als ob mit der Theorie der Wunscherfüllung nur die psychologische Lösung gegeben wäre, nicht die biologische oder, besser, metapsychische.« Offensichtlich drängte Fliess Freud nicht zur Aufgabe dieses Ausdrucks, der sich in das psychoanalytische Vokabular einfügte und Jahre später in Freuds metapsychologischen Schriften seine genauere Bestimmung erlangte.[2] Nach Jones[3] bedeutet Metapsychologie »eine umfassende Beschreibung aller seelischen Vorgänge«, während David Rapaport[4] sie als »die Untersuchung der Annahmen, auf denen sich das System der psychoanalytischen Theorie aufbaut« auffaßt; in einer anderen Veröffentlichung bezeichnet er die Metapsychologie als die »Prinzipien der psychoanalytischen Theorie«[5]. Hartmann, der mit diesem Ausdruck offensichtlich nicht auf gutem Fuß stand, definiert ihn als eine Theorie auf höchstem Abstraktionsniveau.[6] Strachey[7] gebraucht in seiner Einleitung als Herausgeber der metapsychologischen Schriften die etwas merkwürdige Formulierung »Einstellung zur psychologischen Theorie« als Charakterisierung der Metapsychologie, offensichtlich um einen gewissen Unterschied zur Theorie selbst herauszustellen. Hilgard vermutet, daß die Metapsychologie eine Sammlung der Freudschen Menschenmodelle darstellt[8], und Laplanche und Pontalis[9] sagen, daß »die Metapsychologie sich mit der Erarbeitung einer Gesamtheit mehr oder weniger von der Erfahrung entfernter begrifflicher Modelle (befaßt)«.

Der Versuch, die Bedeutung und ihr Verhältnis zu anderen

wissenschaftlichen Begriffen wie Beschreibung, Annahme, Prinzip, Erklärung, Theorie und Modell herauszuarbeiten, würde auf ein Gebiet führen, auf dem sich sonst nur die Erkenntnistheoretiker zu bewegen getrauen, die ihrerseits gleichfalls sehr unterschiedliche Antworten präsentieren. In diesem Dilemma wendet man sich auf der Suche nach einer Klärung wieder Freuds eigenen Schriften zu. Schließlich war er selbst auch kein Erkenntnistheoretiker. Hier trifft man nun auf einen anderen Begriff, der auf den ersten Blick das Verständnis erschwert, aber bei näherer Betrachtung zu einer einfacheren und zusammenhängenderen Auffassung von Metapsychologie führt; trotz seiner Schlichtheit nimmt er nichts von der Tiefe der Freudschen Denkweise, sondern akzentuiert sie. Dieser Begriff ist der des »Gesichtspunktes«. Die Formulierung, die Freud und die ihm folgenden großen Theoretiker der Psychoanalyse wiederholt verwenden, ist die vom »metapsychologischen Gesichtspunkt«. Diese Verbindung eines unklaren, abstrakten Begriffs mit einem umgangssprachlichen klingt beinahe komisch, besonders da bis zu dieser Zeit kein ähnlicher Ausdruck im Vokabular anderer Psychologen aufgetaucht war. Aber diese anderen Psychologen haben auch ihre »Gesichtspunkte«, selbst wenn sie sie in der Regel nicht deutlich machen und sicherlich nicht metapsychologisch nennen. Nichtsdestoweniger ist dies genau das, was bedeutende Psychologen voneinander unterscheidet: der Gesichtspunkt, von dem aus sie den Menschen betrachten. Mit anderen Worten, sie unterscheiden sich am meisten voneinander in der grundlegenden Frage, die sie zum Brennpunkt ihrer Forschung gewählt haben. Die Art dieser grundsätzlichen Frage lenkt ihre Untersuchungen und bestimmt die Kategorien der gesuchten Antwort, wenn nicht gar die Antwort selbst. Skinner zum Beispiel stellt sich die Frage, wie die Umgebung das Verhalten bestimmt; Piaget, wie das Kind komplexere Denkvorgänge erwirbt; physiologische Psychologen, welche organischen Vorgänge dem Verhalten und dem Erleben zugrunde liegen; Adler, wie der Wille zur Macht das Leben eines Menschen bestimmt; und Jung etwa stellt die ewige, unbeantwortbare Frage: Was ist der Mensch? Diese Fragen enthalten ihre Gesichtspunkte oder, wenn man so will, ihren metapsychischen Standpunkt; hier wird das »meta« in Analogie zur Metaphysik verwendet, denn der fundamentale Gesichtspunkt, von dem aus der Mensch untersucht wird, ist aus Gründen gewählt, die weit außerhalb der psychologischen Theorien selbst liegen.

Welche Theorien auch immer aus solch unterschiedlichen Gesichtspunkten entwickelt werden, sie können natürlich nur jene Phänomene erklären, die in der grundlegenden Frage eines Psychologen angesprochen sind. Deshalb ist es sinnlos, einen Vergleich etwa zwischen Skinner und den physiologischen Psychologen anzustellen. Sie stellen ihre Fragen unter unvergleichbaren Gesichtspunkten, wie berechtigt immer die jeweilige Frage sein mag.

Das Außergewöhnliche an Freuds Werk ist, daß er sich nicht auf einen Gesichtspunkt beschränkte, daß er mehrere grundsätzliche Fragen stellte und ihnen als Wissenschaftler nachging, der »nicht an der letztendlichen ›Natur‹ oder dem ›Wesen‹ solcher Vorgänge – was immer das sein mag – interessiert ist, sondern an einer begrifflichen Ordnung der von ihm entdeckten Phänomene«[10].

Im folgenden soll der Versuch unternommen werden, die verschiedenen metapsychologischen Gesichtspunkte Freuds aus seinen zentralen Interessen oder den Fragen, die ihnen entsprechen, zu verstehen, das heißt die psychischen Phänomenen, die er als erklärungsbedürftig ansah. Mit anderen Worten, die Metapsychologie wird hier als Freuds indirekte begriffliche Erfassung des Gegenstandes der Psychologie angesehen.

Wenngleich Kris[11] meint, daß die Metapsychologie bereits in dem 1895 geschriebenen »Entwurf einer Psychologie« enthalten sei, ist Freud am Anfang seiner psychologischen Untersuchungen nicht von einer solchen ausgegangen. Die Richtung seiner wissenschaftlichen Neugierde ergab sich allmählich aus der eingehenden Beschäftigung mit seinen ersten Patienten.

Ursprünglich wollte er nur helfen und versenkte sich tief in alle Aspekte des Lebens dieser komplizierten und sorgenvollen Menschen. Was er vor sich sah, waren Antworten; aber was waren die Fragen? Die Suche nach den richtigen Formulierungen war eine enorm schwierige Aufgabe, da kein entsprechendes Vokabular existierte, um den psychologischen Sinn in dem merkwürdigen Verhalten seiner Patienten auszudrücken. Schritt für Schritt entwickelte er das Vokabular der

Psychoanalyse, eine Mischung aus allgemein verständlichen Begriffen mit besonderer Bedeutung, dem wissenschaftlichen Vokabular seiner Zeit und eigenen Neubildungen, wie zum Beispiel den »metapsychologischen Gesichtspunkten«[12]. Er selbst entwickelte nur drei davon – den dynamischen, den ökonomischen und den topischen. In seinem Werk sind drei weitere enthalten, die Rapaport den genetischen, den strukturellen und den adaptiven Gesichtspunkt genannt hat. Was sind nun die fundamentalen psychologischen Fragestellungen und Interessen, die jedem dieser Gesichtspunkte zugrunde liegen?

Das für den dynamischen Gesichtspunkt entscheidende Phänomen ist das Konflikterlebnis, allgegenwärtig nicht nur im Patienten, sondern in der Lebensführung jedes Menschen. Trotz der Allgemeinheit dieses Erlebnisses hat die akademische Psychologie es nicht zu einem zentralen Untersuchungsgegenstand gemacht. In der Tat, Freuds Beharren auf der Komplexität des Menschen mit seinen verschiedenartigen und widersprechenden Motiven ist vielleicht die bemerkenswerteste Eigenart des psychoanalytischen Denkens. Zugegeben, daß jedes wissenschaftliche Unternehmen ein Versuch ist, die Komplexität der Erscheinungswelt zu vereinfachen, so gibt es dennoch eine Grenze, die dieser Versuch nicht überschreiten darf: Es muß eine Verbindung zwischen den vereinfachenden Formulierungen und dem konkreten Gegenstand, auf den sie sich beziehen, bestehen bleiben, so weitläufig und undeutlich sie auch sein mag. Wenn Konflikt für menschliches Erleben so zentral ist, wie Freud annahm, dann bleiben psychologische Theorien, die ihn einfach aus dem Leben ausschalten, bestenfalls unvollständig. Freuds Vereinfachungen des dynamischen Geschehens haben diese Grenzen nicht übertreten. Seine Antwort auf die grundlegende Frage: Warum Konflikt? faßt er in der Terminologie seelischer Kräfte: »Wir wollen die Erscheinungen nicht bloß beschreiben und klassifizieren, sondern sie als Anzeichen eines Kräftespiels in der Seele begreifen, die zusammen oder gegeneinander arbeiten. Wir bemühen uns um eine dynamische Auffassung der seelischen Erscheinungen.«[13]

Es sollte nicht unerwähnt bleiben, daß in dieser Frage nicht nur große Teile der akademischen Psychologie, sondern auch die existenzialistischen Richtungen, die von ihm so viel gelernt hatten, sich von Freud trennen. Weder für Sartre noch für Laing ist die Idee von entdeckbaren, sich widersprechenden Kräften ein zentrales Problem. In ihrer ganzheitlichen Betrachtung des Menschen ist er, was er ist, und sein Bewußtsein ist die totale Summe zulässiger Evidenz.

In Freuds analytischer Sicht können diese Kräfte durch die Interpretation von Verhalten und Erlebnis als ein Kompromiß zwischen Tendenzen erkannt werden, die den Menschen in unterschiedliche Richtungen drängen, sogar wenn sein Bewußtsein auf das Konflikterlebnis, dessen Ursprung er nicht versteht, beschränkt ist. Inferenz auf unbewußte Vorgänge ist für das Verständnis der Komplexität psychischer Konflikte notwendig, selbst wenn es nur um den trivialen Konflikt geht, ob man nun arbeiten oder spielen soll, um so mehr in pathologischen Konflikten, wie zum Beispiel den Zwang, immer wieder die Hände zu waschen, obwohl man weiß, daß sie sauber sind. Rapaport[14] erwähnt in einem Versuch, die psychoanalytische Motivationstheorie zu systematisieren, die folgenden relativ konkreten psychologischen Probleme, für die der dynamische Gesichtspunkt herangezogen werden muß: Wie erklärt man den Inhalt eines pathologischen Phänomens? Wie das irrationale, nichtkrankhafte Denken und Verhalten? Wie den zwanghaften Charakter gewissen Denkens und Verhaltens, das keine Wahlmöglichkeiten zuläßt (zum Beispiel der Ekel beim Anblick von Würmern; oder der Perfektionismus)? Wie das Auftauchen »spontaner« Bilder, Vorstellungen oder gewisser Handlungstendenzen (die nicht durch die äußere Realität hervorgerufen wurden)? Nun ist es natürlich durchaus möglich, konstruktiv in der Psychologie zu denken, ohne diese Frage zu beachten. Aber wenn man sie als relevante psychologische Themen anerkennt, ist es jedoch schwer vorstellbar, wie man mit ihnen ohne einen dynamischen Ansatz, der von der Erkenntnis sich möglicherweise widersprechender psychischer Kräfte ausgeht, zurechtkommen könnte.

Die Legitimität der Frage nach der Irrationalität bedarf einer Erörterung, da aus der Psychoanalyse Argumente vorgebracht wurden, wonach der Begriff selbst überfällig sei. Hartmann[15] hat diese Argumente kritisiert und solche fehlerhaften Versuche folgendermaßen zusammengefaßt: »Da die

Psychoanalyse gezeigt hat, daß das Verhalten von Neurotikern und selbst von Psychotikern sinnvoll ist ... ist alles, was man bisher für irrationales Handeln hielt, keineswegs irrational, und die Bezeichnung daher irreführend.« Es ist richtig, daß psychoanalytische Theorien entwickelt wurden, um die Methode im Wahnsinn zu enthüllen, das heißt die unbewußten Ursachen für etwas, das bewußt als grundlos oder nur scheinbar und unzureichend begründet erfahren und beobachtet wird. Daß das Irrationale in Rationales umgewandelt werden kann, das heißt, daß genügend Gründe entdeckt werden können, ist aber sicherlich keine Rechtfertigung, seine ursprüngliche Existenz zu verleugnen. Eingeschränkt auf die Arbeit der Sekundärvorgänge im Bewußtsein bleibt die Irrationalität ein wichtiger Begriff, wenn sich zeigen läßt, daß die angeführten Gründe nicht dazu ausreichen, eine Handlung zu erklären; er dient dann als ein Indikator für störende Vorgänge außerhalb des Bewußtseins. Es braucht wohl kaum betont zu werden, daß ein Ausschließen jeder Irrationalität weder möglich noch wünschenswert ist. Wie wichtig es auch sein mag, von einem reflektierenden Standpunkt aus rationale von irrationalen Handlungen zu unterscheiden – ein ausschließlich rationales Leben würde die Existenz verarmen. Rational und irrational sind Begriffe, die sich nur auf den Menschen anwenden lassen. Die Tiere, die ihren Bedürfnissen ohne sprachlichen Ausdruck folgen, sind weder rational noch irrational.

Anfänglich konzentrierte Freud seine Ausarbeitung des dynamischen Gesichtspunktes auf die menschlichen Triebe und ihr Schicksal. Diese Theorie unterlag etlichen Überarbeitungen, und es ist nicht immer klar, ob die neuen Formulierungen als Ersatz oder als Ergänzung früherer Entwürfe gedacht waren. Seine späte Annahme von Lebens- und Todestrieben in *Jenseits des Lustprinzips*[16] begreift den Trieb in einem biologischen Sinne. Für den dynamischen Aspekt der Motive bleibt seine frühere Auffassung des »instinktiven Triebes« als eines psychischen Phänomens zentral.[17] Darunter versteht er die *psychischen Repräsentationen*, die die somatischen Quellen im Seelischen erzeugen. Im Unterschied etwa zum biologischen Bedürfnis zu atmen, das durch Luft allein befriedigt wird, haben diese Triebe eine enorme Auswahl an Objekten, die zu ihrem Ziel führen können. Die Darstellung der sexuellen Entwicklung der Kinder im vorigen Kapitel hat bereits gezeigt, wie früh diese Befriedigung unlösbar mit den Objekten der Welt, in der das Kind lebt, verbunden ist. Instinktive Triebe sind daher eindeutig sozialpsychologische Erscheinungen. Ein Verständnis der Motivation erfordert die Aufdeckung der Bedeutungen, die eine Unmenge realer Objekte in der realen Welt in einer sich ständig ausweitenden Kette der Ergänzungen und Ersatzbildungen erlangen; sie befriedigen die Triebe und erweitern gleichzeitig das kindliche Wissen um die reale Welt. In diesem Sinne müssen sich Lust- und Realitätsprinzip als Grundregeln menschlichen Verhaltens nicht unbedingt widersprechen, da das Kind auf dem Wege der Befriedigung eines Triebziels die Wirklichkeit dieser Welt entdeckt. Aber gelegentlich entsteht eine Unvereinbarkeit von Lust und Wirklichkeit, da sich die Welt, in der das Kind Lusterfüllung erreicht oder zumindest anstrebt, verändert, wenn es das Erwachsenenalter erreicht; unter den neuen Bedingungen bedarf es Wege zur Befriedigung, die sich von seiner frühen Suche nach Befriedigung unterscheiden. Dennoch können frühe Verhaltensweisen, die sich dem Bewußtsein entziehen, bestehenbleiben. Im »zeitlosen« Unbewußten bleiben nicht nur frühe Kompromißbildungen, sondern auch ungelöste Konflikte, etwa zwischen Sexualität und Aggression oder zwischen Liebe und Haß, weiterhin bestehen.

Freuds dynamische Untersuchung der Motivation führte ihn zur Entwicklung verschiedener Theorien von geringerer Reichweite: über die Aggression, über Abwehrmechanismen, über den Narzißmus und anderes. Ihr entscheidendes Merkmal ist die Annahme, daß Konflikt ein immanenter Bestandteil der Triebstruktur des menschlichen Organismus ist. Wegen dieser Beschränkung auf die Triebschicksale könnte man Freud jedoch beschuldigen, daß er das Schicksal aus dem menschlichen Tun ausgeschlossen habe. Man darf die Dynamik menschlicher Konflikte und ihrer Motive nicht nur als von innen nach außen verstehen, sondern muß sie auch von außen nach innen verfolgen. Erst verhältnismäßig spät hat sich Freud ausdrücklich mit den äußeren Ursachen des Verhaltens beschäftigt. In seiner Untersuchung dieser Fragen weist Rapaport[18] auf eine Fußnote hin, die Freud 1925 der *Traumdeutung* hinzufügte: »Es soll nicht in Abrede gestellt werden, daß sich während einer Analyse verschiedene Vorfälle ereignen können, die man der Absicht des Analysierten nicht zur Last legen kann. Es kann der Vater des Patienten sterben, ohne daß dieser ihn umgebracht hätte ... Wenn auch das störende Ereignis real und vom Patienten unabhängig ist, so hängt es doch oftmals nur von diesem ab, wieviel störende Wirkung ihm eingeräumt wird ...« Die systematische Ausarbeitung jener Wechselwirkungen zwischen inneren und äußeren Kräften blieb Freuds Nachfolgern, Rapaport, Hartmann und besonders Erikson, überlassen, obwohl Freuds Fallstudien auch schon indirekt die Bedeutung äußerer Ereignisse berücksichtigen.

Die dynamische Auffassung steht in scharfem Gegensatz zu vielen Motivationsstudien akademischer Psychologen, sogar dort, wo sie sich um ein angemessenes Gleichgewicht des Verhältnisses von innen und außen bemühen. Zum Beispiel beschreiben Bindra und Stewart[19] die jüngsten Fortschritte in der Erforschung der Motivation folgendermaßen: »Die Betrachtungsweise motivierender Vorgänge, die sich jetzt durchgesetzt hat, lautet: jede zielgerichtete Handlung wird durch einen zentralen motivierenden Zustand ausgelöst, der selbst wiederum durch eine Wechselwirkung innerhalb des Gehirnes entsteht, und zwar zwischen den neuralen Auswirkungen körperlich-organischer Zustände (›Triebe‹) und den neuralen Auswirkungen von Umweltreizen (›Verstärker‹). Die Verhaltensveränderungen, die herkömmlicherweise durch die Manipulation der inneren ›Motivation‹ oder der äußeren ›Verstärkung‹ erzielt wurden, sind das Ergebnis sowohl von Einflüssen körperlich-organischer Zustände als auch anregender Umweltobjekte.« Nichts in dieser lediglich beschreibenden Erklärung würde zu der Vermutung veranlassen, daß Motivation immer auch Konflikte beinhaltet, da sie auf einer mechanischen Ebene verbleibt und das Erlebnis ignoriert.

Ein weiterer, daraus folgender Unterschied zur psychoanalytischen Dynamik ist die stillschweigende Annahme, daß das »Wie« der Motivation weit mehr die Kernfrage ist als das »Was«. Freuds dynamische Betrachtung setzt sich ständig mit dem Inhalt psychischer Erscheinungen auseinander, die durch die Triebe erzeugt werden, das heißt mehr mit dem Sinn als mit den Mechanismen der Konflikte.

Freilich hat die Physiologie für viele Psychologen einen großen Reiz; nicht nur wegen der Faszination des Gegenstandes selbst, nicht nur wegen der Anziehungskraft eines Reduktionismus, sondern vor allem weil Körper und Geist in der Erfahrung tatsächlich nicht zu trennen sind. Auch Freud war natürlich der Physiologie nicht abgeneigt. Nirgends wird dies deutlicher als in der Ausarbeitung dessen, was er den ökonomischen Gesichtspunkt nannte. Es ist, als ob er sich selbst gefragt hätte: Wie kann menschliches Verhalten und Erleben am kürzesten und genauesten beschrieben und verstanden werden? Und als ob er angenommen hätte, daß die Antwort eine mechanische Einstellung erfordere, das heißt eine Untersuchung dieser Prozesse, die die endlose Komplexität des Sinnvollen umgeht. Der ökonomische Gesichtspunkt demonstriert Freuds Versuch einer reduktiven Psychologie.

Das Wesentliche an seiner Antwort ist die Annahme der Existenz von psychischer Energie, von der jeder ein großes, aber begrenztes Quantum besitzt und die in Vorstellungen, Objekte und verschiedene Funktionen des Organismus investiert oder aus ihnen abgezogen werden kann. Die früheste Formulierung des Wesens dieser Energie findet sich im *Entwurf einer Psychologie* und war eindeutig neurologisch, obwohl er später betonte, daß er eine *psychische* Energie gemeint habe. Trotzdem blieb das physiologisch klingende Vokabular bestehen. Es muß für Freuds Selbstbild als Naturwissenschaftler wichtig gewesen sein. Er bestand darauf, daß die psychische Energie im Prinzip meßbar sei, obwohl geeignete Meßverfahren noch nicht entwickelt worden waren.

Laplanche und Pontalis[20] zählen eine ganze Reihe klinischer Beobachtungen auf, die dringend eine Sprache der psychischen Energie verlangen: »Die ununterdrückbare Art neurotischer Symptome (die häufig von dem Patienten in Ausdrücken mitgeteilt werden wie: ›irgend etwas in mir war stärker als ich‹); die Erzeugung neurotischer Konflikte durch Störungen der sexuellen Abfuhr ...« usw. Hierzu gibt es eine Parallele in der festgefügten Auffassung der Laienpsychologie von psychischer Energie. Wir sagen von Menschen, daß sie ein Ventil für ihre Energie suchen oder finden oder sie auf ein bestimmtes Gebiet auf Kosten anderer konzentrieren; oder wenn ein Kind seine Lebendigkeit anscheinend verloren hat, denken wir, daß es seine Energie in heimliche Phantasien leitet usw. So scheint die Notwendigkeit eines systematischen Zugangs zum Verlauf und zur Verteilung psychischer Energie zwingend. Daß weder Freud noch die Laienpsychologie das Wesen dieser Energie erklären konnten, braucht uns nicht zu stören; sie befinden sich in guter Gesellschaft, da auch die Physiker das letztliche Wesen der Schwerkraft oder der Elektrizität nicht erklären, sondern sich mit der Beschreibung und Messung ihrer Auswirkungen zufriedengeben. Freud verhielt sich in dieser Frage sehr eindeutig: »Die Unbestimmtheit all unserer Erörterungen, die wir metapsychologische heißen, rührt natürlich daher, daß wir nichts über die Natur des Erregungsvorganges ... wissen und uns zu keiner Annahme darüber berechtigt fühlen. So operieren wir also stets mit einem großen X, welches wir in jede neue Formel mit hinübernehmen.«[21]

In klinischen Beschreibungen setzt Freud seine Energie-Begriffe weitgehend als Kurzformel ein. Nehmen wir zum Beispiel seine Zusammenfassung der Fallgeschichte vom Wolfsmann: Nachdem er auf über hundert Seiten die wesentlichen Ereignisse und ihre Details ausgeleuchtet hat sowie die durch den Konflikt zwischen homosexuellen und heterosexuellen Tendenzen geprägte sexuelle Entwicklung des Patienten usw., faßt er diesen Berg von Material in einem halben Satz seiner Energie-Sprache zusammen: »... (seine) Fähigkeit, die verschiedenartigsten und widersprechendsten libidinösen Besetzungen alle nebeneinander funktionsfähig zu erhalten.«[22]

Das Problematische des ökonomischen Gesichtspunktes liegt nicht in seiner beschreibenden Ausdrucksweise. Tatsächlich könnten seine Vereinfachungen ein wichtiges heuristisches (methodisches) Schema sein, um in den sich offensichtlich sehr unterscheidenden Fallgeschichten die Gemeinsamkeiten zu erkennen, aber nur solange der Unterschied zwischen einer Zusammenfassung und einer Erklärung gewahrt bleibt. Die Schwierigkeiten entstehen, weil Freud unter dem ökonomischen Gesichtspunkt in die Falle eines extremen Reduktionismus gerät: die Suche nach einer letzten Ursache, nach dem Prinzip, dem sämtliche psychischen Erscheinungen untergeordnet werden können. Ursprünglich war es der Begriff der Spannungsreduktion, der als seine letzte Antwort diente. Freud verwies auf das Konstanzprinzip, wonach es das »Ziel« eines Organismus ist, das Quantum an Erregung auf einem möglichst niedrigen oder zumindest konstanten Niveau zu halten. Er setzte das mit dem Lustprinzip gleich, das heißt mit der Vermeidung von Unlust. Aber er war ein zu guter Kliniker, um die Sache dabei zu belassen. Es entging seiner Aufmerksamkeit nicht, daß eine wachsende Anspannung als lustvoll erlebt werden konnte und gesucht, nicht vermieden wurde; noch daß die sexuelle Energie – die Libido – sich so wesentlich von der zum Selbstschutz eingesetzten Energie unterschied, daß kein gemeinsamer Nenner den Auswirkungen beider gerecht werden konnte. Er erkannte, daß es keine einfache Koordination zwischen dem Konstanz- und dem Lustprinzip gab, aber er hat diese Frage weder geklärt noch ganz aufgegeben. Klinische Beobachtungen zwangen ihn dazu, das Lustprinzip mit dem Realitätsprinzip zu verkoppeln, welches das erstere durch die Umwandlung von freier in gebundene Energie einzuschränken vermag, ein Wechselspiel, das den Primär- und Sekundärvorgängen entspricht. In seinem späten Werk wird jedoch eine andere Paarbildung bestimmend, die Lebens- und Todestriebe mit ihren spezifischen Energien und dem schließlichen Triumph des Nirwanaprinzips, der Spannungsreduktion auf Null bis zum Tod des Organismus.[23]

Die Mängel und Widersprüche in Freuds reduktionistischen ökonomischen Spekulationen haben Freund wie Feind zu lebhaften Diskussionen veranlaßt, während einige Psychoanalytiker darin fortfahren, die Sprache der ökonomischen Auffassung so, als sei sie eine Erklärung des klinischen Materials, einzusetzen.

Zwei Kommentare zu Freuds ökonomischer Metapsychologie verdienen hier eine eingehendere Besprechung. Der eine stammt von einem Experimentalpsychologen, der auch Psychoanalytiker war, und der andere von einem Philosophen. Beide sind mit der Freudschen Theorie sehr vertraut, wobei der eine die Unvereinbarkeit in Freuds Werk klarstellt und der andere die Grenzen des Gültigkeitsbereichs psychoanalytischer Interpretation aufzeigt.

George Klein[24] schrieb einen Essay mit dem Titel »Die zwei Sexualtheorien Freuds«, in dem er sagt: »Es gibt guten Grund zu der Annahme, daß das psychoanalytische Modell der Sexualität zwei Versionen hat. Die erste nenne ich die klinische Theorie, da sie in der Praxis die aktuelle klinische Arbeit bestimmt. Sie beschränkt sich auf die spezifischen Eigentümlichkeiten der menschlichen Sexualität, auf die Werte und Bedeutung der sinnlichen Erfahrung ... Die zweite Version übersetzt dieses psychologische Modell in die quasi-physiologischen Begriffe eines Energiemodells, dessen Kräfte ›auf Entladung warten‹. Dieses Energiemodell ist mit Freuds Überzeugung verbunden ... daß die Quelle jeder Aktivität des Organismus ... die Bestrebung ist, den Energiezufluß von ›Reizen‹ in den Griff zu bekommen, um sie abzuführen und ihren Spannungsbetrag zu reduzieren.« Klein fährt fort: »Diese zwei Theorien bewegen sich auf unterschiedlichen logischen Ebenen, sind nicht aufeinander zu reduzieren und erfordern unterschiedliches Material zu ihrer Bestätigung; kritisch betrachtet, widersprechen sie sich sogar.«

Das in diesem Absatz angesprochene Verhältnis zwischen Mechanismen und Bedeutungen ist nun auch das zentrale Thema von Ricœurs hervorragendem Buch über Freud: Sein Begriff für Freuds Libido ist »der Wunsch«. »Die Sprache des Wunsches«, sagt er, »(ist) eine Rede, die Sinn und Kraft vereinigt.«[25] Er betrachtet den Wunsch als einen »Grenzbegriff an der Schneidelinie zwischen Organischem und Psychischem«[26] und begrenzt so die Reichweite der Psychoanalyse, da sie seiner Ansicht nach keine Naturwissenschaft ist, sondern eine hermeneutische, das heißt ein systematischer Versuch, die Logik zwei- oder mehrdeutiger Bedeutungen zu entwirren. Aus diesem Grunde glaubt Ricœur, daß die Psychoanalyse niemals in eine Psychologie übergehen könne, die er den Naturwissenschaften zuordnet.

Ob allerdings die Psychologie selbst in ihrer strengsten naturwissenschaftlichen Form auf Dauer das Problem der Bedeutung erfolgreich vermeiden kann, ist eine andere Frage. Für Jahrzehnte wurde die Spannungsreduktion ebenfalls als ein grundlegendes Prinzip in vielen Bereichen der akademischen Psychologie angesehen; nicht nur in der Tierpsychologie, wo es immer noch die Hauptlast in der Erklärung eines Verhaltens zu tragen hat, sondern selbst in der Sozialpsychologie, wo die kürzlich sehr bekannt gewordene Theorie der kognitiven Dissonanz[27] sich auf das Prinzip der Spannungsreduktion gründet, in Übereinstimmung mit dem Lust-, nicht mit dem Realitätsprinzip. Die Spannungsreduktion als ein grundlegender Verhaltensmechanismus ist aber auch innerhalb der akademischen Psychologie in Schwierigkeiten geraten. Es mußten alle möglichen Arten neuer Triebe erfunden werden, um das beobachtete Verhalten in das Prokrustesbett der Spannungsreduktion einpassen zu können: Das Erkundungsverhalten von Tieren reduziere eine Spannung, die durch einen Neugiertrieb ausgelöst werde; der Wechsel von Vorlieben oder Meinungen reduziere eine Spannung, die durch einen Trieb nach kognitiver Konsonanz entstanden sei. Die akademische Psychologie sowie Freuds Metapsychologie lassen das Problem, ob es überhaupt möglich ist, eine Bedeutung in einen Mechanismus umzusetzen und wie das vonstatten gehen soll, gleichermaßen ungelöst. Ricœur löst das Problem, indem er die Psychoanalyse auf die Untersuchung der »Semantik des Wunsches« einschränkt – das heißt die bloße Interpretation bestimmter Bedeutungen. Aber damit wird der akademischen Psychologie eine Aufgabe zugewiesen, der sie zwar tapfer nachgegangen ist, die sich aber als undurchführbar herausgestellt hat: die ausschließliche Beschränkung auf Mechanismen.

Glücklicherweise ist die Darstellung des topischen Gesichtspunktes einfacher, vor allem wenn man – wie ich es tun werde – die gelegentlichen Querverbindungen von den ökonomischen Begriffen zu anderen Gesichtspunkten in seinen Schriften außer acht läßt. Die Ausgangsfrage entstand schon aus Freuds Auseinandersetzung mit den französischen Hypnotiseuren und seiner Zusammenarbeit mit Breuer: In welchem Ausmaß ist der Mensch sich der Gründe seiner eigenen Handlungen und Empfindungen bewußt? Seine Patienten brachten ihn zu der allgemeinsten Antwort: in einem sehr geringen Ausmaß. Sie konnten zum Beispiel nicht erklären, warum sie ohne ein bestimmtes Ritual nicht einschlafen konnten oder warum sie sich leer und unglücklich fühlten, geschweige denn warum das vernünftige Argument gegen bestimmte irrationale Ängste, wie der entsetzlichen Folterphantasie des Rattenmannes, so machtlos war oder warum bei extremen Störungen die Phantasie mit der Wirklichkeit verwechselt wurde wie im Falle Schrebers, der sich für ein Mädchen hielt, das sich vor unsittlichen Angriffen fürchtete oder für eine Frau, die durch Gott geschwängert wurde.[28] Die endgültige Antwort und ihre Ausarbeitung führte Freud über seine Patienten hinaus in die allgemeine Psychologie. Das Modell der drei verschiedenen Stufen des Bewußtseins – das Unbewußte, das Vorbewußte und das Bewußte – sowie Freuds Ausführungen, an welcher Stufe welcher Teil des Seelenlebens beteiligt ist und warum, als auch die Diskussion des Überganges von einer zur anderen, sind für alle Menschen von Bedeutung, nicht nur für die Kranken, aber natürlich vor allem für die Psychoanalyse als Therapie.

Der topische Gesichtspunkt und die ihm zugrunde liegende Fragestellung nach dem Ausmaß der Selbsterkenntnis führt direkt zu der Rolle der Introspektion innerhalb der psychoanalytischen Methode. Es ist falsch, die psychoanalytische Methode als Introspektion zu betrachten[29], besonders wenn man sie für eine Methode hält, die psychologische Fragen direkt beantworten kann. Zu Beginn dieses Jahrhunderts hat Titschener die Introspektion in diesem Sinne eingesetzt. Er wollte zu den Elementen des Bewußtseins gelangen, indem er die Probanden dazu anhielt, angesichts eines visuellen Objekts nicht zu berichten, was sie sahen, sondern wie das Sehen von ihnen erlebt wurde, was sie beim Sehen empfanden. Für die Phänomenologen ist die Introspektion natürlich zentral: Sie erbringt die einzigen psychologischen Daten, die sie anerkennen.

Diese Art der Introspektion, die sich auf einer Gleichgültigkeit gegenüber dem unbewußten Seelenleben gründet oder gar seiner Verleugnung, betrachtet das Ergebnis der Selbstbeobachtung von vornherein als gültig. Allerdings hat Freud gleichfalls die Selbstbeobachtung eingesetzt; in der Tat ist die Grundregel der Psychoanalyse nichts anderes als eine Aufforderung zur Selbstbeobachtung. Aber das Ergebnis dieses Prozesses ist ein Material, das aus sich selbst noch keine Antworten auf die psychischen Probleme gibt, die den Patienten belasten, auch wenn seine Gültigkeit als Material von dem Analytiker anerkannt wird. Es bedarf des psychoanalytischen Gesprächs, um aus diesem Rohmaterial einen Sinn zu gewinnen, weil es noch bruchstückhaft und unsystematisch ist und in seinen frühen Phasen weder vom Patienten noch vom Analytiker als eine »Antwort« empfunden wird. Der phänomenologische Ansatz hat ohne Zweifel den Vorteil relativer Einfachheit; aber er weiß mit den vielen Gelegenheiten nichts anzufangen, bei denen ein selbstanalytischer Versuch etwa zu der Frage, warum man sich in einer gedrückten Stimmung befinde, oder angesichts eines bestimmten Tieres große Angst und Ekel verspüre, schließlich bei der Antwort endet: Ich weiß es nicht. Die Psychoanalyse akzeptiert kein »Nein« als Antwort. Sie will das Unerkannte erklären, vielleicht sogar das Unerkennbare, wie Freud meint: »Wir haben die technischen Mittel gefunden, um die Lücken unserer Bewußtseinsphänomene auszufüllen, deren wir uns also bedienen wie die Physiker des Experiments. Wir erschließen auf diesem Wege eine Anzahl von Vorgängen, die an und für sich ›unerkennbar‹ sind, schalten sie in die uns bewußten ein, und wenn wir zum Beispiel sagen, hier hat eine unbewußte Erinnerung eingegriffen, so heißt das eben: hier ist etwas für uns ganz Unfaßbares vorgefallen, was aber, wenn es uns zum Bewußtsein gekommen wäre, nur so und so hätte beschrieben werden können.«[30]

Sartres Freud-Kritik läßt sich in seiner Umkehrung der topischen Frage zusammenfassen: Was ein Mensch über sich selbst bewußt erkennen kann, meint er, ist alles, was man über ihn wissen kann. Er sagt: »Durch die Ablehnung einer bewußten Einheit der Psyche ist Freud gezwungen, überall ein magisches Band anzunehmen, das über jedes Hindernis die entferntesten Phänomene miteinander verbindet, gerade so wie eine einfühlsame Magie den verzauberten Menschen und das ihm ähnliche Wachsbild vereinigt.«[31] In Anbetracht des obigen Freud-Zitats muß man allerdings die Angemessenheit des Magie-Vergleichs in Frage stellen. Wie wir gesehen haben, ist für Freud die Einheit der Persönlichkeit grundlegend; die Verbindung zwischen dem angenommenen Unbewußten und dem Bewußten ist nicht durch Magie entstanden, sondern durch Phänomene im Bewußtsein, die sich dem Verständnis entziehen, solange sie nicht als Auswirkungen unbewußter Einflüsse erkannt werden.

Die topische Frage wird auch von Psychologen gestellt und im Bereich unbewußter Wahrnehmung und der Untersuchung der Hypnose experimentell angegangen.[32] Es bleibt allerdings abzuwarten, ob die Phänomenologen mit den so entdeckten Phänomenen ohne die Annahme unbewußter Vorgänge zurechtkommen.

In einem früheren Kapitel wurde Freuds Antwort auf die topische Frage als seine erste Persönlichkeitstheorie vorgestellt, die in seine zweite, vom strukturellen Gesichtspunkt ausgehende Persönlichkeitstheorie eingegangen ist. Wo immer die Metapsychologie als die fundamentalen Annahmen der Psychoanalyse angesehen wurden wie in Rapaports Schriften oder als die vielseitigen Menschenmodelle Freuds wie in Hilgards Ausführungen, wurde der topische Gesichtspunkt als überflüssig angesehen und aus der allgemeinen Diskussion ausgeschaltet. Dies bestätigt Rapaports Hinweis, daß Freud, obwohl er die topische Auffassung nie ausdrücklich widerrufen hat, mit ihr mitunter doch recht unzufrieden war, und er zitiert dazu aus *Das Ich und das Es:* »... daß wir in unendlich viele Undeutlichkeiten und Schwierigkeiten geraten, wenn wir an unserer gewohnten Ausdrucksweise festhalten und zum Beispiel die Neurose auf einen Konflikt zwischen dem Bewußten und dem Unbewußten zurückführen wollen. Wir müssen für diesen Gegensatz aus unserer Einsicht in die strukturellen Verhältnisse des Seelenlebens einen anderen einsetzen.«[33]

Wenn man aber die metapsychologischen Gesichtspunkte als die grundlegenden psychologischen Fragestellungen Freuds ansieht, so erweisen sich der topische und der strukturelle Gesichtspunkt als deutlich unterschiedene Interessengebiete, von denen keines dem anderen untergeordnet werden kann. Die dem strukturellen Gesichtspunkt zugrunde liegende Frage ist nun nicht mehr die nach dem möglichen Ausmaß an Selbsterkenntnis, sondern folgende: Was sind die begrifflichen Bestandteile einer umfassenden Beschreibung der Persönlichkeit? Die Frage erfordert eine Antwort in Strukturbegriffen, das heißt in Begriffen relativ konstanter, habitueller und sich nur langsam verändernder Verhaltens- und Erlebnisweisen. Aber jenseits dieser formalen Anforderung erlangt der strukturelle Gesichtspunkt seine Bedeutung durch Freuds implizierte, sparsame und umfassende Definition der drei gleichzeitig wirkenden psychischen Imperative, mit denen wir leben: Man muß verstehen, mit dem Begehren, mit der realen Welt und mit dem Gewissen zurechtzukommen. Für jede dieser ständigen Anforderungen führte Freud die »Fiktion« eines psychischen Apparates ein, eine Struktur im oben definierten Sinne: das Es, das Ich und das Über-Ich. Das Ausmaß von Konflikt oder Gleichgewicht innerhalb und zwischen diesen drei Verhaltensbereichen bestimmt die Persönlichkeit.

Es sollte noch darauf hingewiesen werden, daß Freuds struktureller Gesichtspunkt universelle Kategorien aufstellt, die für den einzelnen wie für alle gelten, nicht eine Typologie der Persönlichkeit. Er schreibt wohl gelegentlich von bestimmten Persönlichkeitstypen – dem »analen« oder »oralen« Charakter zum Beispiel –, aber er war nie am Aufbau einer umfassenden Typologie interessiert; er hat lediglich ein begrifflich umfassendes und grundlegendes Schema vorgeschlagen, in dem die unendliche Vielfalt aktueller Persönlichkeiten enthalten sein kann.

Hartmann[34] weist darauf hin, daß die Unterscheidung von Ich, Es und Über-Ich der aristotelischen Bestimmung der grundlegenden Ziele menschlichen Handelns, »Profit, Lust, Moral«, ähnlich ist. Aber es blieb Freud überlassen, vom strukturellen Gesichtspunkt aus zu untersuchen, wie es möglich ist, daß ein oder zwei dieser Ziele einem anderen geopfert werden, oder wie alle drei harmonieren oder im Konflikt sein können – in einem Wort, ein psychologisches Verständnis des Menschen zu erlangen.

Logisch gesehen, leitet Freuds Antwort auf die strukturelle Frage zum genetischen Gesichtspunkt über (*de facto* ging Freuds Auseinandersetzung mit den Fragen der Entwicklung den strukturellen Entwürfen historisch voran). In einem allgemeinen und unspezifischen Sinne ist die Untersuchung der Entwicklung bei allen Psychologen das wahrscheinlich verbreitetste Thema. Aber diese Gemeinsamkeit der Interessen sollte nicht darüber hinwegtäuschen, daß die Auseinandersetzung mit der Vergangenheit sowohl in der Psychologie wie in der Geschichtsforschung von unterschiedlichen Standpunkten aus betrieben werden kann. »Whig«-Geschichtsforschung, so lernen wir, ist das Studium der Vergangenheit aus dem Blickwinkel der Gegenwart; ein anderer Weg in der Untersuchung der Geschichte gibt die Vorstellung eines systematischen Fortschritts auf zugunsten der Untersuchung, »wie es denn eigentlich gewesen ist«. Diese zwei unterschiedlichen Ansätze treten in der Geistes- und Wissenschaftsgeschichte besonders deutlich hervor, wo immer noch in vielen Büchern eine durchgehende Linie des Fortschritts gezeichnet wird, die von den alten Theorien her zwingend in den gegenwärtigen Vorstellungen gipfelt. Thomas Kuhns *Struktur wissenschaftlicher Revolutionen*[35] hat diese Auffassung untergraben; auf eine noch radikalere Weise hat Foucault[36] das wissenschaftliche Klima der vergangenen Jahrhunderte, »wie es denn eigentlich gewesen ist«, rekonstruiert und die Existenz einer systematischen Verbindung zwischen den wechselnden »Epistemen« (sein Begriff für die intellektuellen Grundauffassungen, die allen Wissenschaften einer Ära gemein sind) bestritten.

Freud begann gleichsam als ein »Whig«-Historiker, aber er wurde auf unsanfte Weise mit den Gefahren konfrontiert, die dieser Versuch mit sich bringt, nämlich die Vergangenheit zu verfälschen. Das Schlüsselereignis war natürlich seine erste Verführungstheorie. Aus der aktuellen Verfassung seiner Patienten ergab zwar die Annahme einer traumatischen Verführung in ihrer Kindheit einen Sinn. Aber war es tatsächlich so? »Whig«-Geschichtsschreibung ist eine selektive Konstruktion der Vergangenheit, die nur berücksichtigt, was in einer ungebrochenen Linie bis in die Gegenwart führt, und die alle Ereignisse ignoriert, die nicht unmittelbar zu einem Verständnis der Gegenwart beitragen. Wie wir wissen, hat Freud die Annahme einer frühen Verführung trotz ihres hohen Erklärungswertes aufgegeben, weil sie als früheste Ursache von Neurosen völlig unwahrscheinlich schien. Er begann sich zu fragen, wie wohl das Kind sich selbst und seine Umgebung erlebt haben muß, und zwar im Sinne einer eigenständigen Fragestellung, das heißt unabhängig von dem, was er über die aktuelle Lage einer Person wußte. Im Idealfall will man natürlich gern beides wissen: sowohl was in jeder Phase der Entwicklung wirklich geschehen war, als auch weshalb sich bestimmte Umstände auf die nachfolgende Phase auswirkten und andere nicht. Freud hat dieses Ideal nicht erreicht, aber er wußte, daß ein Weg dahin in der Verbindung von prospektiven (vorausschauenden) und retrospektiven (zurückblickenden) Untersuchungsweisen liegt. In den *Drei Abhandlungen zur Sexualtheorie* hat er die Ansicht geäußert, daß eine Verbindung direkter Kinderbeobachtung mit Psychoanalyse wesentlich zufriedenstellendere Ergebnisse bringen würde.[37]

Freud selbst hat genetische Lehrsätze nur hinsichtlich der Sexualtriebe ausgearbeitet, und dies mit besonderem Augenmerk auf die Unvermeidbarkeit von Konflikten in diesem Bereich. Dieses Problem bezieht sich natürlich auf den Anlage-Umwelt-Streit, das heißt der Bedeutung der Reifung gegenüber der der Erfahrung innerhalb der Entwicklung. Auch wenn Freud fälschlicherweise bezichtigt wurde, er habe sich mit der Reifung von Trieben beschäftigt, so war doch seine Ausgangsposition eindeutig eine interaktionistische: »Das konstitutionelle Moment muß auf Erlebnisse warten, die es zur Geltung bringen, das akzidentelle bedarf einer Anlehnung an die Konstitution, um zur Wirkung zu kommen.«[38] Beim genetischen Gesichtspunkt spielt der Gedanke der zeitlichen Regression eine zentrale Rolle. Daß Menschen unter bestimmten Bedingungen, besonders unter Streß, auf frühere Verhaltensweisen zurückfallen, ist eine heute weitgehend anerkannte Tatsache. Um die Regression als Prozeß verstehen zu können, muß man davon ausgehen, daß die frühen Erfahrungs- und Verhaltensweisen nicht verloren sind, obwohl sie sich der bewußten Erinnerung vielleicht entziehen, sondern daß sie dem Individuum gewissermaßen noch zur Verfügung stehen. Freuds Grundsatz, daß nichts vergessen ist, ist so zu verstehen, daß nichts, was je psychisch von Bedeutung war, verloren ist und zumindest potentiell dem Bewußtsein erreichbar bleibt. Es ist sehr schwierig, wenn nicht gar unmöglich, das Phänomen der Regression mit irgendwelchen anderen Annahmen zu erklären. Trotzdem wurde Freuds genetischer Ansatz, der diese Annahme enthält, dahingehend kritisiert, daß er den Einfluß der Vergangenheit auf aktuelle psychische Zustände überschätzte und die Bedeutung des Erwerbs neuer Verhaltensweisen unterschätzte.[39] Wie Hartmann[40] gezeigt hat, verstehen diese Beiträge den ununterbrochenen Zusammenhang mit der Vergangenheit fälschlicherweise als Identität mit ihr, wohingegen Freud betonte, daß Entwicklung nicht einfach aus der Erhaltung infantiler Tendenzen besteht, sondern vielmehr im Aufbau neuer Verhaltensweisen. Auf diese Weise führt er den genetischen Gesichtspunkt mit dem strukturellen zusammen. Die Entwicklung führt zu Strukturen, deren Funktionen dem Verhaltensrepertoire des Individuums nicht zur Verfügung standen, bevor diese Strukturen gebildet waren. Die »funktionelle Autonomie«, wie Allport den Erwerb neuer Verhaltens- und Erfahrungsweisen nennt, ist mit der Psychoanalyse durchaus vereinbar.

Es wäre aber falsch, wenn man daraus folgerte, daß die Implikationen des genetischen Gesichtspunktes mit allen anderen psychoanalytischen Ergebnissen übereinstimmen. Der Wiederholungszwang ist zum Beispiel ein Phänomen, das Freud im kindlichen Spiel, in der Übertragungssituation und in den neurotischen Symptomen entdeckte. Der Versuch, ihm theoretisch gerecht zu werden, führte Freud nicht nur zur Einschränkung seiner vormals dem Lustprinzip zugesprochenen Bedeutung – die Wiederholung leidvoller oder gar traumatischer Ereignisse kann kaum dem Lustprinzip zugeordnet werden –, sondern auch zu Widersprüchen und einem theoretischen Dilemma.

Von Rapaport wurde schließlich darauf hingewiesen, daß die Metapsychologie einen eigenständigen adaptiven Gesichtspunkt enthält, den er folgendermaßen definiert: »Der adaptive Gesichtspunkt erfordert, daß die psychoanalytische Erklärung eines jeden psychischen Phänomens Feststellungen über dessen Verhältnis zur Umwelt enthalte.«[41] In seinen klinischen und theoretischen Schriften hat sich Freud ständig mit dem psychischen Funktionieren in der realen Welt befaßt. Dies ist natürlich der Ausgangspunkt jeder individuellen Analyse, und so grundlegende Begriffe wie die der Primär- und Sekundärvorgänge, des Lust- und Realitätsprinzips, der Ich-Funktionen usw. zeigen deutlich, daß er sich fortwährend mit dem Einfluß der Umwelt auseinandergesetzt hat. Aber seine Ausführungen zu dem Verhältnis von Mensch und Umwelt erfuhren mehrere Veränderungen, wie Rapaport an anderer Stelle nachweist.[42]

Zunächst befaßte er sich mit der Rolle der Realität, um die Symptome und Empfindungen seiner Patienten verstehen zu können. Hier war die Realität noch der Feind, der die Triebe stört und gegen den sich ein Mensch, so gut er kann, verteidigt. Sein zweiter Realitätsbegriff gründete sich auf der Erkenntnis, daß die Triebe immer reale Objekte zur Entladung benötigen und daß die Menschen, im Gegensatz zu den Tieren, zwischen den einzelnen Objekten wählen oder ein Objekt durch ein anderes ersetzen können, um bestimmte Grundbedürfnisse zu befriedigen. Das setzt die Fähigkeit zur Realitätsprüfung durch sekundäre Denkvorgänge voraus, um zwischen diesen Objekten unterscheiden zu können. Im Unterschied zur früheren Konzeption arbeiten hier Lust- und Realitätsprinzip nicht gegeneinander; die Anpassung an die Realität hat eine positive Überlebensfunktion. In einer dritten Phase hat Freud schließlich zugestanden, daß die äußere Realität eine motivierende Kraft besitzt. Dem Ich wird nun die Fähigkeit zur Objektivität gegenüber der Realität zugesprochen; es ist tatsächlich weitgehend durch diese Funktion geformt. Als Freud in *Das Unbehagen in der Kultur*[43] schrieb, daß »die Arbeit die stärkste Bindung an die Realität« sei, hat er offensichtlich gemeint, daß die Anpassung an die Realität für das individuelle Überleben wesentlich ist.

Während er seine Anmerkungen zur Anpassung nirgends systematisch ausgearbeitet hat, während frühere Andeutungen seiner Realitätsauffassung in spätere eingehen und deshalb einige Verwirrung besteht, hat er seine grundlegenden Ansichten zu den Lebensbedingungen des Menschen in den Büchern *Die Zukunft einer Illusion*[44] und *Das Unbehagen in der Kultur*[45] unter einem adaptiven Gesichtspunkt abgefaßt.

Diese Darstellung der metapsychologischen Gesichtspunkte begann mit der Behauptung, daß das von Freud unter dieser Terminologie vorgestellte Gedankengebäude unmöglich als eine stichhaltige Theorie angesehen werden kann, und die Ausführung sollte deutlich gemacht haben, weshalb diese Annahme gemacht wurde. Unsere Vorstellung war ja, daß die Metapsychologie Freuds Grundriß der Aufgaben einer allgemeinen Psychologie des Menschen sei. Wie sieht nun dieser Grundriß aus, wenn man auf Freuds eigene Terminologie verzichtet? Es ergeben sich folgende Hauptthemen: die Konfliktdynamik; die Grenzen der Selbsterkenntnis; die Reduzierbarkeit von Sinn auf Mechanismus; die Persönlichkeit; die Entwicklung; und die Beziehung zur Umwelt. Als grundlegende Fragestellung einer allgemeinen Psychologie bilden diese Gesichtspunkte einen eindrucksvollen Grundriß, der heute genauso aktuell ist wie zu Zeiten Freuds. Das Dilemma und die Herausforderung des psychoanalytischen Gedankensystems liegt in der Erkenntnis Freuds, daß diese grundlegenden Fragestellungen zu Vorstellungen, Annahmen und Spekulationen führen, die sich mitunter überschneiden, mitunter unvereinbar sind. Und dennoch verlangt er ihre gleichzeitige Anwendung. Die Metapsychologie war als eine Herkulesarbeit theoretischer Systembildung angelegt, wenngleich sie schließlich mehr den Stil einer Sisyphusarbeit annahm.

7. Kapitel: Auf der Suche nach Validität

Es ist von Kritikern, die an der Gültigkeit der Psychoanalyse zweifeln, der Eindruck erweckt worden, als habe Freud hochmütig den Wahrheitsgehalt seiner Ausführungen einfach behauptet, ohne sich um das zentrale Problem der Validität zu kümmern. Nichts ist von den Tatsachen weiter entfernt. Daß Freud gegenüber einigen seiner Kollegen arrogant sein konnte, ist wohl bekannt.[1] Aber Arroganz als Wesensmerkmal eines Mannes, der nicht unter geistig Gleichrangigen lebte, ist nebensächlich, auch wenn man diesen Mann psychoanalytisch betrachtet und eine solche Eigenschaft als ein Zeichen der Unsicherheit interpretiert. Denn es gibt in Freuds Schriften deutlichere direkte und indirekte Zeichen einer geradezu leidenschaftlichen Suche nach neuen Wegen, auf denen die Gültigkeit der psychoanalytischen Entdeckungen nachgewiesen werden könnte. Es ist keine Übertreibung, zu sagen, daß diese Suche nach Beweisen sein gesamtes Werk durchzieht, daß er jede Form der Kritik, die gegen die Psychoanalyse erhoben werden kann, wußte oder ahnte und daß er damit, so gut er konnte, umzugehen versuchte, manchmal zu seiner Zufriedenheit, manchmal auch nicht.

Drei wesentliche Faktoren in Freuds Schriften demonstrieren dieses Interesse: direkte Äußerungen zu der Gültigkeit von Interpretationen und Konstruktionen innerhalb der Psychoanalyse als Therapie; Aspekte seiner Darstellungsweise; und seine Exkurse in andere Geisteswissenschaften.

Von der Zeit seiner Beschäftigung mit Hypnose angefangen war Freud sich der Macht der Suggestion sehr bewußt. Später sah er in Suggestion nichts als ein bloßes Wort, das gebraucht wird, um die Lücke im Verstehen der eigentlichen Funktionsweise der Hypnose zu verdecken. Aber nachdem das psychoanalytische Verfahren einmal entwickelt war, stellte sich die Frage erneut, ob das, was die Patienten in ihren Assoziationen berichteten, tatsächlich ihre eigenen Produkte waren oder das Resultat einer Suggestion oder zumindest der steuernden Fragen des Analytikers.

Als Beobachter war Freud zu sensitiv und gewissenhaft, um diese Möglichkeit völlig auszuschließen. Tatsächlich stellt Freud in seinen »Bemerkungen zur Theorie und Praxis der Traumdeutung«[2] fest, daß der manifeste Trauminhalt eines Analysanden durch die analytische Situation beeinflußt ist, aber setzt dagegen, daß der latente Trauminhalt sich der Beeinflussung durch den Analytiker entzieht. Mit anderen Worten, die analytische Stunde, die für die meisten ein eindrucksvolles Erlebnis ist, das zudem den Charakter einer unerledigten Aufgabe hat, produziert einen besonders intensiven Tagesrest, auf den sich ein Traum konzentrieren kann. Der Einfluß der Tagesreste auf die Gestaltung des manifesten Trauminhalts wurde tatsächlich schon 1917 von Pötzl[3] empirisch nachgewiesen. Aber der manifeste Trauminhalt ist an sich nicht wichtig und bietet nur, wie die Erinnerungen und freien Assoziationen des Patienten, den Anlaß, durch Interpretation und Rekonstruktion zu den psychoanalytischen Ergebnissen zu gelangen. Daher ist die Frage der Gültigkeit und des Einflusses der Suggestion für diese durch den Analytiker im analytischen Gespräch eingesetzten Verfahren von äußerster Wichtigkeit. Vom Anfang bis zum Ende kämpft Freud in seinem Werk mit dem Problem, daß selbst die Assoziationen der Patienten durch die Interpretationen und Konstruktionen des Analytikers hervorgerufen sein könnten: daß der Analysand hervorbringt, wovon er glaubt, daß es der Analytiker hören möchte. Daher führt Freud[4] bestimmte Regeln ein, mit denen der Analytiker die Gültigkeit seiner eigenen Interpretationen (das heißt die Bedeutungszuweisung zu einem relativ isolierten Ereignis, einer Handlung oder einer freien Assoziation) und Konstruktionen (das heißt die Rekonstruktion eines ganzen vergessenen Abschnitts aus der Kindheit des Patienten) bestimmen kann. Er hatte sie entwickelt, um sowohl unterwürfige Zustimmung als auch Widerstand als falsche Kriterien der Bestätigung oder der Widerlegung des analytischen Beitrages zum Gespräch auszuschließen: Die Zustimmung oder der Widerspruch des Patienten darf noch nicht für bare Münze genommen werden. Ein »Ja« zu einer Deutung kann auch nur eine positive Übertragung zum Analytiker bedeuten und ein »Nein« eine negative Übertragung oder einen Widerstand gegen die Folgen einer Deutung. Wenn der Patient keine Reaktion zeigt, nicht einmal eine Zurückweisung, dann sollte der Analytiker daraus folgern, daß er mit seiner Deutung oder Konstruktion in die falsche Richtung geht; er sollte schließen, daß noch mehr Material notwendig sei, bevor eine neue Interpretation oder Konstruktion angeboten werden kann. Gleichermaßen kann er annehmen, auf der richtigen Spur zu sein, wenn der Patient die angebotene Deutung in weitere Assoziationen umformt. Ein typischer Satz, mit dem die Patienten einer korrekten Deutung antworten und der in vielen Analysen fällt, ist: »So habe ich noch nie darüber nachgedacht, aber ...«, gefolgt von neuem Material, das sich in das deutlicher werdende Muster dieses Puzzles einfügt.

Im »Wolfsmann-Fall« bietet Freud gegen Ende der Analyse eine Konstruktion an, die die Funktion dieser Regeln verdeutlicht: Der Wolfsmann muß in einem Alter von ungefähr 18 Monaten einen Beischlaf seiner Eltern *a tergo* beobachtet haben und durch diesen Eindruck zutiefst erschrocken worden sein. Diese Konstruktion führte tatsächlich zu weiteren Assoziationen und zu einem tieferen Verständnis der Ereignisse und der Empfindungen in des Wolfsmanns früher Kindheit, die für ihn einen Sinn ergaben und das vorläufige Ende der Analyse ermöglichten (er kehrte Jahre später in die Analyse zurück). Aber Freud war noch nicht überzeugt: »Aus kritischem Interesse machte ich noch einmal den Versuch, dem Patienten eine andere Auffassung seiner Geschichte aufzudrängen, die dem nüchternen Verstand willkommener wäre ... die Koitusbeobachtung sei eine Phantasie seiner späteren Jahre ... der Patient sah mich verständnislos und etwas verächtlich an, als ich ihm diese Auffassung vortrug, und reagierte niemals wieder auf dieselbe.« Aber keine zwei Seiten weiter schreibt Freud in dieser Fallgeschichte: »Ich wüßte selbst gerne, ob die Urszene bei meinem Patienten Phantasie oder reales Erlebnis war.«[5] Seine eigenen Zweifel sind schwer aus dem Weg zu räumen. Aber in der obigen Anleitung zur Überprüfung und Bestätigung der psychoanalytischen Technik ist eine Idee enthalten, die dem Begriff der konvergierenden Validität (das heißt die Bestätigung einer These durch zusammenlaufende Einzelergebnisse) bei Psychologen und Sozialwissenschaftlern verwandt ist. Kein erfahrener Analytiker würde je eine Konstruktion wagen, ohne daß sie in unterschiedlichen Zusammenhängen mit unterschiedlichem Material aus verschiedenen Sitzungen nahegelegt worden wäre, die an der Oberfläche unzusammenhängend erschienen, aber in der tiefer liegenden Bedeutung konvergierten. In der akademischen Psychologie, die natürlich gleichermaßen mit den Folgen solcher tieferliegenden Vorgänge, die nicht direkt beobachtet werden können, zu tun hat (zum Beispiel in der Untersuchung von Einstellungen), wird diese konvergierende Validität durch die Anwendung verschiedener Methoden erreicht, die die Einstellung von verschiedenartigen Reaktionen her erschließen läßt.[6]

Der nachträgliche Beweis durch eine unabhängige Bestätigung von tatsächlichen Kindheitsereignissen hat Freud bei verschiedenen Gelegenheiten beeindruckt. So berichtet er von einem Kindheitsereignis im Leben einer seiner frühen Patientinnen, das durch das in dieser Zeit von ihrer Mutter geführte Tagebuch bestätigt werden konnte.[7] Oder zum Beispiel befragte er einmal für ein besseres Verständnis seiner eigenen Träume seine Mutter und entdeckte, daß in seiner Kindheit die Familie durch einen einäugigen Arzt betreut wurde, den er in seinem Traum mit einem Schulmeister verbunden hatte. So wichtig eine solche einfache Verifikation auch sein mag, so wenig trägt sie natürlich direkt zur Validität der gesamten Theorie bei, in die sich solche Fakten einfügen.

In der Einleitung zu der Fallstudie des kleinen Hans hat Freud seinen Studenten nahegelegt, sich eingehend mit der direkten Beobachtung von Kindern zu befassen. Die Berichte von Hansens Vater sah er offensichtlich als willkommene Beispiele einer solchen direkten Beobachtung.[8] Im Rattenmann-Fall erörtert Freud das Problem der historischen Wahrheit einer frühen Erinnerung, die eine sexualisierte Rekonstruktion des tatsächlichen Ereignisses sein kann, aber erwähnt dort auch die Verifikation einer Kindheitsepisode.[9]

In der Regel aber war eine externe Bestätigung nicht zu erhalten, so daß Freud auf die früher beschriebenen Regeln einer innerlich konvergierenden Validität zurückgreifen mußte. Im Idealfall, dachte Freud, wären die Konstruktionen dann vollkommen bestätigt, wenn sie den Patienten dazu brächten, seine vergessene Kindheit in einer ununterbrochenen Reihe von detaillierten Episoden wieder ins Gedächtnis zu rufen. In der Praxis war dies allerdings nicht zu erreichen.

Aber obwohl Freud als Therapeut durchaus bereit war,

sich auf eine weniger vollständige Rekonstruktion einer psychischen Lebensgeschichte einzulassen, obwohl er erkannte, daß nicht jeder Traum interpretiert werden konnte oder mehrere Interpretationen zuließ, lieferten ihm seine Patienten selbst innerhalb dieser realistischen Grenzen immer wieder Gründe für Zweifel und Unsicherheit. Nehmen wir zum Beispiel den Fall Dora: Freud unterbreitete ihr die Rekonstruktion eines früheren Vorfalls in ihrem Leben, die das gescheite Mädchen als intellektuell einleuchtend akzeptierte; aber sie beharrte fest darauf, daß nichts in ihrem Gedächtnis die Freudsche Konstruktion bestätigte.[10] Freud selbst, der seine Fehler deutlich machte, dachte, daß er Doras Übertragungsneurose ungeschickt behandelt habe. Aber genau dieser Fall einer unbestätigten Konstruktion erinnert an eine Frage, die er sich selbst schon früher in den *Studien über Hysterie* gestellt und unbeantwortet gelassen hatte, nämlich ob es möglich sei, daß ein Gedanke des Patienten, der in der Analyse herausgearbeitet wurde, in dessen Vergangenheit nur potentiell gegenwärtig gewesen sein könnte.

Der gleiche Zweifel, der ihn veranlaßte, dem Wolfsmann eine alternative Konstruktion vorzuschlagen, und der ihn dazu führte, direkte Kinderbeobachtung zu empfehlen, hat ihn nie verlassen, ungeachtet der vielen Fälle, in denen die Reaktionen der Patienten auf die analytische, als Konstruktion gefaßte Hypothese durch das später erscheinende Material bestätigt wurden.

So stellt sich die Frage: Spielt es eine Rolle, ob die Rekonstruktion der Urszene beim Wolfsmann ein tatsächliches Ereignis, eine spätere Phantasie des Patienten oder eine einleuchtende Idee aus dem Kopf des Analytikers beschreibt, solange ihre Darstellung den erwünschten Effekt hat, beim Wolfsmann ein zusammenhängenderes und sinnvolleres Selbstbild hervorzurufen? Freud sah diese Frage wohl, aber er schwankte in seiner Antwort. Als er einmal seinen eigenen Wunsch nach einer Bestätigung ausdrückte, ob die Urszene sich tatsächlich so ereignet hatte, fügte er hinzu: »Ich muß aber zugeben, daß die Beantwortung dieser Frage tatsächlich keine große Bedeutung hat.« In der Verführungstheorie der Neurosen und deren Zurücknahme hatte aber die Unterscheidung zwischen Phantasie und Realität offensichtlich ein großes Gewicht.

Wenn es nur eine Frage der Therapie wäre, könnte die Validität einer Konstruktion vielleicht vernachlässigt werden. Alles, was hilft, wie Freud sagt, ist dadurch schon legitimiert; er war sogar der Ansicht, daß die Psychoanalyse hinsichtlich der Anzahl der Heilungen mit Lourdes nicht konkurrieren könne.[11] Aber Freud war niemals nur ein Therapeut. Vielmehr war es seine wissenschaftliche Neugierde, die ihn zur Entwicklung der psychoanalytischen Technik führte und ihn auf ihr als einem Grundstock seines gesamten Werkes bestehen ließ, und sein Wunsch, durch die Daten, welche diese Methode hervorbrachte, sowohl in quantitativer wie in qualitativer Hinsicht die psychischen Grundzüge des Menschen zu begreifen. Und unter diesem Gesichtspunkt war die Absicherung der Validität von überragender Bedeutung. Freud hat wiederholt und mit Nachdruck betont, daß die Entwürfe und theoretischen Formulierungen, die er in fortgeschrittenem Alter immer unsicherer als Spekulationen eines alten, müden Mannes vorstellte, einer Revision gegenüber offenstehen und durch seine Nachfolger verbessert werden sollten. Vor allem aber kam es ihm auf den Wert seiner Daten und Beobachtungen an; wie sonst hätte man zwischen Freudscher Psychoanalyse und konkurrierenden Systemen, wie denen Jungs oder Adlers, überhaupt wählen können?

In der Tat, wie ist das möglich? Für die Bestimmung des theoretischen Wertes der Psychoanalyse ist diese Frage zentral und hat folglich die Wissenschaftstheoretiker schon seit Anfang des Jahrhunderts bis in unsere Tage beschäftigt. Flew zum Beispiel meint, daß das Problem der Beweisführung eine »Sonderbarkeit« sei, »so daß ihr zentraler und grundlegender Platz in der Psychoanalyse dieser Disziplin einen logischen Status zuweist, der sich von Wissenschaften, die sich mit anderen Gegenständen als den menschlichen Wesen befassen, ja sogar von Wissenschaften, die weniger tiefgehende Aspekte menschlicher Wesen untersuchen, deutlich unterscheidet – wenngleich natürlich nicht im Sinne einer Über- oder Unterlegenheit.«[12] Freud hätte dem nicht zugestimmt. Man braucht sich nur an seine Erklärung zu erinnern, daß die Psychoanalyse eine Naturwissenschaft ist, »was sonst könnte sie sein?« Andere aber haben auf diese rhetorisch gemeinte Frage Antworten vorgeschlagen, die die Psychoanalyse mit der Hermeneutik verbinden, das heißt der Interpretation mehrdeutiger Inhalte, vor allem Ricoeur und Habermas.

Habermas[13] versteht die Psychoanalyse als das hervorragende Beispiel einer hermeneutischen Wissenschaft und betont die Untrennbarkeit von Methode und Theorie. Deshalb lohnt es sich, kurz darauf einzugehen, was er unter den »Daten« einer hermeneutischen Disziplin versteht. Es gibt drei Typen: der sprachliche Ausdruck, der einer Hermeneutik nur bedarf, wenn Sender und Empfänger in einer gemeinsamen Sprache über unterschiedliche Dinge reden; Handlungen, die ihren psychischen Hintergrund nur teilweise ausdrücken, so daß ihre Ziele und Zwecke eine Interpretation erfordern; und der Empfindungsausdruck, wie Gesten, Gesichtszüge, Lachen oder Weinen. Diese Art Daten sind natürlich der Psychoanalyse zugänglich. Nach Habermas ist eine hermeneutische Interpretation dann gültig, wenn die Interpretation einzelner Bereiche mit der Interpretation des gesamten Umfeldes übereinstimmt. Dieser Validitätsbegriff ist vor der trügerischen Sicherheit eines *circulus vitiosus* durch die Tatsache bewahrt, daß er in der Psychoanalyse über einen Dialog angewendet wird. Wenn die Interpretation nicht für *beide*, den Patienten wie den Analytiker, einen Sinn ergibt, fehlt es ihr an Beweiskraft.

Trotz Habermas' gewichtigen Argumenten bleibt eine Schwierigkeit der hermeneutischen Validität in der psychoanalytischen Situation weiter bestehen. Wenn ein Analysand von dem Psychoanalytiker einmal sehr abhängig geworden ist, kann es durchaus vorkommen, daß der Dialog nur anscheinend ein Dialog ist; die Interpretation ist von der Rekonstruktion der traumatischen Ereignisse durch den Analytiker beherrscht, und der Patient produziert unter dem Einfluß der Übertragungsneurose die entsprechenden Assoziationen. Daß dies nur aus einer falschen Anwendung der Technik herrührt, schließt leider ihr Vorkommen nicht aus. Freud muß an diese Gefahr gedacht haben, als er in resignierendem Ton an Pfister schrieb, daß sich die Analyse am besten für die Gesunden eigne, die nicht wirklich auf sie angewiesen seien.

Als Hermeneutik gehört die Psychoanalyse zu den *Geisteswissenschaften*. Deshalb kann sie, wie die Geschichtswissenschaft oder die Literaturkritik, ihre Gültigkeit nicht in der Art der Naturwissenschaften durch eine aus der Theorie abgeleitete Prognose gewinnen, sondern muß sich vor allem an der Übereinstimmung von Teil- und Gesamtinterpretation orientieren, wobei sie die »tatsächlichen« Ereignisse, soweit sie sich herausfinden lassen, als zusammenlaufendes Beweismaterial einsetzt.

Man muß sich fragen, ob die herkömmlichen naturwissenschaftlichen Validitätstests nur für die Psychoanalyse oder auch für weite Bereiche der akademischen Psychologie, wie Flew behauptet, unzweckmäßig sind. In einem bemerkenswerten Artikel hat Cronbach[14], einer der bekannteren quantitativen Methodologen der Sozialpsychologie, darauf hingewiesen, daß auch in seinem Fach die Grenzen der experimentellen Beweisbarkeit jetzt allmählich erkannt werden. Er plädiert für »intensive, lokale Beobachtung, die über die Disziplin hinaus offenen Auges und offenen Geistes all jene Überraschungen zur Kenntnis nimmt, die die Natur im Netz der Untersuchung zurückläßt. Diese Interpretationsweise ist mehr historisch als wissenschaftlich. Ich vermute, daß der Psychologe für seinen Arbeitsbereich besser vorbereitet wäre, wenn er etwas umfassender die Geschichte, die Ethnologie und die jahrhundertealten humanistischen Schriften über den Menschen und die Gesellschaft studierte.«

Daß Freud Cronbachs Empfehlung, in anderen Disziplinen zu lesen, schon vorweggenommen hat, ist allgemein bekannt, wenngleich er Cronbachs gleichfalls in diesem Artikel enthaltene Warnung vor der Suche nach zeitlosen Theorien über die Natur des Menschen in den Wind schlägt. So sehr sich seine ständige Suche nach Beweisen in seinem Stil niederschlägt, so war er doch weit davon entfernt, für die Psychoanalyse einen besonderen logischen Status zu beanspruchen. Im Gegenteil, er erwiderte die Argumente gegen seine Arbeit regelmäßig mit der Einstellung, als handle es sich um eine naturwissenschaftliche Debatte, indem er, wo immer möglich, deren logische Schlüssigkeit[15] bemängelte, Beweise aus seiner klinischen Arbeit heranzog, wo er konnte[16] und sich weit mehr auf die Arbeiten anderer bezog, als es ihm seine Kritiker zugestehen wollen.[17] Aber über diese Formen der akademischen Auseinandersetzung hinaus hat auch Freuds Stil gewisse Eigenheiten, die ich als Beweis für das Ausmaß seiner Unsicherheit und das Bedürfnis, sich selbst so wie den Rest der Welt zu überzeugen, ansehe. Ein Großteil seiner

Schriften besteht mehr aus Argumenten, Gegenargumenten und Selbstkritik als aus einer geradlinigen Darlegung. Die *Neue Folge der Vorlesungen zur Einführung in die Psychoanalyse* ist dafür ein treffendes Beispiel. Um das Kapitel 31 »Die Zerlegung der psychischen Persönlichkeit«[18] herauszugreifen: Freud beginnt mit einem Einwand gegen die Psychoanalyse, »daß der Mensch nicht bloß ein Sexualwesen sei, (sondern da) er auch edlere und höhere Regungen kenne«, dem er mit dem Hinweis begegnet, daß »auch der Psychoanalyse (es) nicht möglich war, alle Gebiete gleichzeitig zu studieren«, aber daß sie zu einer Psychologie des Ichs und des Über-Ichs in der Lage sei. Wenig später drückt er seine Erwartungen aus, daß die Einführung dieser Begriffe zu der höhnischen Frage veranlasse: »Ob unsere Ich-Psychologie überhaupt darauf hinausläuft, gebräuchliche Abstraktionen wörtlich zu nehmen und zu vergröbern, (und) sie aus Begriffen in Dinge zu verwandeln.« Er empfiehlt seinen Zuhörern: »Bleiben Sie also vorläufig bei Ihrer herabsetzenden Kritik ...« Wenige Seiten später entschuldigt er sich dafür, daß er nicht in der Lage sei, den Begriff des Über-Ichs besser zu erklären, aber »wir (glauben) selbst nicht, ihn voll durchschaut zu haben ...« und »Ich bin von diesen Ausführungen ... selbst durchaus nicht befriedigt.« Er nimmt die marxistischen Zweifel an der Bedeutung des Über-Ichs für eine Erklärung des sozialen Verhaltens vorweg: »Wahrscheinlich sündigen die sogenannten materialistischen Geschichtsauffassungen darin, daß sie diesen Faktor unterschätzen. Sie tun ihn mit der Bemerkung ab, daß die ›Ideologien‹ der Menschen nichts anderes sind als Ergebnisse und Überbau ihrer aktuellen ökonomischen Verhältnisse. Das ist die Wahrheit, aber sehr wahrscheinlich nicht die ganze Wahrheit.« Als er von dem zeitlosen Wesen des Verdrängten spricht, meint er selbstkritisch, daß er in der Ausführung dieses Gedankens nur geringe Fortschritte gemacht habe. Und gegen Ende dieser Vorlesung betont er nochmals den vorläufigen Charakter seiner Theorien: »Urteilen Sie nicht zu hart über einen ersten Versuch, das so schwer erfaßbare Psychische anschaulich zu machen.«

Die Frage der Laienanalyse[19] ist in der Form eines Dialoges mit einem wohlwollenden und vorurteilslosen Kritiker der Psychoanalyse abgefaßt, indem viele der damals geläufigen Angriffe diskutiert und zurückgewiesen werden.

Es gibt noch viele andere Beispiele, die sowohl seine umfassende Kenntnis dieser Angriffe auf die Psychoanalyse als auch seine ständige Auseinandersetzung mit ihnen belegen. Aber es gibt noch ein anderes Merkmal seines Stils, das ich als Beleg seiner Suche nach Validität verstehe, nämlich die Argumentation mit seinen eigenen Argumenten. Freuds Stil hat viel Anerkennung gefunden, nicht nur durch die Verleihung des Goethe-Preises. Wenn man es als ein Zeichen guten Stils wertet, daß jede Übersetzung seine Qualität schmälert, dann rangiert der Freudsche sicherlich weit oben, trotz der fachlich ausgezeichneten Übersetzung Stracheys in der *Standard Edition.* Rycroft[20], um nur ein Beispiel zu nennen, verweist auf den Beiklang existentiellen Schreckens in dem deutschen Begriff der *Angst.* Im Englischen ist »anxiety« eine ziemlich harmlose oder gar heilsame Angelegenheit. Die Anerkennung von Freuds gutem Stil und die Lesbarkeit dank des Reichtums seiner bildhaften Darstellung, die Verwendung von Analogien und seine relative Unabhängigkeit vom Fachjargon verbirgt aber eine wesentliche Schwierigkeit bei dem Studium Freuds sowohl im Original als auch in der Übersetzung. Die Sätze mögen zwar leicht zu verstehen sein, aber die zugrunde liegende Gedankenstruktur ist kompliziert und schwer zu erfassen. Der Leser braucht einen langen Atem und muß sich bis zum letzten Satz einer Abhandlung zurückhalten, bevor er behaupten kann, über das, was Freud sagt, Bescheid zu wissen. Denn er beschränkt sich in der Regel nicht nur auf die Mitteilung des Ergebnisses seiner Überlegungen, sondern beschreibt auch, wie er zu diesen Überlegungen kam, die immer wieder nur zu vorläufigen Schlußfolgerungen geführt haben. Dies hat zur Folge, daß manche Seite oder mancher Paragraph an späterer Stelle um- oder ausgearbeitet wird. Dazwischen sind glänzende aphoristische Wendungen eingeflochten, die dem Leser ein Aha-Erlebnis verschaffen, obwohl er immer darauf gefaßt sein sollte, seine voreilige Einschätzung korrigieren zu müssen.

Auf der anderen Seite führt Freud häufig mit entsprechenden Modifikationen neue Begriffe ein, um diese dann aber in Kurzform und ohne Modifikation weiterzuverwenden. In einer Abhandlung »Über Triebumsetzungen, insbesondere der Analerotik«[21] ist folgende Bemerkung über neurotische Frauen zu finden: »Forscht man tief genug in der Neurose einer Frau, so stößt man nicht selten auf den verdrängten Wunsch, einen Penis wie der Mann zu besitzen.« Später allerdings wird dem Penisneid ein begrifflicher Status innerhalb der Theorie zugesprochen, als sei er ein allgemeines Phänomen, was größere theoretische Sicherheit erscheinen läßt, als Freud tatsächlich hatte, wie es seine mehrfach wiederholten Äußerungen zu diesem Thema belegen.

Der Ausdruck des Zweifels, die Vorwegnahme der Kritik und ihre Zurückweisung, die Betonung des Arguments und Gegenarguments, die Darstellung der Entwicklung seiner Ideen, all diese Aspekte des Freudschen Stils vermitteln den Eindruck eines Geistes, der durch eine leidenschaftliche Neugierde zu Entdeckungen und Formulierungen getrieben wird, die er selbst als völlig neuartig und aufrüttelnd empfindet und die eine ständige Suche nach Validität erfordern. Erst spät hat Freud in »Die endliche und die unendliche Analyse«[22] eingestanden, daß er mitunter durch seine eigenen Theorien geradezu überwältigt worden sei und manchmal daran zweifle, »ob die Drachen der Urzeit wirklich ausgestorben sind«. In dieser Situation einer inneren Aufruhr über seine Ideen und deren Folgen, zu deren befriedigender Ordnung er sich »zu alt und krank« fühle, hielt Freud bewußt und vorsätzlich am klinischen Material fest, sowohl als Quelle als auch als Rechtfertigung seines gesamten Werkes. Sicherlich hat niemand vor Freud je für einen einzigen Fall eine vergleichbare Menge Details zusammengetragen. Er wußte wohl, daß »natürlich ein einzelner Fall uns nicht alle Informationen geben kann, die wir haben sollten«, fügt aber hinzu: »oder, um genau zu sein, er könnte uns alles lehren, wenn wir nur in der Lage wären, alles aus ihm herauszuziehen und nicht durch die Unerfahrenheit unserer eigenen Wahrnehmung gezwungen wären, uns auf weniges zu beschränken.«[23]

Wenn man davon absieht, daß sich hier wiederum ein charakteristisches Merkmal des Freudschen Stils zeigt – aus dem Zusammenhang genommen, könnte der erste Satz leicht als ein Plädoyer für statistische Forschung verstanden werden, der zweite sieht in der einzelnen Fallstudie im Prinzip die Antwort zu sämtlichen Fragen der *conditio humana* –, so verdeutlichen diese Ansichten, weshalb sich Freud zu einem unübertroffenen Meister der Detailbeobachtung entwickeln konnte.

Nebenbei bemerkt, demonstriert Freuds Denkweise des Hin- und Hergehens zwischen kleinstem Detail und höchster Abstraktion eine Form der Intelligenz, die sich sowohl der Wahrnehmung der Intelligenztester entzogen hat als auch der Piagetschen Intelligenzauffassung, die unter ihr die Fähigkeit versteht, sich von der eigenen unmittelbaren, sinnlichen Wahrnehmung zu distanzieren. Beide Ansichten, die durch die Praxis der Schulen unterstützt werden, setzen das Intelligenzniveau mit dem Abstraktionsniveau gleich. Die Vernachlässigung des letzten Schritts – die Fähigkeit, von der Abstraktion zum konkreten Detail zurückzukehren – hindert die gebräuchlichen Methoden der Intelligenzforschung daran, für die Fähigkeit, Probleme zu lösen, fruchtbar zu werden.

Auf jeden Fall kennzeichnet die Aufmerksamkeit gegenüber dem Detail auch Freuds Exkurse in außerklinische Bereiche. Nehmen wir als ein erstes Beispiel Freuds schöne und tiefgreifende Abhandlung »Der Moses des Michelangelo«.[24] Freud war tief bewegt, als er zum erstenmal die Statue in Rom sah, und kehrte öfters zu ihr zurück. Die Abhandlung geht zunächst auf die Kommentare der verschiedenen Kunsthistoriker ein. Die meisten waren der Auffassung, daß Michelangelo einen Moses zeigt, der im Augenblick seiner Rückkehr vom Berg Sinai die Tafeln mit den zehn Geboten hält und sein Volk beim Tanz um das goldene Kalb überrascht. Freud wendet sich gegen diese Interpretation; Moses sei weder Zorn noch Verachtung noch Schmerz ins Gesicht geschrieben; Moses ruht in sich und scheint nicht im Begriff, aufzuspringen. Dann bemerkt Freud zwei Details, die von den Kunsthistorikern übersehen wurden, die Haltung seiner rechten Hand und die Position der Tafeln. Aus diesen Details schließt Freud, daß Michelangelo den als heißblütig überlieferten Moses in einen seine Leidenschaft im Zustand der Ruhe und Vergeistigung überwindenden Moses umformen wollte. Er beendet die Abhandlung mit den Worten: »Wie nun aber, wenn wir uns auf einem Irrwege befänden? ... Darüber kann ich nicht entscheiden.« Wiederum – Zweifel. Aber die Michelangelo-Abhandlung erfüllt *mutatis mutandis* die klinische Regel der Beweissicherung: er weiß mehr Details zu deuten als andere Interpreten. Man ist fast versucht zu sagen, daß er die klinische Regel auf eine nichtklinische Situation anwendet. Weil er sich der Einzigartigkeit der klinischen psychoanalytischen Situation wohl bewußt war, suchte Freud die Bestätigung seiner Entdeckungen auch auf anderen Gebieten, die nichts mit der Analytiker-Patient-Beziehung zu tun hatten, wie in der Geschichte, Philosophie, Literatur, Kunst, Anthropologie und Religion.

Aber Freud war kein »Alleswisser« im technischen Sinne, trotz seiner umfassenden und vielseitigen Lektüre. In erster Linie war er Psychologe und verstand sich auch so. Er war eher ein Igel als ein Fuchs, um mit Isaiah Berlins[25] eindrucksvollem Bild der zwei unterschiedlichen Typen kreativen Geistes zu sprechen, das auf ein fragmentarisches Poem der Antike zurückgeht: Der Fuchs weiß viele Dinge, aber der Igel weiß eine große Sache. Diese eine Sache, von der Freud wußte, die psychischen Bedingungen der menschlichen Existenz, wollte er in jeder erdenklichen Hinsicht überprüfen, die das Einzelleben überdauernden Schöpfungen des menschlichen Geistes miteinbegriffen. Für Freud war es selbstverständlich, daß, wenn das, was er wußte, seine Gültigkeit hatte, es sich in den »objektiven« sozialen, historischen und künstlerischen Leistungen der Menschheit niederschlagen müsse. Dieses Argument erinnert an Karl Bühlers leider allzu vernachläßigte Ansicht, daß die Psychologie die von Menschen hergestellten Dinge zu Rückschlüssen auf ihre Schöpfer heranziehen sollte. Natürlich besitzt das Wesen solcher »objektiven« Ergebnisse der menschlichen Psyche seine eigene innere Faszination, die auch Freud empfunden haben muß, wie es seine Sammlung von Antiquitäten belegt. Aber wenn er über Kunst und Künstler, den Menschen, die Gesellschaft und ihre Geschichte außerhalb seiner theoretischen und klinischen Arbeit schrieb, dann stets als Psychologe, der nach Beweisen sucht. So sagt er in seinem Vorwort zu Reiks Arbeit *Das Ritual*: »Die Psychoanalyse dringt in andere Geisteswissenschaften ein, um die psychoanalytischen Vorstellungen zu überprüfen.«[26]

Freuds Arbeit über Dostojewskij als Literaturkritik oder als biographische Untersuchung lesen zu wollen, wäre genauso töricht, als verstehe man *Totem und Tabu* als eine Anthropologie. In beiden Fällen war Freud natürlich völlig abhängig von der damals zugänglichen Sekundärliteratur. Diese Arbeiten sollten als Dokumente der Suche Freuds gelesen werden, in denen er die Folgen seiner psychologischen Gedanken weiter ausarbeitet; nur so verstanden, werden seine Ausführungen auf diesen Gebieten tatsächlich bedeutend. Aber die Frage ist: Können diese Schriften als Beweise anerkannt werden?

Hier wird die Situation schwierig. Denn in beiden Fällen hat die Freud-Forschung Zweifel an einigen biographischen und anthropologischen Quellen angemeldet, auf die sich Freud stützte.

Totem und Tabu[27] sagt Freud, sei durch Wundts *Völkerpsychologie* und Jungs Arbeit angeregt worden. Sein anthropologisches Wissen bezog er überwiegend von Frazer. Er gibt seine eigenen Mängel auf diesem Gebiet zu und verweist darauf, daß er es nur betreten habe, um Interesse an der Anwendung psychoanalytischen Denkens auf anthropologisches Material zu stimulieren. Auf der Basis des ihm zugänglichen Materials entwickelt Freud die Parallelen zwischen neurotischen Symptomen und primitivem Ritual. Dabei geht er davon aus, daß das beim modernen Menschen ins Unbewußte Abgedrängte in primitiven Gesellschaften in klaren Regeln ausgedrückt wird. Er macht zum Beispiel auf die Dominanz der Ambivalenz bei Symptomen und bei Tabus aufmerksam. Die Tabus bezeichnen ihr Objekt zugleich als heilig und gefährlich, dem Normalen überlegen, aber auch unrein. Wie die neurotischen Symptome haben sie keine offensichtlichen Motive und führen zu zeremoniellen Handlungen. Zwar sagt Freud gleich zu Anfang, daß seine Annahmen über den Ursprung der Tabus nicht nachprüfbar seien[28], aber die Parallele zwischen Symptomen und Ritualen ist überprüfbar. Wie immer ungenau manche anthropologischen Beschreibungen Franzers gewesen sein mögen, diese Parallelen sind nicht in Frage gestellt. Natürlich war der rege Verstand Freuds mit der Erstellung solcher Ähnlichkeiten nicht befriedigt. Er ging daran, über deren historischen Ursprüng zu spekulieren; der Mythos der Urhorde und des Vatermordes waren das Ergebnis. Die Linie dieser auf dem Material anderer Wissenschaftler aufgebauten, spekulativen Untersuchungen historischer und prähistorischer Phänomene gipfelt in *Der Mann Moses und die monotheistische Religion*[29], ein Werk, das die Sherlock-Holmes-Qualität des Freudschen Verstandes aufs Spektakulärste demonstriert. Die zentrale These dieser Abhandlung ist, daß Moses durch die Hand seines eigenen Volkes ums Leben gebracht wurde. Freud zitiert einen Historiker, Ernst Sellin, der 1922 »unmißverständliche Spuren der Überlieferung« dieses Ereignisses entdeckte. Wahrscheinlich wird die Menschheit nie erfahren, ob Moses tatsächlich eines gewaltsamen Todes starb. »Unmißverständliche Spuren der Überlieferung« sind sicherlich kein letzter Beweis, aber trotzdem muß man unterstreichen, daß diese These nicht Freuds Werk entstammt, sondern der Arbeit eines Historikers. Doch die Frage der historischen Wahrheit liegt außerhalb der Beurteilung dessen, was diese Arbeiten für die Psychoanalyse bedeuten. Freud hat es sich selbst nicht zur Aufgabe gemacht, Geschichte zu schreiben. Es scheint, als habe er auf seiner Suche nach Beweisen folgendermaßen argumentiert: Wenn meine klinischen Beobachtungen und die psychologischen Theorien, zu denen sie geführt haben, gültig sind, dann muß es möglich sein, mit ihrer Hilfe auch ganz andere Phänomene zu erklären, die mit meinem Material nur eines gemeinsam haben: sie alle sind Erfindungen des menschlichen Geistes. Wenn man also sowohl eine konvergierende Validität, das heißt eine sich aus mehreren Faktoren ergebende Gültigkeit, als auch den hermeneutischen Standpunkt akzeptiert, wonach sich Gültigkeit dann herstellt, wenn die Interpretation des Ganzen mit der Interpretation der Details übereinstimmt, dann muß man den Freudschen Exkursen in andere Wissenschaftsgebiete bestätigen, daß sie zur Stichhaltigkeit der Psychoanalyse beigetragen haben. Und dennoch – ein Zweifel ist in ihm geblieben. Uns auch.

8. Kapitel: Das historische Erbe Freuds

Freud war sowohl Erbe als auch Urheber. Es ist fraglich, ob das in der Geschichte von Ideen, die wie die Freuds großen Einfluß gewonnen haben, überhaupt anders möglich wäre. Wenn es keine geistige Tradition gegeben hätte, in die sich die Ideen Freuds einfügten, hätte er sie wohl auch kaum entwikkeln können; aber selbst wenn – sie hätten nicht überlebt. In seinem brillanten Buch *Das Unbewußte vor Freud* betrachtet Whyte »die Kontinuität der Geschichte menschlichen Denkens und die schöpferische Phantasie der Individuen ... (als) die untrennbaren Bausteine einer einzelnen Geschichte«[1]. Der Leser soll darauf gefaßt sein, daß der folgende Abriß dieser einzelnen Geschichte, wie sie von anderen nachgezeichnet wurde, eine Frage eindringlich vor Augen führt: Was hat Freud eigentlich Neues gebracht? Ich werde am Ende dieses Kapitels eine Antwort versuchen.

In seinen frühen psychoanalytischen Schriften, besonders in der *Traumdeutung*, zitiert Freud seine Quellen ausführlich und in der üblichen akademischen Weise, indem er genau angibt, wo er auf seine Vorgänger aufbaut und worin er sich von ihnen unterscheidet. In der mittleren Phase seines Schaffens werden diese Quellenangaben ziemlich selten; in den späten Schriften über Zivilisation, Religion und Monotheismus führt er wieder sorgfältig die Quellen jener Wissensgebiete an, aus denen er das Material für die Analyse und Interpretation gezogen hat. In einem Artikel »Zur Vorgeschichte der analytischen Technik«[2] erwähnt Freud drei Vorgänger, die die Bedeutung der freien Assoziation für die Selbstentdeckung erkannt hatten: Schiller empfiehlt in seiner Korrespondenz mit dem Dichter Körner 1788 die freie Assoziation als einen Weg zu kreativem Schreiben. 1857 veröffentlicht Dr. J. J. Garth Wilkenson einen Gedichtband, der nach seinen Angaben so entstanden sei, daß er ein Thema gewählt und dann alles niedergeschrieben habe, was ihm gerade einfiel. Und der Schriftsteller Ludwirg Börne, von dem Freud als Schüler sehr begeistert war, empfahl 1823 all jenen, die Romane schreiben wollten, sich für drei Tage zu isolieren und ohne Heuchelei und Falschheit alle ihre Einfälle niederzuschreiben. Er prophezeite, daß sie über die Originalität ihrer eigenen Gedanken erstaunt sein würden, wenn sie dieser Anweisung folgten.

Alles deutet darauf hin, daß Freud schon viele Jahre vor diesem Artikel auf mindestens zwei dieser Aussagen gestoßen war. Doch behauptet er, daß ihn Freunde oder Kollegen erst kürzlich auf diese Quellen aufmerksam gemacht hätten. An einer anderen Stelle anerkennt Freud etwas, das sich durchaus auch auf diesen Artikel anwenden läßt: das Phänomen der Kryptomnesia, in der die Quelle eines Einfalls vergessen ist, während man ihren Inhalt behält und deshalb als eigene Idee erlebt.

Es ist von gewissem Interesse, daß experimentelle Sozialpsychologen bei der Untersuchung von Einstellungsänderungen ein ähnliches Phänomen entdeckt haben, das sie den »Schläfer-Effekt«[3] nannten. Sie gaben ihren Probanden die Auffassung eines namhaften Experten über eine öffentliche Angelegenheit zu lesen; Monate später ermittelten sie die Meinung ihrer Probanden zu derselben Angelegenheit. Während viele den ursprünglichen Namen vergessen hatten, tendierte ihre eigene Meinung jedoch in die Richtung seiner Empfehlung. Die Versuchsleiter beschränkten sich auf die Identifikation des Phänomens und ließen die Frage offen, warum das Gedächtnis sonderbarerweise so funktioniere, daß es relativ komplexe Ideen behält, aber einen kurzen und einfachen Namen vergißt. Das Freudsche Modell der Psyche[4] mit seiner Annahme bedeutungsvoller assoziativer Verbindungen zwischen bestimmten Knotenpunkten läßt in diesem Falle vermuten, daß bereits existierende assoziative Verbindungen zwar den Inhalt dieser Nachricht aufnehmen konnten, aber daß für den Namen eine solche Verbindung nicht zur Verfügung stand. Wenn diese Interpretation des experimentell hervorgerufenen Schläfer-Effekts zutrifft, dann ist anzunehmen, daß Menschen, die sich eindringlich mit Ideen befassen, gelegentlich an Kryptomnesia leiden. Whyte nimmt sogar an, daß dieses unbewußte Gedächtnis für die Ideen anderer eine Voraussetzung für kreatives Denken sei: »Um das zu erreichen, was Freud vollbrachte ... waren zwei Bedingungen notwendig: daß bereits eine lange Vorbereitung stattgefunden hat und daß er sich selbst darüber im unklaren war, so daß er, trotz unbewußter Beeinflussung, seine eigenen Schlußfolgerungen aus den klinischen Beobachtungen ziehen konnte.«[5]

Man kann das Erbe Freuds auf zwei Weisen angehen: Entweder indem man sich auf die Denkweise dieses Mannes konzentriert und die direkten Einflüsse auf seine Entwicklung nachzeichnet, gleich ob er sich bewußt daran erinnert oder ob es, in Augustinus' Worten, »vergessene Erinnerungen« sind; oder indem man die Geistesgeschichte verfolgt, die in anderen Köpfen ein Denkklima geschaffen hat, das Freuds Wort aufnehmen konnte. Die Anwendung des ersten Ansatzes war für ein Verständnis Freuds sehr fruchtbar[6], war aber leider manchmal in Auseinandersetzungen über seine persönliche intellektuelle Ehrlichkeit eingekleidet. Ein Beispiel dafür ist Maria Dorers Buch[7], 1932 ein relativ früher Beitrag zur Freud-Forschung, in dem sie die Ähnlichkeit zwischen Freuds und Herbarts Begriff des Dynamischen, Herbarts Modell des unbewußten Denkens und seine Verwendung des Verdrängungs-Begriffes nachweist; außerdem beschuldigt sie Freud, seine intellektuelle Verpflichtung gegenüber seinem Lehrer Meynert, der selbst wiederum von Herbart beeinflußt war, nicht ausreichend gewürdigt zu haben. Freud faßte seine Verpflichtung gegenüber Meynert in allgemeine Worte: »Der große Meynert, in dessen Fußstapfen ich mit so großer Verehrung getreten bin«, aber er nennt keine bestimmten Ideen.

Hier werden wir uns dem zweiten Ansatz zuwenden, um die Einzigartigkeit der Kontroverse um Freud zu beleuchten: Viele vor ihm hatten ähnliche Gedanken, ohne auch nur halb soviel Haß oder Begeisterung zu erregen wie das Freudsche Werk.

Die Ideengeschichte der Jahrhunderte und die Geschichte der Untersuchungen neurotischer Phänomene im besonderen offenbaren eine lange Reihe von Vorfahren, die weit über die drei Beispiele Freuds hinausreicht. Trotz der hohen Qualität der beiden hervorragendsten Arbeiten auf diesem Gebiet – Whytes und Ellenbergers *Die Entdeckung des Unbewußten* – läßt sich kaum daran zweifeln, daß weitere Untersuchungen, selbst wenn sie sich auf europäische Ideen beschränken, noch zusätzliches Material entdecken werden, das beweist, daß fast jede einzelne Idee Freuds schon von irgend jemandem vor ihm gedacht worden ist.

Nun ist hier an keine erschöpfende Behandlung des gesamten zugänglichen Wissens gedacht; einige Beispiele müssen zur Illustration jener langen Geschichte der drei grundlegenden Ideen der Psychoanalyse genügen: das Unbewußte, die therapeutische Methode zur Behandlung seelischer Störungen und die infantile Sexualität.

Whyte beginnt seine Untersuchung mit Descartes' Dualismus, den er als einen Wendepunkt im europäischen Selbstbewußtsein ansieht. Erst nachdem die Erkenntnis »cogito ergo sum« Geist und Materie getrennt hatte, konnte mit der Korrektur dieses produktiven Irrtums begonnen werden, indem das Bewußtsein als das Wesen psychischer Vorgänge in Frage gestellt wurde. Der Oxford Dictionary gibt 1697 als das Datum an, an dem zum erstenmal der Begriff des Selbstbewußtseins im Sinne eines reflexiven Bewußtseins über die eigene Identität, die eigenen Handlungen und Empfindungen verwendet wurde. In über einem Jahrhundert, bis 1837, erlangte dieser Begriff im Englischen seinen negativ gefärbten Beiklang eines morbiden In-sich-selbst-versunken-Seins. Der Kartesianische Rationalismus (der Descartes weder von einer Interpretation seiner eigenen Träume abgehalten hat, die anders als die Freuds war, noch von der Erklärung, seine Vorliebe für schielende Frauen gehe auf ein bestimmtes Kindheitserlebnis zurück) wurde in der Zwischenzeit zunehmend durch Ideen des Wandels, der Veränderung und durch Kritik am Bewußtsein als dem definierenden Merkmal des Seelenlebens in Frage gestellt. Wie Whyte sagt: »Die Vorstellung unbewußter seelischer Vorgänge war in mancher Hinsicht um 1700 denkbar, um 1800 ein übliches Thema und um 1900 tatsächlich wirksam ...«[8], wenngleich er einige bemerkenswerte Beispiele aus wesentlich früheren Perioden zitiert (Galen, Augustinus, Paracelsus usw.).

Ein Philosoph aus Cambridge, Ralph Cudworth (1617 bis 1688)[9], schrieb: »Es kann als gesichert gelten, daß unsere Seelen sich nicht immer dessen bewußt sind, was sie in sich tragen; denn selbst ein schlafender Geometer hat in dieser Zeit all seine geometrischen Theoreme auf irgendeine Weise bei sich; und auch der schlafende Musiker all sein musikalisches Können und seine Lieder; und deshalb, warum sollte es für die Seele nicht möglich sein, auf gleiche Weise eine Energie zu besitzen, der sie sich nicht ausdrücklich bewußt ist?«

John Norris (1632–1704)[10] schrieb: »Unser Geist ist von unendlich mehr Ideen durchdrungen, als wir zu beachten oder wahrzunehmen vermögen.« Der viel bekanntere Leibniz (1646–1716) bezeichnete klare Ideen als »Inseln, die aus dem Ozean der Dunkelheit auftauchen«, und meint damit, daß das Bewußtsein nur einen kleinen Teil der seelischen Vorgänge begleitet, was sich auch in der gebräuchlichen Metapher vom Bewußtsein als Spitze eines Eisbergs ausdrückt (die von Fechner stammt, nicht von Freud).

Die Denker des 18. Jahrhunderts waren natürlich sehr von Leibniz beeinflußt. Als Beispiel zitiert Whyte den deutschen Rationalisten C. von Wolff (1679–1752), von dem er sagt, daß »er behauptete, daß weniger bewußte Vorstellungen die Ursache für bewußtere sein könnten, und er war möglicherweise der erste, der ausdrücklich fesstellte, daß die unbewußten Faktoren aus jenen *abgeleitet* werden müssen, deren wir uns bewußt sind«[11]. In Deutschland, Frankreich und England gab es zu dieser Zeit viele, die dieser Denkrichtung folgten, Rousseau, Hume, Lichtenberg, Kant (der von »unbewußten Zwecken« sprach) und Herder eingeschlossen.

Gegen Ende des 18. und Anfang des 19. Jahrhunderts gab es drei klare Strömungen in der Erforschung des Unbewußten: die Philosophen (zum Beispiel Schelling), die Dichter (zum Beispiel Goethe und Novalis) und das gerade entstehende medizinische Interesse an der menschlichen Persönlichkeit (zum Beispiel Mesmer). Es würde unseren Rahmen überschreiten, wenn wir ihren Vorstellungen über das Unbewußte im einzelnen nachgingen. Die große Bekanntheit ihrer Namen innerhalb der Ideengeschichte muß als Illustration der Whyteschen Behauptung genügen, daß das Unbewußte bereits zu dieser Zeit tatsächlich ein übliches Thema war, das von einigen geistigen Richtungen, die sich allmählich klar voneinander unterschieden, behandelt wurde. Zwei Namen sollten hier dennoch wegen ihrer wirklich beachtlichen Nähe zu dem Werk Freuds genannt werden: Schopenhauer (1788 bis 1860) und C. G. Carus (1789–1869), ein relativ unbekannter deutscher Arzt, dessen Werke sich teilweise auch in Freuds Bibliothek befanden.

Schopenhauer veröffentlichte sein Hauptwerk *Die Welt als*

Wille und Vorstellung 1819; es kam aber erst in der zweiten Hälfte des 19. Jahrhunderts zur Geltung. Als junger Mann hatte Schopenhauer regelmäßig ein psychiatrisches Krankenhaus besucht, um die gegenseitige Abhängigkeit von Körper und Geist zu studieren. Sein »Wille« ist gleichbedeutend mit dem Unbewußten: Der Mensch wird durch die irrationale Macht des Willens bestimmt, der im wesentlichen aus zwei Instinkten besteht: einem der Erhaltung und Bewahrung und einem zweiten, wesentlich stärkeren, der Sexualität. Schopenhauer war durch die indische Philosophie beeinflußt und dachte aus einem Kulturpessimismus heraus, der dem Freudschen gleicht, daß nur der Mythos des Nirwanas dem Leiden ein Ende versprechen könne.

Carus veröffentlichte seine wichtigste psychologische Arbeit *Psyche* 1846. Sie beginnt mit dem folgenden Satz: »Der Schlüssel zu einem Verständnis des Wesens des bewußten Lebens liegt im Bereich des Unbewußten«[12] und enthält eine systematische Unterscheidung zwischen drei Schichten des Unbewußten: das umfassende, absolut Unbewußte, das dem Bewußtsein völlig unzugänglich ist; das teilweise absolut Unbewußte, das die bewußt erfahrbaren Gefühle beeinflußt, und das sekundäre Unbewußte, das alle Gedanken, Gefühle oder Wahrnehmungen enthält, die einst bewußt waren, aber ins Unbewußte verdrängt worden sind. Carus beschäftigte sich auch mit der Traumdeutung, aber seine Vorstellungen unterschieden sich in dieser Hinsicht doch sehr von denen Freuds oder von denen Schuberts (1780–1860) oder Scherners, dessen Buch *Das Traumleben* 1861 erschien; beide wurden von Freud in der Einleitung zur *Traumdeutung* zitiert. E. von Hartmanns *Die Philosophie des Unbewußten* (1869) unterscheidet wie Carus zwischen drei Schichten des Unbewußten und ist im übrigen, wie Whyte bemerkt, mehr ein Ideenmischmasch aus den unterschiedlichsten Quellen als eine systematische Untersuchung. Trotzdem schätzt Whyte[13], daß zwischen 1870 und 1880 etwa 50 000 Europäer mit diesen 1100 Seiten in Kontakt kamen, zu einer Zeit, in der in Deutschland, Frankreich und England mindestens sechs weitere Bücher mit dem Begriff »Unbewußt« im Titel erschienen. Zur Zeit, als Freud mit seiner klinischen Arbeit begann, war wohl jeder gebildete Mensch mit der Vorstellung eines Unbewußten vertraut, wenn nicht durch das Studium dieser

Bücher, so doch durch einen Prozeß der kulturellen Osmose, der damals noch weit wirksamer war, da im Vergleich zu heute die Bildungselite Europas noch relativ klein war.

Der sich im europäischen Denken langsam durchsetzende Begriff des Unbewußten ist natürlich eng mit dem nächsten Thema verbunden, dem Verständnis und der Behandlung seelischer Störungen. Während es nicht unmittelbar klar ist, wie die zitierten Philosophen ihre Einblicke ins Unbewußte erworben hatten, stammen sie im Falle Freuds, wie auch bei vielen seiner medizinischen Vorgänger, aus der klinischen Praxis. Durch die Perioden der Geschichte ängstigten und faszinierten seelische Anormalitäten jene, die nicht unter ihnen litten, und wurden in allgemeine Konzeptionen über die Natur des Menschen eingearbeitet. Natürlich haben sich diese Konzeptionen je nach Zeit und Ort grundlegend voneinander unterschieden. Der Wahnsinn wurde manchmal als Besessenheit durch böse Geister oder durch den Teufel selbst angesehen, manchmal als ein heiliger Zustand, manchmal als Strafe für eine Sünde, manchmal als ein Verbrechen und schließlich in der jüngsten Periode als eine Krankheit. Wahrscheinlich gab es immer Menschen, die ihre besondere Aufgabe darin sahen, die seelisch Gestörten als Medizinmann, Schamane, Exorzist, Inquisitor, Wärter oder als Therapeut zu behandeln. Diese Praktiker hatten in allen Perioden oft eine besondere Beziehung zu den Kranken, eine »Übertragung«, wenn man so will, die mitunter durch einen gemeinsamen Glauben an die Ursache der Krankheit und durch die gemeinsame Anstrengung zu ihrer Überwindung verstärkt wurde. Ellenberger berichtet von einer Reihe offensichtlich gut belegter, beachtlicher Heilerfolge durch Magie und Exorzismus, die keine andere Erklärung zulassen. Dabei sollte man nicht vergessen, daß selbst in unserem »wissenschaftlichen« Zeitalter mit all seinen heftigen Auseinandersetzungen über die Ursachen neurotischer und psychotischer Phänomene die gemeinsame Überzeugung und die gemeinsame Anstrengung von Therapeut und Patient für einen Heilerfolg immer noch die wichtigste Rolle zu spielen scheint. Es ist sogar behauptet worden, daß sämtliche neuen Behandlungsverfahren, gleich ob Schock-, Pharma- oder Verhaltenstherapie, in den ersten Jahren nach ihrer Einführung die größten Erfolge erzielten, die sich aber bei einer systematischen Überprüfung durch Experten, die nicht in die Erfindung einer neuen Behandlungsmethode verwickelt waren, als wesentlich geringer herausstellten.

Ellenberger[14] legt die Anfänge der modernen dynamischen Psychiatrie in die Zeit der Aufklärung und der außergewöhnlichen Figur Mesmers (1734–1815), der einen Glauben an eigene, mysteriöse heilende Fähigkeiten mit der Suche nach »rationalen« Erklärungen verband, die er den physikalischen Wissenschaften seiner Zeit entnahm, besonders den Magnetismus und die Elektrizität. Er beschäftigte sich mit einer Art Gruppentherapie, indem er 20 Personen gleichzeitig behandelte. Er hatte seine Erfolge – und seine Mißerfolge.

Unter seinen Studenten befand sich der Marquis de Puységur (1751–1825), der, nach Ellenberger, in der Behandlung seelischer Störungen zuerst die Hypnose einsetzte – Puységur nannte sie »künstlicher Somnambulismus«. Er behandelte einen zwölfjährigen Jungen, indem er über sechs Monate Tag und Nacht mit ihm zusammenblieb, was die Bedeutung, die er der Beziehung zwischen Patient und Therapeut beimaß, unterstreicht. Seine eigentliche Leistung wurde jedoch zu spät erkannt. Sie liegt in seinen Schriften über die therapeutische Anwendung der Hypnose, in denen er anscheinend die Vorstellung der französischen Hypnose-Schule vorweggenommen hat, die ja in der zweiten Hälfte des 19. Jahrhunderts und in der Entwicklung der Freudschen Gedanken über das Wesen und die Behandlung seelischer Störungen eine so überaus bedeutende Rolle gespielt hat.

Man kann sich heute den außerordentlichen und weltweiten Einfluß Mesmers und seiner Studenten bis etwa 1860 kaum noch vorstellen. Aber unter dem Einfluß des Positivismus und des Rationalismus der sich schnell entwickelnden Naturwissenschaften (zwei weitere wesentliche Einflüsse auf Freuds Theorie) kamen der Magnetismus und die Hypnose in Verruf. Allzumal das öffentliche Ansehen des Mesmerismus zu den wildesten Spekulationen Anlaß gab, zu Okkultismus und Spiritismus, zu Interesse an »Medien«, Gespenstern und Erscheinungen sowie zu der Ausbeutung ihrer Popularität durch Scharlatane und Quacksalber. Jedoch gab es auch einen Versuch, diesen bunten Haufen erstaunlicher Phänomene wissenschaftlich zu untersuchen. 1882 wurde in England die »Society for Psychical Research« unter einer respektablen

Schirmherrschaft gegründet, und sie ist, durch einige Mitglieder wissenschaftlicher Gesellschaften aktiv unterstützt, immer noch tätig.

Im letzten Viertel des 19. Jahrhunderts bedurfte es schon einigen Mutes, die diskreditierte Praxis der Hypnose anzuwenden. Liébault, Bernheim, Charcot und Janet besaßen diese Courage, wenngleich sie hinsichtlich der Methode und der Deutung in vielen Punkten nicht miteinander übereinstimmten. Die gründliche Kenntnis ihrer Arbeiten hatte einen nachhaltigen Einfluß auf Freud, wie in einem früheren Kapitel bereits beschrieben, obwohl sich seine Schlußfolgerungen sowohl hinsichtlich der Methode wie der Theorie der Neurose von den ihren erheblich unterscheiden.

Charcot, dem Freud zuschreibt, ihn durch die beiläufige Bemerkung »c'est toujours la chose génitale« auf die Bedeutung des sexuellen Konflikts bei Neurosen aufmerksam gemacht zu haben, verneint in seinen Theorien, daß die Hysterie eine sexuelle Neurose sei. Aber sowohl die öffentliche als auch die medizinische Meinung unterstützte die Ansicht, daß sexuelle Frustrationen, besonders bei Frauen, für das Auftreten neurotischer Symptome verantwortlich seien. Ein amerikanischer Psychiater, Dr. A. J. Ingersoll (1818–1893), entdeckte eine ursächliche Verbindung zwischen der Hysterie und der willentlichen Unterdrückung des Sexuallebens, wie Ruitenbeek[15] schreibt. Wie derselbe Autor ausführt, war die dynamische Interpretation der Neurosen als Resultat psychischer Ereignisse und die Verwendung von Träumen zu ihrer Erklärung in der amerikanischen Psychiatrie des 19. Jahrhunderts durchaus gebräuchlich und zweifellos auch in anderen Ländern.

Auch die kindliche Sexualität wurde von vielen schon vor Freud entdeckt. Mütter und Kindermädchen müssen seit alters her davon gewußt haben, wie auch immer sie es genannt haben mögen. Gleich ob sie es nun förderten oder verurteilten, auf die Dauer konnten sie das kindliche Interesse an seinen Genitalien und an der Masturbation nicht ignorieren, von der polymorphen Lust des Kindes am Hautkontakt mit anderen einmal ganz abgesehen. Die Literatur zur kindlichen Sexualität scheint bis ins 19. Jahrhundert von zwei merkwürdigen Bettgenossen beherrscht: Pornographen und Moraltheologen. Natürlich gab es einige Ausnahmen, am herausragendsten Rousseaus nicht-pornographische und nicht-moralisierende Beschreibung jenes Schlüsselerlebnisses seiner Kindheit, der sexuellen Erregung, die er verspürte, als ihn seine Tante auf den Hintern schlug.

Ellenberger schildert, wie in der zweiten Hälfte des 19. Jahrhunderts die Sexualität nicht mehr nur ein Thema derer war, die diese »Sünde« befürworteten oder verdammten (die aber in der Beschreibung des Gegenstandes ihrer gegensätzlichen Interessen zumindest ein gemeinsames Thema hatten), und wie sie in ganz Europa, Rußland eingeschlossen, zu einem Feld systematischer Untersuchungen durch Ärzte, Psychiater und Psychologen wurde. Einen stolzen Platz in diesem Übergang räumt er dem österreichischen Psychiater Krafft-Ebing ein, dessen *Psychopathia Sexualis* 1886 erschien, als der Autor kaum 26 Jahre alt war.

Ellenberger und andere bezweifeln Freuds Behauptung, daß seine Offenheit in Fragen der Sexualität zum Teil zu seiner frühen Isolation beigetragen habe, aber es ist bemerkenswert, daß eine medizinisch-psychologische Gesellschaft Krafft-Ebing mit dem Entzug seiner Ehrenmitgliedschaft gedroht hat, weil er sein Buch zum allgemeinen Verkauf freigab.

Freud selbst bezieht sich auf zwei Ärzte, die schon vor ihm in aller Deutlichkeit das Phänomen der kindlichen Sexualität notiert und beschrieben hatten: ein Doktor Lindner, der 1879 das Daumenlutschen als sexuelles Vergnügen beschrieben hat, und Doktor Sandford Bell, der 1902 über 2500 Beobachtungen infantiler Sexualität gesammelt hatte. Diese zwei bei Freud erwähnten Quellen illustrieren am besten A. N. Whiteheads Aphorismus: »Alles Bedeutende ist immer schon von jemanden gesagt worden, der es *nicht* entdeckt hat.«

Diese kurze Diskussion einiger Vorgänger Freuds auf drei Gebieten des psychoanalytischen Systems könnte leicht auf weitere Begriffe, wie den des Todestriebes, Freuds Theorie des Gedächtnisses und des Denkens, der Verdrängung, des Konstanzprinzips oder des Lustprinzips ausgedehnt werden, um nur einige zu nennen. Doch das Wesentliche ist gesagt: Zu fast jedem grundlegenden Gedanken Freuds gibt es einige Vorgänger. Und Whyte hat gezeigt, daß das so sein muß.

In der Tat, die Tatsache, daß so viele Forscher über Jahrhunderte unabhängig voneinander ähnliche Beobachtungen wie Freud angestellt und der Psychoanalyse verwandte Konzepte vorgeschlagen haben, macht eine Einschätzung seines Werkes um so wichtiger. Vor dem Hintergrund eines so großen Erbes westlichen Denkens stellt sich die Frage nach Freuds eigenem Beitrag. Freud hat ausdrücklich betont, daß er an einem Prioritätsanspruch für die Psychoanalyse nicht interessiert sei; an einigen Stellen bezeichnet er verschiedene Aspekte der Psychoanalyse als Kernstücke seines Beitrags; die Verdrängung zum Beispiel oder seine Methode. So bescheiden sich das auch anhört, es klingt nicht überzeugend. Könnte es nicht sein, daß dieser Eroberer, als den er sich beschrieb, der ohne Unterlaß nach einem Verständnis der menschlichen Seele geforscht hat, nur intuitiv die gewaltige Bedeutung seiner eigenen Leistung ahnte, aber zur systematischen Bestimmung ihres Wesens unfähig war?

Es scheint mir, als liege die Einzigartigkeit der Freudschen Leistung in seiner Konstruktion eines empirisch fundierten Modells des Menschen, das für alle bekannten psychischen Phänomene Raum hat, für Mechanismen und Inhalte, für Verhalten und Handlung, für Fühlen, Denken und Wünschen, für Lust und Realität, für Rationalität und Irrationalität, für bewußte und unbewußte Ziele, für Körper und Geist in ihrer Untrennbarkeit im Erleben, nicht in einem dualistischen Sinne. Ich werde im letzten Kapitel auf die Folgen einer solchen Interpretation seines Werkes für die Psychologie zurückkommen. An dieser Stelle müssen wir uns einstweilen auf den Hinweis beschränken, daß einige Punkte dieser Interpretation tatsächlich von anderen ausgeführt worden sind, vor allem hinsichtlich Freuds psychologischer Annäherung an das Körper-Geist-Problem.

Auf Ricoeurs Interpretation haben wir bereits hingewiesen; seiner Ansicht nach setzt die Psychoanalyse dort an, wo das Somatische sich in der Empfindung des Begehrens niederschlägt, wendet sich dann aber wieder vom Körper ab, den sie einer naturwissenschaftlichen Psychologie zur Erforschung überläßt, eine Disziplin, die Ricoeur grundsätzlich von der Psychoanalyse unterscheidet. Ferenczi sieht das ähnlich, auch wenn er nicht zu denselben Schlüssen gelangt: »Die Psychoanalyse dagegen zergliedert die menschliche Seelentätigkeit, verfolgt sie bis zur Grenze, wo Psychisches und Physisches sich berühren: bis zu den Trieben ... Diesen Versuch zum ersten Mal gemacht zu haben, ist die wissenschaftliche Leistung Freuds ...«[16]

Obwohl Whyte sich in seinem Buch sehr eingehend mit dem Problem des Dualismus auseinandergesetzt hat, schätzt er Freuds Beitrag anders ein: »... Freuds überragende Leistung bestand darin, daß er die westliche Welt darauf gestoßen hat, daß das Unbewußte für jeden Menschen von Bedeutung ist ... er war der erste, der diesen allgemeinen Gedanken systematisch mit zahlreichen besonderen Verhaltensstörungen verbunden hat ... Freud hat das Selbstbild des Menschen – vielleicht unwiderruflich – verändert. Daneben ist es zweitrangig, daß einige seiner gültigen Ideen nicht neu, einzelne Entwürfe fragwürdig und seine therapeutische Methode unsicher waren.«[17]

Wie einige andere Kommentatoren Freuds, die ein Verständnis für die Geschichte und vor allem für die Geistesgeschichte hatten, erkannte auch Whyte das Zeitgebundene des Freudschen Denkens. Der Stein des Anstoßes ist für ihn, wie für Norman O. Brown und für Marcuse, Freuds Pessimismus gegenüber den menschlichen Verhältnissen aufgrund der Untrennbarkeit von Zivilisation und Verdrängung. Aus einer Spekulation über die Chancen eines weniger tragischen Zukunftsmodells des Menschen entwickelt er die Ansicht, daß das Freudsche »Wo Es war, soll Ich werden« vielleicht durch ein »Wo ein Konflikt ist, soll eine unbewußte organische Koordination entstehen« ersetzt werden könnte. Seine eigene programmatische Formulierung eines wahrhaft monistischen Verständnisses von Körper und Geist lautet: *»Die Freudianischen und Nicht-Freudianischen psychologischen Konzeptionen werden erst dann durch eine zuverlässigere und umfassendere Theorie der menschlichen Psyche abgelöst werden, wenn die exakten Wissenschaften eine gültige Theorie der biologischen Organisation entwickelt haben.«*[18]

In Norman O. Browns eindrucksvollem Buch *Zukunft im Zeichen des Eros; Der psychoanalytische Sinn der Geschichte* wird in einem der ersten Sätze eine ähnliche Ansicht vertreten: »Es gibt ein einziges Wort, das, wenn wir es nur richtig verstehen, den Schlüssel zu Freuds Denken enthält. Dieses Wort heißt ›Verdrängung‹.« Seinen »Ausweg« beschreibt er im letzten Kapitel »Die Wiederkehr des Körpers«, in dem er sagt, daß »die große Menschheitsfrage ... die Aufhebung der Verdrängung ist«[19].

Die Vorstellung, daß Freuds wesentliche Leistung das dem 20. Jahrhundert entsprechende Verstehen des Menschen war, daß aber eine zukünftige historische Entwicklung die Verdrängung aufheben könnte und sollte, bestimmte auch Marcuses Einschätzung des Freudschen Beitrags und seiner Grenzen in *Triebstruktur und Gesellschaft*[20]; ein Buch, das vor allem auf die kritische Jugend unserer Zeit eine große Faszination auszuüben scheint. Ich bezweifle keineswegs, daß ein solches utopisches Denken seinen heuristischen Wert hat. Aber daß es eben utopisch ist, hat Marcuse selbst in einem »Politischen Vorwort 1966« betont. Diese neue Ausgabe seines 1955 erstmals veröffentlichten Buches beginnt folgendermaßen:

»Eros und Zivilisation: dieser Titel sprach einen optimistischen, euphemistischen, ja positiven Gedanken aus, nämlich daß die Errungenschaften der fortgeschrittenen Industriegesellschaft es dem Menschen ermöglichen werden, die Richtung des Fortschritts umzudrehen, die fatale Vereinigung von Produktivität und Destruktivität, von Freiheit und Unterdrückung zu durchbrechen ... Dieser Optimismus gründete auf der Annahme, daß es eine verständliche Begründung für die weitere Hinnahme der Unterdrückung nicht mehr gibt, daß der allgemeine Mangel und die harte Arbeit nur ›künstlich‹ aufrechterhalten werden ... ›Polymorphe Sexualität‹ war der von mir verwendete Ausdruck, mit dem ich deutlich machen wollte, daß die neuen Wege des Fortschritts vollkommen von den Möglichkeiten einer Aktivierung unterdrückter oder gehemmter *organischer*, biologischer Bedürfnisse abhängen würden: um den menschlichen Körper mehr zu einem Mittel der Lust als der Arbeit zu machen. Die Chancen auf seiten der gegenwärtigen Machtträger sind überwältigend ... Die neuen Boheme, die Beatniks und die Hippies, die Peace-Freaks – all diese ›dekadenten‹ Leute sind mittlerweile das geworden, was die Dekadenz vielleicht schon immer war: die reine Flucht vor einer verhöhnten Menschlichkeit« – und so weiter. Trotz dieses pessimistischen Vorworts bleibt der Text, was er war: eine gründliche, intelligente Diskussion des Freudschen Werkes, die jedoch die untrennbare Verknüpfung von Zivilisation und Unterdrückung zurückweist, die Freud als notwendig ansah.

Wie interessant auch immer diese Versuche, den Pessimismus aus Freuds Menschenbild herauszunehmen, für Überlegungen zur Zukunft der Menschheit sein mögen, sie sind hier aus einem anderen Grund zitiert. Whytes, Browns und Marcuses Einschätzung Freuds beleuchten eine seiner wesentlichen Leistungen: Obwohl er es versuchte und obwohl viele Psychologen es immer noch versuchen – er konnte den menschlichen Körper nicht ausschließlich dem Interesse der Physiologen überlassen. Er erkannte, daß die Erfahrung des eigenen Körpers ein zentrales psychisches Ereignis ist im Leben des Individuums und deshalb auch in allen anderen menschlichen Schöpfungen: in ihren Produktionen, in der Sprache und in der Kultur.

Vielleicht ist es angemessen, diese Auswahl an Antworten auf die Frage, was Freud zum Reichtum der Ideen seiner Vorgänger hinzugefügt hat, mit einem etwas nüchterneren Urteil zu beschließen. Ellenbergers abschließende Bewertung ist zurückhaltend: »Trotz ihrer zahlreichen Quellen ... die psychoanalytische Theorie ist allgemein als eine bedeutende und originelle Synthese anerkannt ... Mehr noch als das Begriffssystem der Psychoanalyse ist die psychoanalytische Methode ... Freuds unbestreitbare Neuerung.«[21] Aber Ellenberger versucht mit seiner Darstellung der »eindrucksvollsten Neuheit« Freuds die, wie er meint, unberechtigte Begeisterung über dessen theoretische Leistung zu dämpfen: »Die Gründung einer ›Schule‹, die in unseren Zeiten keine Parallele hat, sondern die eine Wiederbelebung der alten philosophischen Schulen der griechisch-römischen Antike ist ... und dies ist ohne Zweifel ein bemerkenswertes Ereignis in der Geschichte der modernen Kultur.«[22]

9. Kapitel: Freuds Vermächtnis an die Psychologie

Die Geschichte des psychologischen Denkens reicht bis zu den frühesten Philosophen, deren Werke erhalten sind, zurück, und zweifellos noch weiter. Aber die Geschichte der modernen Psychologie wird häufig – wenn auch etwas willkürlich – auf das Jahr 1879 datiert, als Wundt in Leipzig das erste Institut für experimentelle psychologische Forschung gründete. Zwar hat Wundt selbst eine solche Datierung nicht vorgeschlagen, da er ein umfassenderes Verständnis von Psychologie hatte, als die Betonung der experimentellen Forschung andeutet, aber spätere Psychologen haben dieses Datum zu einer selbstbewußten Unabhängigkeitserklärung von der Philosophie auserkoren.

Die Auswahl dieses einen Datums und dieses einen Beitrags Wundts zur Psychologie hat eine absichtliche Selbstbeschränkung der Psychologie als Wissenschaft auf jene Phänomene zur Folge, die sich zu einer Untersuchung gemäß den Begriffen und Methoden der Naturwissenschaften eignen.

Wundt teilte ebenso wie Freud das naturwissenschaftliche Ethos des 19. Jahrhunderts. Wundt war der Ansicht, daß der triumphale Erfolg der Physik, Chemie und Physiologie ein Ergebnis der experimentellen Methode gewesen sei. Daher könnten von einer Anwendung dieser Methode auf die Probleme der Psychologie ähnliche Ergebnisse erwartet werden, obwohl, wie er ausdrücklich bemerkte, man mit der »Seele« nicht experimentieren kann. Die experimentelle Psychologie, dachte Wundt, sei auf physiologische Psychologie beschränkt. In seinem Vokabular stand »Seele« für alle höheren geistigen Funktionen; er betrachtete auch sie als Teilbereich des Forschungsgebietes der Psychologie und widmete ihrer Untersuchung zehn Bände seiner *Völkerpsychologie*. Dieser Aspekt seines Werkes ist heute vergessen, und das mit einiger Berechtigung. Viele Vorgänge, die Wundt der nicht-experimentellen Psychologie zuordnete – Wahrnehmung und Denken zum Beispiel –, haben sich seither als der experimentellen

Methode zugänglich erwiesen. Man sollte aber trotzdem in Erinnerung behalten, daß Wundt, der Vater der experimentellen Psychologie, einen Forschungsbegriff hatte, der nicht an *die* wissenschaftliche Methode schlechthin gebunden war.

Wundts experimentelle Neuerungen hatten enormen Einfluß auf die Entwicklung der Psychologie, nicht nur in der deutschsprachigen Welt, die damals die Hochburg der Psychologie war, sondern auch in der Englisch sprechenden Welt, besonders in den Vereinigten Staaten, die nach 1933 das Zentrum wurden. Für viele Psychologen des 19. Jahrhunderts wurden die Methoden und Konzepte der Naturwissenschaften zu einer Sache blinden Vertrauens in eine Wissenschaftsauffassung, die sonst die Tugend des Skeptizismus rühmte. Die wissenschaftstheoretische Unterstützung dieser Vorstellung im Bereich der Psychologie kam aus dem logischen Positivismus des Wiener Kreises.

Es wäre aber eine Verfälschung der Psychologiegeschichte des 20. Jahrhunderts, wenn man behauptete, daß dieses mechanistische Modell je den Status eines allgemeinen Paradigmas erlangt hätte, wenngleich dieser Anspruch doch erhoben wurde.[1] Ohne jeden Zweifel aber war es außerordentlich einflußreich, besonders in den Vereinigten Staaten unter dem Einfluß des Behaviourismus J. B. Watsons. Er dehnte das Vertrauen in die Methode zu ihrem logischen Extrem aus, als er erklärte, daß sich Begriffe wie Wahrnehmung, Gedächtnis, Bewußtsein, visuelle Vorstellungen (*images*), Gefühle oder Gedanken außerhalb der Reichweite einer wissenschaftlichen Psychologie befänden; was übrigblieb, waren *»stimulus and response«* (Reiz und Reaktion).[2]

Um so interessanter ist die Tatsache, daß Freud den Neo-Positivismus des Wiener Kreises nicht ablehnte. Nicht nur daß er sich selbst als einen Naturwissenschaftler betrachtete; er unterstützte aktiv die positivistischen Bestrebungen. Ellenberger berichtete, daß kurz vor Ausbruch des Ersten Weltkrieges »eine Gruppe von Forschern eine *Gesellschaft für positivistische Philosophie* gründete ... mit dem Ziel, eine einheitliche wissenschaftliche Konzeption des Universums zu entwickeln und so die Probleme der Menschheit zu lösen. Unter den Mitgliedern dieser Gesellschaft befanden sich Ernst Mach, Joseph Popper-Lynkeus, Albert Einstein, August Forel und Sigmund Freud.«[3]

Trotz solcher Vertrauensbeweise für eine naturwissenschaftliche Psychologie und trotz des Glaubens an den Neo-Positivismus kann Freuds Werk nicht innerhalb dieser engen Grenzen erfaßt werden. Aber es stimmt schon, daß er mit den Positivisten vor allem den unerschütterlichen Determinismus hinsichtlich der psychischen Phänomene teilte, ein Determinismus, der die Erfahrung des freien Willens als ein Ergebnis unbewußter Motivation verstand. Wenn wir nur vollständig diese unbewußten Determinanten unserer »freien« Wahl verstünden, würde sie uns nicht länger als »frei« erscheinen. Freud hat seine Hoffnung nie aufgegeben, daß die Physiologie eines Tages die gesamte Komplexität des menschlichen Geistes restlos erklären würde. Der Energiebegriff des ökonomischen metapsychologischen Gesichtspunktes zeigt vielleicht am deutlichsten seine naturwissenschaftliche Grundhaltung. Nicht nur, daß die Begriffe selbst aus der Physik kommen, sondern vor allem Freuds Überzeugung von der prinzipiellen Meßbarkeit der psychischen Energie unterstreichen sein Festhalten an einem wesentlichen Aspekt der »wissenschaftlichen Methode«.

Aber sobald man die metapsychologischen Gesichtspunkte mit Hilfe der psychoanalytischen Methode auf das klinische Material anwendete, würden nur wenige »wissenschaftliche« Psychologen einen gemeinsamen Boden sehen. Freud war selbst zuerst bestürzt, als er sich eine Sprache sprechen hörte, die mehr nach Dichtung klang als nach Physiologie, die er doch gewohnt war. Wie so viele Psychologen, damals wie heute, hegte er den Verdacht, daß eine »gute« Wissenschaft eine formale, inhaltsfreie Abstraktion von den untersuchten Phänomenen sei, die die Beteiligung der Triebe etwa bei bestimmten Erinnerungen, bei der Liebe, bei stereotypen Ritualen, bei der Reaktion auf Lob in reine Energiequanten faßt. Dies war der Geist des »Entwurfs einer Psychologie«, wobei aber nicht vergessen werden darf, daß Freud dessen Publikation zu Lebzeiten verweigerte. Denn er hatte in seiner klinischen Arbeit entdeckt, daß der physiologische Reduktionismus, auf den dieser *Entwurf* hinauslief, ihn zur Vernachlässigung der psychischen Bedeutung seiner Beobachtungen zwingen würde und daß sein Hauptinteresse an der Psychologie die Schöpfung einer Terminologie erforderte, die auf den psychischen Inhalt seiner Beobachtungen anwendbar war. Dieser Forderung ist er gerecht geworden, indem er beschreibende Modelle entwarf wie das Ich, das Es und das Über-Ich in ihrem Verhältnis zueinander, indem er den Ödipuskomplex oder den Narzißmus beschrieb, indem er behauptete, daß bewußte und unbewußte Ziele Verhalten und Erfahrensweisen erklären könnten, und vieles mehr.

In Freuds Suche nach einer Begriffssprache, die für die Beschreibung der inneren Abläufe eines Menschen in seiner aktuellen Lebenssituation geeignet war, war eine Sprache der psychologischen Erklärung angelegt: Während der Ödipuskomplex eine typische Lebenssituation beschreibt, ist das Unbewußte ein erklärender Begriff, der nicht direkt beobachtet werden kann, sondern der abgeleitet werden muß. Es ist bekanntlich schwierig, Beschreibungen von Erklärungen zu unterscheiden, zumal Freuds beschreibende und erklärende Begriffe ineinander übergehen. Aber diese Unterscheidung ist hier nicht so wichtig. Worauf es ankommt, ist vielmehr die Erfindung einer psychologischen Sprache, die sich auf den Inhalt der Mühen und Schwierigkeiten des Alltagslebens konzentriert, ohne das menschliche Verhalten *a priori* in einige Schlüsselbegriffe zu zergliedern, die dann isoliert voneinander erforscht werden können.

Damit sollen natürlich nicht die großen Leistungen der akademischen Psychologie herabgesetzt werden, die in solcher Isolierung das Gedächtnis oder die Wahrnehmung oder das Lernen oder Verhaltensänderungen untersucht hat. Vielmehr ging es darum, deutlich zu machen, daß all diese Untersuchungen von bestimmten Vorannahmen über die Bedeutung dieser psychischen Funktionen innerhalb der gesamten Organisation des Menschen ausgehen. Gewiß ist es nicht nur möglich, sondern auch notwendig, zum Beispiel die kognitive Entwicklung zu beobachten – wie Piaget es getan hat –, ohne sich gleichzeitig auf die emotionalen Vorgänge einzulassen, die den Fortgang von einer Phase zur anderen fördern oder behindern können. Nichts an Freud kann Piagets Leistungen bei der Analyse der Entwicklung der sekundären Denkvorgänge ersetzen. Aber bei Piaget erinnert nichts an die Möglichkeit, daß das primärprozeßhafte Denken, in welchem das Invarianzprinzip nicht unbedingt gilt, das gesamte Leben durchzieht. (In Piagets Terminologie bezeichnet das Invarianzprinzip die wachsende Erkenntnis des Kindes, daß ein und dieselbe Substanz in verschiedenen Formen erscheinen kann, während ein jüngeres Kind eine bestimmte Wassermenge zum Beispiel in einem breiten Glas als »weniger« einstuft als dieselbe Menge in einem schmalen, hohen Behälter.) Diese zwei psychologischen Sprachen sind eher ergänzend als gegensätzlich, wobei die Freuds die größere Reichweite hat und die Piagets den größeren logischen Zusammenhang.

Das erste große Vermächtnis, das Freud der Psychologie hinterlassen hat, ist deshalb die Erfindung einer psychologischen Sprache, die Raum für sämtliche psychischen Phänomene hat, da sie sich auf ein umfassendes Verständnis und Studium des Menschen gründet.

Natürlich gibt es mit Freuds psychologischer Sprache ernsthafte Schwierigkeiten. Nicht nur, daß sie sich gelegentlich widerspricht und gelegentlich unklar ist, sondern auch weil Freud sich selbst, wie viele moderne Psychologen, nie ganz von dem Verdacht befreien konnte, daß die Sprache der Psychologie, wie er sie geschaffen hatte, sich nicht nur von der der Physiologie unterscheidet, sondern ihr im Wert unterlegen ist. Mit anderen Worten, er hätte es vorgezogen, ein Reduktionist zu sein, wenn es seine klinische Arbeit nur zugelassen hätte. Er versuchte, die Sprache der Triebziele, Wünsche und Konflikte seines dynamischen Standpunkts in eine der Energiebesetzung von Nervenbahnen und Kräften unterschiedlicher Intensität zu übertragen, um zu entdecken, daß der spezifisch psychische Inhalt in diesem Versuch verlorengeht.

Das Problem, ob die Psychologie im Prinzip auf die Physiologie zu reduzieren ist, stellt sich uns noch immer. In einer sehr einleuchtenden Weise hat Margaret Boden in ihrem Buch *Purposive Explanation in Psychology*[4] dieses Problem diskutiert, in einem Buch, das leider bis heute noch kaum die psychologische Diskussion beeinflußt hat. In unserem Zusammenhang ist eine Unterscheidung wichtig, die sie zwischen Aussagen macht, die sich ontologisch auf das Sein des Menschen beziehen, und solchen, die konzeptuell vermitteln, wie man ihn beschreibt und erklärt. Daß der Mensch ein physikalischer Organismus ist, daß ein Geist ohne Körper undenkbar ist, oder mit ihren Worten, »daß zielgebundene Phänomene … vollkommen von neurophysiologischen Mechanismen abhängen«, ist bei allen Psychologen unbestritten,

Freud natürlich eingeschlossen. Aber die moderne Wissenschaft interessiert sich, im Unterschied zu der antiken, nicht mehr für ein endgültiges Weltbild vom Wesen der Dinge. Sie sucht vielmehr Wege und Möglichkeiten, Phänomene mittels sinnvoller Begriffe so zu verstehen, daß ihre Erscheinungsformen in einer geregelten Weise zusammengefaßt und den beobachteten Aspekten der Welt systematisch zugeordnet werden können. Man kann in der Psychologie den Menschen aus verschiedenen Blickwinkeln betrachten, mechanistisch oder in Begriffen der Zielsetzungen. Wie Boden sagt, gibt es jedoch »entscheidende Unterschiede zwischen der Logik zielgebundener und mechanistischer Begriffe. Folglich sind diese beiden Begriffssysteme nicht ineinander übersetzbar, und zweckorientierte Erklärungen können nicht durch mechanistische ersetzt werden, ohne an Erklärungswert erheblich zu verlieren.«

Die Einsicht, daß sich die Wissenschaft in unseren Köpfen abspielt und nicht »außerhalb«, ist sowohl ernüchternd als auch ermutigend; ernüchternd, weil aus ihr folgt, daß wir die letzten Antworten niemals wissen werden; und ermutigend, weil sie der Wissenschaft eine unbegrenzte Zukunft verspricht, in der für neue Formen der Weltbetrachtung, die zu neuen Entdeckungen führen, immer genügend Platz sein wird.

Karl Popper beschreibt den Unterschied zwischen dem alten und neuen Wissenschaftsbegriff folgendermaßen: »Das alte Wissenschaftsideal, das absolut gesicherte Wissen (episteme) hat sich als ein Idol erwiesen. Die Forderung der wissenschaftlichen Objektivität führt dazu, daß *jeder* wissenschaftliche Satz vorläufig ist. Er kann sich wohl bewähren – aber jede Bewährung ist relativ, eine Beziehung, eine Relation zu anderen, gleichfalls vorläufig festgesetzten Sätzen.«[5]

Freud setzt die Verwirrung in dieser Frage fort, wie viele moderne Psychologen, die sich an der Auseinandersetzung um den gegenwärtigen kritischen Zustand ihres Faches beteiligen. Er scheint folgendermaßen argumentiert zu haben: Da der Mensch ein physiologischer Organismus *ist*, muß die wissenschaftlichste *Betrachtungs*weise seiner Existenz letztlich in neurophysiologischen Begriffen ausgedrückt werden. Aber obwohl er hart daran gearbeitet hat, ist es ihm, wie wir es in der Diskussion seines metapsychologischen Ansatzes gesehen haben, nicht gelungen. Der in Energiebegriffen abgefaßten Konfliktanalyse entzog sich die Bedeutung der von ihm untersuchten Phänomene.

Paradoxerweise geht Freuds zweites Vermächtnis an die Psychologie aus dieser Verwirrung hervor. Denn die gegenwärtigen Auseinandersetzungen in der Psychologie finden zwischen Psychologen statt, die entweder eine mechanistische Auffassung ihres Faches oder eine inhaltliche bzw. zielorientierte vertreten. Die ersten beanspruchen die Wissenschaftlichkeit für sich, aber werden durch die anderen beschuldigt, den eigentlichen Gegenstand der Psychologie aufgegeben zu haben. Auf beiden Seiten wird in dieser Debatte häufig zustimmend wie ablehnend auf Freud verwiesen, aber seine eigentliche Funktion ist, beide Seiten zu irritieren, da er als Psychologe beide Lager verbindet. Sein Werk ist so eine Herausforderung, eine umfassende Psychologie zu begründen, in der sowohl Bedeutungen als auch mechanische Ursachen ihren Platz haben und sich aufeinander beziehen können, obwohl sie in unterschiedlichen Begriffen ausgedrückt werden und nicht auf einen einzigen reduzierbar sind.

Freuds reduktionistische Einstellung steht im Gegensatz zu seiner tatsächlichen Leistung. Wenn er konsequent geblieben wäre, so wäre er entweder wieder zur Physiologie zurückgekehrt oder hätte jede Beschäftigung mit physiologischen Mechanismen aus seinem Denken ausgeschlossen und die existentielle Unteilbarkeit von Körper und Geist ignoriert, an die er doch so sehr glaubte. Es ist sinnlos, über das Ergebnis einer solchen konsequenten Wahl zu spekulieren. Aber eines ist klar: Seine Bedeutung für die moderne Psychologie hätte sich damit erheblich reduziert. Er hätte vielleicht dem einen oder dem anderen Lager den Rücken gestärkt, aber der Psychologie insgesamt eine sicherlich unbedeutendere Herausforderung beschert, die wissenschaftliche Legitimation beider Richtungen zu überdenken.

Es gibt bereits Anzeichen, daß eine neue Konzeption der Psychologie entwickelt wird, die zwar die Methoden und Modelle der Naturwissenschaften nicht aufgibt, aber über sie hinausgeht. Cronbachs Vorschläge in dieser Richtung wurden bereits zitiert: Er plädiert gegen eine eingeschränkte Auffassung von Psychologie als einer experimentellen und durchweg quantifizierbaren Wissenschaft und für eine

Einbeziehung der Geisteswissenschaften in die Psychologie, für Verstehen und gegen Vorhersage aufgrund kontrollierter Experimente; und für eine Psychologie, in der sowohl diejenigen ernst genommen werden, die eine bestimmte Hypothese nicht bestätigen, als auch die, die sie unterstützen. Cronbachs generelles Thema wurde, wenn auch in einem anderen Zusammenhang, von einem zweiten führenden Sozialpsychologen, Donald Campbell[6], weiterentwickelt. Er rät, »jegliche arrogante pseudowissenschaftliche Selbstsicherheit, daß die gegenwärtigen psychologischen Überzeugungen die letzte Wahrheit seien, aufzugeben ... die Notwendigkeit, bescheiden zu sein in der Behandlung von Themen, mit denen man nicht experimentieren kann, unseren engen individualistischen Blickwinkel zu erweitern, so daß die Funktionen des sozialen Systems miteingeschlossen sind und einen wissenschaftlich fundierten Respekt vor der Weisheit zu bewahren, die in einer erprobten Tradition richtiger Lebensführung liegen kann«.

Keiner dieser beiden Psychologen hätte natürlich die große Bedeutung der naturwissenschaftlichen Denkweise für die Psychologie zurückweisen wollen. Ihr Nachdruck gilt aber dem Hinweis, daß die Psychologie insgesamt nicht nur eine Naturwissenschaft ist; daß der Mensch nicht nur mechanistisch verstanden werden kann. Trotz der Widersprüche und Ungereimtheiten in Freuds Werk ist es bis heute das einzige System psychologischer Reflexion, das eine so umfassende Betrachtung seines Gegenstandes beinhaltet. Das »einzige« bedeutet immer das beste mangels anderer. Wenn sich erst einmal auf der ganzen Breite ein neues Konzept der Psychologie durchgesetzt hat, könnten andere übergreifende psychologische Modelle entstehen, die dem Wissen angemessen sind, das wir seit Freud erlangt haben. Dann – um eine Prophezeiung zu wagen – wird auch Freud nicht mehr ein Gegenstand der Kontroverse sein und einen unbestrittenen Platz in der Geschichte der Psychologie einnehmen.

Aber solche Anzeichen eines weiterreichenden Konzepts der Psychologie mögen nur »erste Schwalben« sein. Der Streit um die legitimen Themen und Verfahren einer wissenschaftlichen Psychologie dauert an und ist eng mit der Debatte um den Status der Psychoanalyse verknüpft. Während also allem Anschein nach eine umfassendere Konzeption im

Entstehen ist, die vielleicht eines Tages die Unvereinbarkeiten in Freuds Werk beseitigen kann, gibt es aber andere Versuche, sich mit ihm auseinanderzusetzen, die seiner Herausforderung aus dem Wege gehen, so daß die Gefahr besteht, daß sie in diesem Durcheinander aus dem Blick gerät.

Sowohl die Analytiker, die nur zum Teil von den Fortschritten und Problemen der akademischen Psychologie unterrichtet sind, als auch einige Universitätspsychologen tragen erheblich zu dieser Gefahr bei. Obwohl diese zwei Gruppen in der Regel über ziemlich unterschiedliche Aspekte der Psychologie reden, gibt es eine formale Übereinstimmung in der Art, wie sie mit den Widersprüchen, Ungereimtheiten und ungelösten Problemen in Freuds Werk umgehen: um der größeren Geschlossenheit und Klarheit willen – die wir wohl dringend brauchen – schränken sie die Reichweite der Freudschen Psychologie ein. Einige Neo-Freudianische Schulen eliminieren das Unbewußte und die beherrschende Rolle der Sexualität; einige grenzen sich von der Metapsychologie ab[7], vor allem von ihrem naturwissenschaftlichen Vokabular; viele »orthodoxe« Freudianer konnten sich nie mit dem Todestrieb abfinden; und wieder andere wollen die Psychoanalyse auf die Beziehung zwischen Analytiker und Analysanden beschränken. Von diesen Auseinandersetzungen kommt jedoch den Psychologen nur sehr wenig zu Ohren.

Auf der akademischen Seite verhält es sich genauso: Es werden isolierte Aspekte der Psychoanalyse unter Vernachlässigung ihres Erklärungswerts übernommen. Eine 1943 durchgeführte Analyse der psychologischen Lehrbücher entdeckte ein seltsames Verhalten in dieser selektiven Haltung: »Teile der Freudschen Theorie werden in den allgemeinen Wissensschatz integriert. Die Zustimmung bleibt eher anonym, während die Ablehnung personalisiert wird.«[8] Andere Psychologen wählen offenere Wege der Auseinandersetzung mit Freud. Einige, wie Gordon Allport, akzeptieren den Abwehrmechanismus; einige Freuds Darstellung und Einordnung der primären Denkvorgänge; einige die Nützlichkeit des Modells von Ich, Es und Über-Ich; einige seine biologische und andere seine soziale Orientierung.

Natürlich gibt es auch Freudianer, die jedes je von ihm geschriebene Wort als Dogma nehmen, und Universitätspsychologen, die es als Unsinn verdammen. Aber in unserem Zusammenhang können sie sicherlich außer acht gelassen werden, wenngleich der unfreiwillige Beitrag der letzteren zur ständigen Belebung dieser Diskussion anerkannt werden sollte.

Es ist allerdings auch möglich, daß der schrittweise Zugang zu Freud, aus welchem Lager auch immer, der einzig vernünftige Weg ist, auf dem die Psychologie ihren gegenwärtigen zersplitterten Zustand überwinden kann. Vielleicht müssen wir noch warten, bis einige ihrer Unterabteilungen mit ihrem Latein am Ende sind und erkennen, daß sie über eine umfassendere psychologische Sprache verfügen müssen, bevor sie die neuen Ideen übernehmen können.

In der Tat würde es die Psychologie zum Stillstand bringen, wenn mit einem Mal alle Psychologen sich in diese große Diskussion werfen würden und ihre Chance versäumten, aus den Grenzen ihrer eigenen empirischen und theoretischen Arbeit zu lernen. Aber der Forschungsbetrieb dient leider nicht immer dem Denken; und wo es doch so ist, führt er mitunter zu Verzweiflung und Resignation gegenüber der Psychologie oder zum Pendeln zwischen verschiedenen Ansätzen oder zur Übernahme mystischer Vorstellungen und kurzlebiger Moden. Deshalb muß die Diskussion um das Wesen der Psychologie am Leben erhalten werden. Die Auseinandersetzung mit dem Werke Freuds ist ein Weg dazu.

Mit diesen Ausführungen soll Freuds Anspruch zurückgewiesen werden, daß die Psychoanalyse eine Naturwissenschaft sei; weder ist sie eine Sozialwissenschaft noch eine humanistische, sondern eine Verbindung aus allen dreien. Und zwar nicht, weil Freud zu allen drei Fachrichtungen besonders begabt gewesen wäre, sondern weil er ein Psychologe war; und wenn der Untersuchungsgegenstand der Psychologie wieder mehr der Mensch insgesamt und nicht nur eine einzelne Variable ist, wird die Psychologie durch die Ergebnisse ihrer eigenen Forschung – wenn man sie nur konsequent verfolgt – dazu gezwungen, verschiedene Ebenen des Diskurses einzunehmen, selbst wenn sie miteinander nicht vereinbart werden können.

Es sollte auch deutlich geworden sein, daß die Psychoanalyse keine geschlossene Theorie ist, und daß deshalb Versuche, das Freudsche Gesamtwerk bestimmten Gültigkeitstests zu unterziehen, an der Sache vorbeigehen. Selbstverständlich enthält die Psychoanalyse eine ganze Reihe einzelner Theorien – über die psychosexuelle Entwicklung, über Aggression, über Persönlichkeit, über die Übertragung in der klinischen Situation usw. –, die experimentell überprüft werden könnten, obwohl wir bis heute noch keine geeigneten Techniken zum Test der klinischen Theorie besitzen. Aber selbst wenn sämtliche Tests ihre Gültigkeit in Frage stellten (und es wurde bereits gezeigt, daß dies zumindest für einige Schlußfolgerungen aus der Freudschen Theorie nicht zutrifft), bliebe dieses Vermächtnis an die Psychologie völlig unberührt.

Mögen auch einige Antworten Freuds falsch gewesen sein; seine Fragen waren richtig, weil sie den Horizont der Psychologie so umrissen, daß das spezifisch Menschliche in den Brennpunkt der Disziplin rückte. Daran muß Jerome Bruner gedacht haben, als er schrieb: »Freud ist der Boden, auf dem die Theorie wachsen wird ... (er) hat ein Bild vom Menschen geschaffen, das ihn verständlich werden läßt, ohne ihn gleichzeitig verächtlich zu machen.«[9]

Daraus ergibt sich allerdings die Frage, ob eine Psychologie, die sich aus der Summe aller Grundfragen Freuds definiert und nicht nur durch eine willkürliche Auswahl, überhaupt als eine Wissenschaft betrachtet werden sollte. Dies hängt davon ab, was man unter dem Begriff »Wissenschaft« versteht. Definitionen gibt es genug, aber da sie – wie alle Definitionen – veränderbar und letztlich willkürlich sind, ließe sich ohne Schwierigkeiten eine geeignete finden, welche die Psychologie mit einschließt, oder man könnte die Position einnehmen, daß das eine nebensächliche Frage sei. Beide Argumente könnten noch weiter begründet werden, aber das würde an unserer Diskussion vorbeigehen. Ich bemühe mich hier vielmehr darum, zwischen Psychologie und Psychoanalyse einerseits und den traditionellen Wissenschaften andererseits eine angemessene Beziehung herzustellen. Dies ist nur möglich, wenn man die gegenwärtig herrschende Position einnimmt.

Cohen und Nagel[10] haben in ihrem immer noch einflußreichen Lehrbuch eine weitgehend repräsentative Definition vorgeschlagen, die die wissenschaftliche Methode als Kriterium nimmt. Auf einer äußerst allgemeinen Ebene beschreiben sie diese Methode folgendermaßen: »Wenn wir sämtliche

Wissenschaften betrachten, nicht nur, wie sie sich voneinander unterscheiden, sondern auch wie sich eine jede im Laufe der Zeit verändert und ausbildet, so entdecken wir, daß das durchgängige und allumfassende Prinzip der Wissenschaft ihre generelle Methode ist, die auf beharrlicher Suche nach der Wahrheit ständig fragt: Ist es so? In welchem Ausmaß ist es so? Warum ist es so? – das heißt, welche allgemeinen Bedingungen und Umstände bestimmen, daß es so ist?« Wenn diese Fragen das Wesen der wissenschaftlichen Methode darstellen, dann sind Psychologie und Psychoanalyse in der Tat wissenschaftliche Unternehmungen.

Denn selbstverständlich stellt die akademische Psychologie diese Fragen, auch wenn viele Einzelstudien im Umgang mit der ersten Frage äußerst nachlässig sind. So wurde zum Beispiel berichtet[11], daß Miller und Dollard vor Beginn ihrer bekannten Untersuchungen zur Nachahmung die umfangreiche Literatur nach einfachen Beschreibungen dieses Phänomens durchgesehen haben; sie konnten kaum eine finden, obwohl es zahlreiche Verweise und fiktive Beispiele gab.

Daß auch Freuds Überlegungen diesen Fragen nachgingen, bedarf vielleicht einer weiteren Erläuterung. Ein treffendes Beispiel ist der Essay »Ein Kind wird geschlagen«[12]. Eingangs konstatiert er die Tatsache, daß mehrere seiner Patienten berichteten, solche Phantasien zu haben. Im weiteren beschreibt er diese Phantasien, indem er deren gemeinsame Züge betont, in der ein unbekannter Erwachsener ein unbekanntes Kind schlägt, eine Szene, die ihrem Erfinder ein Lustgefühl vermittelte und den Hang, diesen Tagtraum häufig zu wiederholen. Zwar hat Freud keine Statistik über die Häufigkeit dieses Phänomens angefertigt, aber er ist davon ausgegangen, daß sechs unabhängige Beobachtungen des gleichen intimen Erlebnisses bei Menschen, denen sonst nur die Tatsache gemein war, daß sie unter neurotischen Symptomen litten und sich in der Analyse befanden, die Untersuchung einer gemeinsamen Ursache dieser Phantasie rechtfertigte. Mit anderen Worten, er stellte die Frage nach den Bedingungen und Umständen, die dieses Phänomen hervorriefen. Und er beantwortete sie in den Begriffen seiner Sexualtheorie.

Aber anscheinend treffen weder Cohens und Nagels sehr allgemeine Formulierungen des Wesens der wissenschaftlichen Methode noch Freuds Übereinstimmung mit ihr, soweit wir sie dargestellt haben, den kritischen Punkt des Vorwurfs, daß Freud die Wissenschaft verlassen habe, als er von der physiologischen Forschung abkam: Dieser Punkt betrifft natürlich die spezifische psychoanalytische Methode. Denn sie ist *de facto* eine Methode außerhalb des herrschenden Kanons wissenschaftlicher Verfahren hinsichtlich beider Aspekte: als eine Methode zur Daten-Sammlung und als eine Methode der Verifikation von Interpretationen. Ricœur und Habermas haben sich dafür ausgesprochen, daß aufgrund der Besonderheiten dieser Methode, die für die Psychoanalyse zentral ist, sie nicht mit anderen Wissenschaften auf eine Stufe gestellt, sondern eher als eine *Geisteswissenschaft* angesehen werden sollte, oder genauer: als Teil der Philosophie, als Hermeneutik. Man sollte noch hinzufügen, daß weder Ricœur noch Habermas in ihrem Verständnis der Psychoanalyse als einer Hermeneutik eine Herabsetzung ihres theoretischen Wertes sehen, eher das Gegenteil. Ihre Argumente sind gewichtig und überzeugend. Nur befürchte ich, daß, wenn sich nun diese Auffassung als ein letztes Urteil durchsetzte, Psychologie und Psychoanalyse mit ziemlicher Sicherheit zu einer unwiderruflichen Spaltung gelangen würden. Dies würde es weniger wahrscheinlich machen, daß die Psychologen ihre eigenen Schwierigkeiten aus der Sicht dessen angehen, was von der Psychoanalyse gelernt werden kann, oder daß die Analytiker von der Psychologie lernen, wie man die Freudsche Psychologie verbessern kann, die letztlich über die Hermeneutik hinausreicht. Es läßt sich unmöglich vorhersagen, in welchem Zustand diese wechselseitigen Lernprozesse die Psychologie insgesamt zurücklassen werden – geeint oder nach alter Art gespalten oder mit neuen Grenzen, die bis jetzt noch nicht gezogen sind. Aber man kann mit einiger Berechtigung erwarten, daß sie sich in einer klareren Position befinden wird als heute. Wenn die psychoanalytische Methode nicht zu verteidigen wäre, müßte man sich natürlich auf eine Spaltung einlassen, aber dann wäre sie eher mit Wahrsagerei oder Astrologie (die neuerdings auf eindrucksvolle Weise mit Wahrscheinlichkeitsberechnungen betrieben wird) gleichzustellen als mit einer Hermeneutik oder einer Kombination verschiedener Wissenschaften.

Das Dilemma ist letzten Endes doch folgendes: Bestimmen die durch ihre Ähnlichkeit mit den naturwissenschaftlichen

Verfahren anerkannten Methoden die Probleme, die in der Psychologie als berechtigter Untersuchungsgegenstand gelten, oder erfordern »berechtigte« Probleme die Einführung neuer, ihnen entsprechender Methoden? Es wäre gut, sich daran zu erinnern, daß schon Aristoteles dieses Dilemma analysierte, als er in der *Nikomachischen Ethik* schrieb, daß ein verständiger Geist nur soweit auf Genauigkeit bestehen wird, soweit es der Gegenstand selbst erlaubt.

Freuds Methode war neu zu seiner Zeit; sie entstand aus seiner Enttäuschung über die damals gebräuchlichen Techniken der Neurosenbehandlung. Sie entwickelte sich schließlich zu einer Untersuchungsmethode, weil Freud dem wissenschaftlichen Prinzip treu blieb, bis ins kleinste Detail alles zu beobachten, was für seine Ausgangsfrage wichtig war: Aus welchem Grunde litten seine Patienten? Das führte ihn notwendigerweise zu dem größeren Problem: Wie läßt sich die Struktur und die Funktion der Seele begreifen? Er entwikkelte eine Methode für die möglichst vollständige Erforschung des Inhalts einer menschlichen Seele ohne willkürliche Auslassungen. Natürlich hatte er seine vorgefaßten Ideen; aber schließlich gibt es keine Beobachtung ohne einen Standpunkt, wie schon Darwin wußte. Wenn er genug Material beieinander hatte, das eine seiner ersten Annahmen in etwa abstützen konnte, schlug er sie dem Patienten vor und verstand bestimmte Zeichen der Reaktion auf eine solche Deutung als Verifikation oder Falsifikation seiner Vermutungen, anstatt sich auf ein einfaches »Ja« oder »Nein« zu verlassen.

Was unterscheidet diese Methode von anderen psychologischen Untersuchungen? Der vielleicht gewichtigste Unterschied liegt in der Tatsache, daß sie ein gemeinsames Unternehmen von zwei Personen ist, von denen jede eine bestimmte Rolle erfüllt, die aber von beiden eine aktive geistige Mitarbeit erfordert und in der sich beide auf das gemeinsame Ziel geeinigt haben, die Erfahrungen des Patienten verstehen zu wollen. Diese Art gemeinsamer Anstrengung vom Analytiker und der untersuchten Person fehlt einer »objektiven« Psychologie.

Abgesehen vom therapeutischen Wert dieser Methode, man kann sie kritisieren und sie wird auch kritisiert. Denn das gewonnene Material ist natürlich durch die Interaktion zwischen den Beteiligten und durch die einzigartige Situation, in der sie sich befinden, beeinflußt, ganz besonders aber durch Übertragung und Gegenübertragung. Das ist unbestreitbar, aber nicht unannehmbar. Denn alle anderen gebräuchlichen Methoden der Psychologie haben gleichermaßen ihre spezifischen Unzulänglichkeiten. Das psychologische Experiment ist mindestens eine genauso einzigartige Situation wie die analytische Couch, da es dem Probanden eine vollkommen passive und häufig vorsätzlich irreführende Rolle zuweist, ohne ein gemeinsames Ziel anzugeben. Man könnte argumentieren, daß dies sogar eine noch viel stärkere Beeinflussung der Art und Weise ist, in der sich die Menschen normalerweise benehmen, als die analytische Situation. Hinzu kommt, daß neueste Untersuchungen über den Ablauf von Experimenten gezeigt haben, daß die reale Gefahr besteht, daß die Erwartungen des Versuchsleiters die gewonnenen Ergebnisse beeinflussen könnten; ja, es ist sogar anzunehmen, daß diese Gefahr auch die Naturwissenschaften plagt. Außerdem stellen Experimente nur äußerst kurzfristig einen Kontakt zwischen dem Versuchsleiter und dem Probanden her. Zu Freuds Untersuchungszwecken waren mehrere hundert Stunden Beobachtung und Gespräch erforderlich, so daß ihm ein weit größeres Material von seelischen Vorgängen zur Verfügung stand als einem Versuchsleiter, da er seinen Patienten nicht nur vor der entwickelten Übertragung, sondern auch während der positiven wie negativen Übertragungsphasen und schließlich, so hofft man, bei der Auflösung der Übertragung beobachten konnte.

Das heißt nicht, daß Freuds großartige Technik der Erforschung der Seele bereits Brunswicks Forderung nach einer systematischen Auswahl bestimmter Situationen[13] entsprochen hätte, aber sie kommt dem bereits um einiges näher als psychologische Experimente normalerweise. Trotzdem würde niemand behaupten wollen, daß Experimente aus dem Repertoire der psychologischen Methoden ausgeschlossen werden sollten, denn schließlich sind sie der strengste Test einer Hypothese, der bis heute entwickelt wurde. Trotz ihrer Fallen gibt es zu diesem Zweck keine bessere Technik, sofern die untersuchten Phänomene keiner Verflachung durch die experimentelle Manipulation unterliegen. Für Freuds Ziel, der Darstellung des Seelenlebens, sind sie aber trotzdem genauso ungeeignet, wie sie es für Darwins Naturbeobachtungen gewesen wären. Die enge Identifikation von Wissenschaft und experimenteller Methode ist von Koch als Hauptgrund genannt worden, der die Psychologie von ihrem eigentlichen Gegenstand abgebracht habe. Er schrieb: »Seit den frühesten Tagen der experimentellen Pioniere hat die Übereinkunft, daß die Psychologie der *Wissenschaft* entsprechen solle, die Verpflichtung verdrängt, daß sie dem Menschen entsprechen muß ...«[14]

Natürlich kann die psychoanalytische Methode, wie jede andere Technik, mißbraucht werden. Es gibt viele Beispiele aus der Literatur, die das belegen. Freud selbst, wie wir in den vorigen Kapiteln gesehen haben, war gegen vermeidbare Fehler sicherlich nicht immun. Er scheint in seiner ersten Zeit als Psychoanalytiker seinen Patienten seine Theorie sehr viel stärker aufgezwungen zu haben, als es seine Überzeugung von der Bedeutung der Beobachtung rechtfertigte. Aber er lernte, sich seinem wissenschaftlichen Credo zu fügen, und wies immer wieder darauf hin, daß er eine Überarbeitung oder gar ein Aufgeben seiner Thesen erwarte; was allein bestehenbliebe, dachte er, seien die Beobachtungen, aus denen sie abgeleitet wurden. Das sexuelle Element in den neurotischen Symptomen war keine theoretische Behauptung, sondern eine Schlußfolgerung aus der Beobachtung seiner Patienten, deren bewußten Schwierigkeiten mit ihren Sexualpartnern oder mit dem Fehlen solcher Partner, deren Ängsten und Hoffnungen, Träumen und Wünschen er über viele Stunden zugehört hatte. Das Verständnis der Übertragungssituation, die seine spätere Formulierung des Wiederholungszwanges antizipierte, war nur über eine peinlich genaue, ständige Beobachtung der Details möglich, denen er fortwährend die Frage gegenüberstellte: Warum? So hat Freud, als er sein Modell des Wiederholungszwangs ausarbeitete, dieses mit einer Beobachtung bei seinem Enkel verbunden, der sich ein gleichförmiges Spiel ersann, um – wie Freud es interpretierte – mit der Abwesenheit seiner Mutter zurechtzukommen. Dieses Spiel ist das in *Jenseits des Lustprinzips* beschriebene »Fort-da-Spiel«, das eine so große Rolle in Lacans[15] Ausführungen über Freud spielt.

Die ausdrückliche Betonung der Beobachtung und der damit verbundenen Datensammlung ist ein weiterer Bestandteil des Freudschen Vermächtnisses an die Psychologie. Zugegeben, sie ist nur eine Phase im Ablauf der Untersuchung, aber eine, deren Bedeutung allzuoft unterschätzt wird. Viele Meinungsforscher haben nie auch nur ein einziges Interview selbst durchgeführt; tatsächlich ist es ein wohl unvermeidlicher Nachteil dieses wichtigen Verfahrens, daß die eigentliche Datenerhebung von weniger ausgebildetem Personal durchgeführt werden muß als von dem für die Schlußfolgerungen zuständigen Forscher. Experimentalpsychologen delegieren häufig die Gelegenheit, das Verhalten von Ratten oder Menschen in der Laborsituation zu beobachten, an die Assistenten, wenn nicht gar ein Computer dies übernommen hat, der auf die Auswahl bestimmter Verhaltensweisen programmiert wurde. Aber das soll nicht heißen, daß eine solche Arbeitsteilung in der Forschung an sich unberechtigt sei. Sie hat ihren Nutzen, aber nur, wenn sich jemand zuvor die Mühe gemacht hat, sich ganz und gar in das direkte Studium des zu untersuchenden Gegenstandes zu versenken. Es ist eine geradezu widersinnige Situation in der Sozialpsychologie, wenn zum Beispiel einer umfangreichen wissenschaftlichen Literatur über Theorie und Experimente zu Einstellungsveränderungen keine einzige eingehende Beschreibung dessen gegenübersteht, wie solche Veränderungen außerhalb der Laborsituation konkret ablaufen.[16]

Glücklicherweise gehen nicht alle Psychologen der Beobachtung aus dem Weg. So wurde die teilnehmende Beobachtung mit ihrem speziellen Problem, daß Beobachter und Beobachteter sowohl die Daten als auch einander in einem besonderen Übertragungsvorgang beeinflussen, seit langem als eine wichtige Technik angesehen, die sogar einer Quantifizierung zugänglich ist.[17] Vor einigen Jahren hat der russische Psychologe Luria[18] die psychologische Literatur durch einen Bericht seiner detaillierten Beobachtungen zweier Menschen, die er über einen Zeitraum von etwa 20 Jahren durchgeführt hatte, enorm bereichert. Der eine zeichnete sich durch ein außerordentliches Erinnerungsvermögen aus: Er konnte nicht vergessen. Der andere war ein junger Soldat, der ein Geschoß in seinem Gehirn hatte; Luria half ihm, wieder verstehen, sprechen, lesen und sogar schreiben zu lernen. In jüngster Zeit werden selbst die Beobachtungsmethoden der Ethologie zu psychologischen Untersuchungszwecken herangezogen.

Es ist vielleicht kein Zufall, daß der hervorragendste Vertreter dieser neuen Entwicklung, John Bowlby[19], gleichzeitig ein erfahrener Psychoanalytiker ist. Aber auch diese Methode hat, zumindest auf ihrem gegenwärtigen Entwicklungsstand, ihre spezifischen Nachteile, obwohl sie viel verspricht. Denn sie schließt prinzipiell die Auseinandersetzung zwischen der privaten Welt des Beobachteten und der Perspektive des Beobachters aus, die ein wesentlicher Bestandteil der psychoanalytischen Methode ist.

Der Begriff der »Privatwelt« bedarf einer näheren Erläuterung, da er einen weiteren Zankapfel im Streit um den Status der Psychoanalyse abgibt. Privatwelten, wird gesagt, sind wissenschaftlichen Methoden prinzipiell unzugänglich. Dies stimmt, insofern wir unter »privat« angenommene innere Vorgänge verstehen, die sich einem Ausdruck in Gestik oder Sprache verweigern. Aber dies betrifft nicht die Privatheit der psychoanalytischen Situation, die vollständig von dem abhängt, was mitteilbar ist. »Privat« wird hier als ein Gegensatz zu dem betrachtet, was man unter Umständen auch öffentlich sagen würde. Aber es muß mitgeteilt werden und ist daher, jenseits einer *folie a deux*, im Prinzip immer durch einen unabhängigen Forscher beobachtbar. Tatsächlich sind in den Vereinigten Staaten schon Video-Bänder von analytischen Sitzungen vorhanden und werden zur Ausbildung von Psychoanalytikern eingesetzt; ihre wissenschaftliche Auswertung steht noch aus.

All dies unterstützt die Auffassung, daß es an der psychoanalytischen Methode nichts gibt, das den wissenschaftlichen Status der Psychoanalyse herabsetzen könnte. Wie jede andere Methode auch, hat sie ihre Probleme und Nachteile und ist darüber hinaus zeitraubender, teurer, schwierig zu erlernen und vor Mißbrauch nicht geschützt. Aber für die Aufgaben, für die Freud sie entwickelt hatte, gibt es bislang keinen Ersatz.

Wenn erst einmal die spezifische Begrenztheit einer bestimmten Methode erkannt ist, liegt das Gegenmittel eigentlich schon auf der Hand. Andere Methoden mit andersartigen Nachteilen könnten zur Vervollständigung der Schlußfolgerungen herangezogen werden. Wie steht es in dieser Hinsicht um die psychoanalytische Methode? Wie wir gesehen haben, war Freud von der Vorstellung wenig angetan, daß experimentelle Nachweise des Phänomens der Verdrängung irgend etwas seinem Wissen hinzufügen könnten. Das hatte etwas für sich, da es ihm seine Methode erlaubte, den Bedeutungsgehalt des Verdrängten und dessen Einbrüche in unvorhergesehene Bewußtseinsbereiche zu entdecken, während der experimentelle Nachweis mit den Verästelungen dieses Phänomens nicht umzugehen wußte.[20] In diesem Falle beruht sein Urteil aber auf einer Fehleinschätzung der Mittel und Wege zur Durchsetzung seines grundlegenden Ziels einer allgemeinen Psychologie. Er kann im Ernst nicht geglaubt haben, daß dies eine Ein-Mann-Aufgabe ist; Wissenschaft, das wußte er so gut wie jeder andere, ist vor allem eine kollektive Unternehmung, für die methodologisch und ideologisch unabhängige Betrachtungsweisen ein und desselben Phänomens unumgänglich sind.

Jedenfalls beschäftigte er sich zur gleichen Zeit, als er den mittlerweile wohlbekannten, herablassenden Brief an den Experimentalpsychologen Rosenzweig geschrieben hatte, selbst intensiv mit anderen Formen der Beweisführung zu seinen Schlußfolgerungen. Ich habe bereits erwähnt, daß Freuds Exkurse in andere Wissensgebiete wie Anthropologie, Geschichte, Kunst und Literatur gerade diesem Zweck dienten. Die Argumente brauchen hier nicht wiederholt zu werden. Sie stellen aber einen weiteren Teil des Freudschen Vermächtnisses an die Psychologie dar: ein Beispiel, wie man interdisziplinär zu arbeiten hätte.

Interdisziplinäre Forschung steht bei vielen modernen Psychologen zu Recht auf der Tagesordnung, denn die sozialen Probleme – wie Armut, Arbeitslosigkeit, Inflation, Gewalt, Kriminalität, Rassenkonflikte, um nur einige zu nennen, zu deren Verständnis sie jetzt herangezogen werden – sind bis vor kurzem in der Regel durch nicht-psychologische Fachrichtungen angegangen worden, von denen jede zur Analyse dieser Probleme beitragen kann. Jedoch wurde die Logik einer solchen interdisziplinären Forschung bislang noch nicht ausgearbeitet. Zeitweise verstand man darunter die bloße Zusammenfassung verschiedener Untersuchungen eines Phänomens unter einem Titel, wobei man sie in ihren jeweiligen Fachsprachen, wie sie sich aus den verschiedenen Weisen der Datenerhebung ergaben, beließ, in der Hoffnung, daß der Leser in seinem Kopf zusammenfügen würde, was die

Forschung nicht zu kombinieren wußte. Andere interdisziplinäre Versuche haben sich auf solche fromme Hoffnungen nicht verlassen, sondern versuchten bereits im Ablauf einer Untersuchung die verschiedenen Begriffssysteme der Humanwissenschaften zu verknüpfen. Dies ist machbar, solange nicht mehr als zwei Fachrichtungen hinzugezogen werden, häufig aber um den Preis eines Verlustes der hart erarbeiteten theoretischen Begriffe des einzelnen Faches. Das bekannteste Beispiel hierfür ist die interdisziplinäre Verbindung von Psychologie und Soziologie zu jener eigenartigen Mischform – Sozialpsychologie –, die trotz ihrer zahlreichen spannenden und bedeutenden Texte sich noch nicht zu einer tatsächlich interdisziplinären Theorie entwickelt hat. Die theoretischen Begriffe der Sozialpsychologie sind entweder eindeutig psychologisch oder eindeutig soziologisch.

Ich weiß nicht, ob wahrhaft interdisziplinäre Theorien überhaupt möglich sind; vielleicht sind sie für einige empirische Probleme, bei denen untheoretische Verallgemeinerungen eine nützliche Funktion haben, nicht einmal unbedingt notwendig. Wie auch immer sich dies entscheiden wird, hier handelt es sich darum, darauf hinzuweisen, wie Freud das Verhältnis der Psychologie zu anderen Wissensgebieten gesehen hat und daß er damit der Psychologie letztlich eine weitere Entwicklungsmöglichkeit anzeigte, auch wenn sie nicht den ehrenwerten Zielen der positivistischen Gesellschaft, deren Mitglied er war, entsprach. Freud war interdisziplinär, ohne seine Identität als Psychologe zu verlieren oder auch nur im mindestens von irgendeinem seiner theoretischen Begriffe abzurücken. Er benützte die Daten und Regelmäßigkeiten, die andere Disziplinen erstellt hatten, und unterwarf sie einer psychologischen Interpretation. Nichts in seinen Interpretationen der Träume in Jensens *Gradiva,* eine von Experten als ziemlich zweitrangig angesehene Novelle, wurde als Literaturkritik vorgestellt; nichts in *Totem und Tabu* eignet sich, um als anthropologischer Beitrag angesehen zu werden; nichts in *Der Mann Moses und die monotheistische Religion* gleicht einer historischen Untersuchung; nichts in *Das Unbehagen in der Kultur* kann als ein Ersatz für eine soziologische, ökonomische oder politische Analyse angesehen werden. Aber jede dieser Arbeiten diente Freud zum Nachweis der Gültigkeit seiner psychologischen Ideen.

So gesehen, erweist sich die interdisziplinäre Arbeit als eine Möglichkeit, die Psychologie, wie es Cronbach und Campbell gefordert haben, durch die Hereinnahme der Geschichtswissenschaften, der Anthropologie und der Humanwissenschaften zu erweitern, ohne ihre Identität als eigenständige Fachrichtung zu zerstören. Dieser Ansatz wird keine wissenschaftliche Universalsprache hervorbringen. Er kann lediglich den Anwendungsbereich der Psychologie erweitern und so vielleicht all jene stillschweigenden Voraussetzungen aufdekken, die die sozialwissenschaftlichen Fachrichtungen über die Natur der psychischen Prozesse notwendigerweise machen müssen.

Es braucht kaum gesagt zu werden, daß auch dieser Weg seine besonderen Gefahren und Schwierigkeiten hat, wie man an Freud selbst sehen kann. Denn er verwendet seine Exkurse in andere Forschungsbereiche nicht zur Überprüfung seiner Theorie, sondern um seine Zweifel zu zerstreuen und um zu beweisen, daß er recht hatte. Fairerweise muß aber gesagt werden, daß fast alle wissenschaftlichen Erneuerer genauso vorgehen.

Die Falsifikation bleibt immer anderen überlassen. Die Psychologen haben bislang noch keinen systematischen Versuch unternommen, mit Freuds interdisziplinären Leistungen zu wetteifern; sie haben sich bisher dem Problem der externen Validität, das heißt der Gültigkeit ihrer Untersuchungen für historisch realistische Situationen noch nicht gestellt. Erst wenn sie dieser Herausforderung des Freudschen Werkes Folge geleistet haben, werden sie besser in der Lage sein, für oder gegen ihn zu argumentieren.

Es braucht wohl kaum eigens betont zu werden, daß für die Psychologie Freud nicht das letzte Wort ist; in der Entwicklung des wissenschaftlichen Denkens gibt es kein letztes Wort. Sein Vermächtnis ist eine Herausforderung, nicht eine Sammlung letzter Antworten. Psychologen können nur darauf hoffen, ihn produktiv zu überwinden, soweit sie die Gesamtheit seines Werkes in sich aufgenommen haben; wenn dem nicht so ist, wird sein nachhaltiger Einfluß auf die Psychologie sie weiterhin irritieren. Zumal die Besten unter ihnen sich ohnehin darüber im klaren sind, daß die gegenwärtige Forschungsliteratur der technischen Psychologie-Zeitschriften zum Teil aus »eleganten Trivialitäten« besteht, um eine Kritik Gordon Allports zu zitieren; das heißt aus hochentwickelten quantitativen Methoden, mit denen nebensächliche Fragen untersucht werden. Aber sie spüren auch, daß Freud niemals trivial gewesen ist; seine Fragen bleiben bedeutend.

Es ist richtig, daß Freud in der Anwendung seiner psychologischen Vorstellungen auf historische, kulturelle und philosophische Fragen der psychoanalytischen Theorie das Weltbild eines alten Mannes aufgezwungen hat. Obwohl er die Psychoanalytiker immer wieder davor warnte, ihre private Lebensphilosophie den Patienten aufzudrängen, hat er sich selbst außerhalb des Behandlungszimmers nie an solche Beschränkungen gehalten. Fast wie ein Gelehrter der Antike und in deutlichem Gegensatz zu den modernen Wissenschaftlern rang er um eine umfassende und endgültige Einsicht in das Wesen der Menschen und gelangte zu einem durch und durch tragischen Menschenbild: Die unauflösbare existentielle Einheit von Körper und Geist bewirkt unentrinnbares Leiden; die größten Errungenschaften der Menschen sind nur auf Kosten der Befriedigung der körperlichen Bedürfnisse möglich; die Verdrängung der Sexualität ist der notwendige Preis der Zivilisation; nur Barbaren können gesund sein; das Ziel allen Lebens ist der Tod.

Es fällt mitunter schwer, in Freuds Schriften seine persönliche Philosophie von seinem objektiven Beitrag zur Psychologie zu trennen. Ohne jeden Zweifel ist mehr an Freud, wie an uns allen, was sich für eine wissenschaftliche Psychologie eignet. Das spezifische Dilemma aller Psychologie, nicht nur der Psychoanalyse, ergibt sich weitgehend aus der Bedeutung, die psychologische Reflexion für die Lebenserfahrung jedes Menschen besitzt. Psychologie ist reflexiv, und Psychologen werden durch ihre eigene Arbeit ständig auf Fragen gestoßen, die keine Wissenschaft beantworten kann. Man kann mit diesen Fragen öffentlich oder privat umgehen. Freud hat seine öffentlich abgehandelt und dabei die Religion als eine Illusion zurückgewiesen, obwohl er sich natürlich wohl bewußt war, daß sie für Millionen die Kraft hatte, das Unergründbare zu beantworten.

Einige der hervorragendsten Kommentatoren Freuds haben an dem tiefen Pessimismus seines Alters Anstoß genommen. Whyte, der auf eine Biologie vertraut, die eines Tages jeden inneren Konflikt auflösen wird, wurde bereits erwähnt; Norman O. Brown träumt von einem Zeitalter der Unschuld ohne jede Verdrängung; Marcuse hofft, daß die soziale Revolution das Tragische der menschlichen Verhältnisse mildern, wenn nicht gar endgültig beseitigen werde. Die jüngste Auseinandersetzung um Freuds Pessimismus, so wie er in seinen Studien zur Geschichte und zur Zivilisation auftritt, findet in dem brillanten Buch *Dynamik des Todes, Die Überwindung der Todesfurcht* von Ernest Becker[21] statt; er kritisiert solche Träume zu Recht als naiv und sieht seine eigene Lösung in einem mystisch-religiösen Gefühlserleben, das die Gegebenheiten des Körperlichen transzendiert.

In letzter Konsequenz stehen die Psychoanalytiker, die Psychologen und selbst die Naturwissenschaftler unausweichlich jenen großen Rätseln gegenüber, die sie als Wissenschaftler nicht zu lösen vermögen. Auf einer erheblich bescheideneren Ebene wird ein Psychologe Freuds Weltbild sicher nicht mit seiner Wissenschaft verwechseln. Vielleicht vergleicht er die triumphierende Prophezeiung des jungen Freud, daß eines Tages an seinem Haus eine Tafel angebracht werden würde mit der Inschrift: »Hier offenbarte sich Sigmund Freud das Geheimnis des Unbewußten«, mit der Einsicht seines Alters, daß »das Ziel allen Lebens der Tod ist« – und wundert sich.

Danksagung

Das Ausmaß meiner Dankesschuld an die psychoanalytische und psychologische Literatur ist – hoffentlich ohne eine Fehlleistung des Gedächtnisses – aus den Anmerkungen zum Text zu ersehen; die Namen sind zu zahlreich, als daß sie hier alle aufgezählt werden könnten. Außerdem waren einige Kollegen so freundlich, eine frühere Version dieses Buches zu lesen, und ich habe von ihrer Kritik wie von ihrer Zustimmung gleichermaßen profitiert. Meinen besonderen Dank möchte ich Austen Albu aussprechen, der aufgrund gewisser Vorrechte mit seiner Meinung nicht zurückhielt; aber auch Gustav Kuerti, der trotz etwas geringerer Vorrechte nicht weniger offen war; Neil Warren, der über eine Entfernung von mehreren tausend Meilen einen ständigen Austausch aufrechterhielt und mein Augenmerk auf Beiträge lenkte, die ich sonst übersehen hätte; zwei ehemalige Studenten, Howard Rush und John Moulton; John Bailyn und Veronica Craig-Mair, die aufmerksame Kritik und ihr sekretärisches Können vereinigt hat.

Dankbar bin ich der Sigmund Freud Copyrights Ltd., The Hogarth Press Ltd. und dem Institute of Psycho-Analysis für die Erlaubnis, aus der *Standard Edition of the Complete Psychologial Works of Sigmund Freud* (überarbeitet und herausgegeben von James Strachey) zu zitieren. Diese Zitate wurden für die deutsche Übersetzung des Buches den *Gesammelten Werken* (GW), 18 Bde., seit 1960 bei S. Fischer Verlag, Frankfurt am Main, entnommen (Anm. d. Red.).

M. J.

Anmerkungen

Vorwort

1 Marie Jahoda, Aus den Anfängen der sozialwissenschaftlichen Forschung in Österreich, in: Norbert Leser (Hrsg.), *Das geistige Leben Wiens in der Zwischenkriegszeit,* Wien 1981, S. 218.
2 Karl Bühler, *Die Krise der Psychologie,* Frankfurt, Berlin, Wien, neu aufgelegt 1978, S. IX.
3 Karl Bühler, a. a. O., S. 167.
4 Marie Jahoda, ›Ich habe die Welt nicht verändert‹, in: Mathias Greffraht, *Die Zerstörung einer Zukunft, Gespräche mit emigrierten Sozialwissenschaftlern,* Hamburg 1979, S. 117.
5 Karl Bühler, a. a. O., S. 164.
6 Marie Jahoda, in diesem Buch, S. 162.
7 vgl. Interview mit Kenneth J. Gergen, *psychologie heute,* Nr. 10, 1981, S. 59.
8 Theo Herrmann, *Psychologie als Problem,* Stuttgart 1979, S. 48.
9 vgl. Thomas Leithäuser, Birgit Volmerg, Gunther Salje, Ute Volmerg, Bernhard Wutka, *Entwurf zu einer Empirie des Alltagsbewußtseins,* Frankfurt am Main 1977.
10 vgl. Thomas Leithäuser, Birgit Volmerg, *Anleitung zur empirischen Hermeneutik, Psychoanalytische Textinterpretation als sozialwissenschaftliches Verfahren,* Frankfurt am Main 1979.
11 vgl. Birgit Volmerg, Ute Volmerg, Thomas Leithäuser, *Kriegsängste und Sicherheitsbedürfnis,* Frankfurt am Main 1983. – Birgit Volmerg, Eva Senghaas-Knobloch, Thomas Leithäuser, *Betriebliche Lebenswelt, Eine sozialpsychologische Untersuchung zu industriellen Arbeitsbeziehungen,* 1985.
12 Marie Jahoda, in diesem Buch, S. 184 ff.
13 Wolfgang Mertens, *Zur Sozialpsychologie des Experiments,* Hamburg 1975, S. 154.
14 Marie Jahoda, in diesem Buch, S. 180.
15 Johann Wolfgang Goethe, ›Der Versuch als Vermittler von Objekt und Subjekt‹, *Schriften zur Botanik und Wissenschaftslehre,* dtv Gesamtausgabe, Bd. 39, S. 161.
16 Marie Jahoda, Paul F. Larzarsfeld, Hans Zeisel, *Die Arbeitslosen von Marienthal,* zuletzt erschienen, Frankfurt am Main 1980.
17 Marie Jahoda, *Wieviel Arbeit braucht der Mensch?,* Weinheim, Basel 1983.
18 Sigmund Freud, *Das Unbehagen in der Kultur,* Studienausgabe Bd. X, S. Fischer Verlag, Frankfurt am Main 1974, S. 212.
19 Wolfgang Mertens (Hrsg.), *Neue Perspektiven der Psychoanalyse,* Stuttgart 1981.

20 Hans-Martin Lohmann (Hrsg.), *Das Unbehagen in der Psychoanalyse; Eine Streitschrift,* Frankfurt am Main 1983. – Hans-Martin Lohmann (Hrsg.), *Die Psychoanalyse auf der Couch,* Frankfurt am Main 1984.
21 Alfred Lorenzer, *Die Wahrheit der psychoanalytischen Erkenntnis,* Frankfurt am Main 1974.
22 Marie Jahoda, in diesem Buch, S. 82.
23 Alfred Lorenzer, *Zur Begründung einer materialistischen Sozialisationstheorie,* Frankfurt am Main 1972, S. 17.
24 Thomas Leithäuser, *Formen des Alltagsbewußtseins,* Frankfurt am Main 1976, S. 69ff.
25 Marie Jahoda, in diesem Buch, S. 121f.
26 Marie Jahoda, a.a.O..
27 Alfred Lorenzer, *Die Wahrheit der psychoanalytischen Erkenntnis,* Frankfurt 1974. – Alfred Lorenzer, *Intimität und soziales Leid; Archäologie der Psychoanalyse,* S. Fischer Verlag, Frankfurt am Main 1984, S. 136f.
28 George Politzer, *Kritik der Klassischen Psychologie,* Köln 1974, S. 65.
29 vgl. Wolfgang Bonß, *Die Einübung des Tatsachenblicks. Zur Struktur und Veränderung empirischer Sozialforschung,* Frankfurt am Main 1982.
30 Marie Jahoda, in diesem Buch, S. 176f.
31 vgl. Mario Erdheim, *Die gesellschaftliche Produktion von Unbewußtheit. Eine Einführung in den ethnopsychoanalytischen Prozeß;* Frankfurt am Main 1982.
32 Thomas A. Seboek, Karl Bühler, in: *Die Welt als Zeichen,* hrsg. von Martin Krampen, Berlin 1981, S. 211.
33 Ludwig Klages, *Die Grundlagen der Charakterkunde,* Bonn 1966.
34 Edmund Husserl, *Logische Untersuchungen,* Bd. II, Tübingen 1968.
35 Edmund Husserl, *Die Krisis der europäischen Wissenschaften und die transzendentale Phänomenologie; Eine Einleitung in die phänomenologische Philosophie,* Den Haag 1954, S. 267.
36 Marie Jahoda, in diesem Buch, S. 149.
37 Hans-Georg Gadamer, *Wahrheit und Methode; Grundzüge einer philosophischen Hermeneutik,* Tübingen 1960, S. XXVIII.
38 Herbert Spiegelberg, *The Phenomenological Movement. A Historical Introduction,* Den Haag 1982, S. 140.
39 vgl. Birgit Volmerg, ›Zum Gegenstand und zur Methode psychoanalytischer Textinterpretation; in: Th. Leithäuser et al., a.a.O., 1977, S. 241ff.
40 Robert Waelder, *Die Grundlagen der Psychoanalyse,* Stuttgart 1963.
41 Charles Brenner, *Grundzüge der Psychoanalyse, S. Fischer Verlag, Frankfurt am Main 1971.*
42 Marie Jahoda, in diesem Buch, S. 122.
43 vgl. D. W. Winnicott, *Vom Spiel zur Kreativität,* Stuttgart 1979.
44 Marie Jahoda, in diesem Buch, S. 76f.
45 Marie Jahoda, in diesem Buch, S. 175.
46 Theodor W. Adorno, *Minima Moralia,* Frankfurt am Main 1976, S. 15.

47 Christopher Lasch, *Das Zeitalter des Narzißmus*, München 1982.
48 Alfred Lorenzer, a. a. O., S. 138.
49 Karel Kosik, *Die Dialektik des Konkreten. Eine Studie zur Problematik des Menschen und der Welt*, Frankfurt am Main 1976, S. 130.
50 H.-G. Gadamer, a. a. O., S. 339.

Einleitung

1 *The Index to Psychoanalytic Writings*, zusammengestellt und herausgegeben von Alexander Grinstein, New York 1975.
2 Philip Rieff, *Freud; the Mind of the Moralist*, London 1959, S. X.
3 L. Trilling, *Freud and the Crisis of our Culture*, New York 1955.

1. Kapitel

1 Ernest Jones, *Sigmund Freud, Life and Work*, Bd. 1, 2, 3, London und New York 1953–1957; dt. Ausg.: *Das Leben und Werk von Sigmund Freud*, Bd. 1, 2, 3, Bern 1960.
2 H. F. Ellenberger, *The Discovery of the Unconscious*, New York und London 1970; dt. Ausg.: *Die Entdeckung des Unbewußten*, Stuttgart 1973. Bemerkenswerterweise ist selbst dieser bedeutende Experte nicht frei von Widersprüchen. Auf Seite 425 spricht er von drei Eheschließungen; auf Seite 468 jedoch wird die Mutter Freuds mit der zweiten Frau Jacobs gleichgesetzt.
3 *Die Traumdeutung, Gesammelte Werke* (GW), Bd. 2/3, S. Fischer Verlag, Frankfurt am Main 1976. (Im folgenden wird nach dieser Ausgabe zitiert; Anm. d. Übers.)
4 *Selbstdarstellung*, GW, Bd. 14, 31 ff.
5 Joseph und Renée Gicklhorn, *Sigmund Freud's akademische Laufbahn im Lichte der Dokumente*, Wien 1960.
6 K. R. Eissler, *Sigmund Freud und die Wiener Universität*, Bern 1966.
7 Friedrich Heer, ›Freud, the Viennese Jew‹, in Jonathan Miller (Hrsg.), *Freud, the Man, his World, his Influence*, London 1972.
8 A. Janick und S. Toulmin, *Wittgenstein's Vienna*, London 1973.
9 *Aus den Anfängen der Psychoanalyse*, S. Fischer Verlag, Frankfurt am Main 1975.
10 Carl E. Schorske, *›Politics and Patricide in Freud's Interpretation of Dreams‹, Amer. Hist. Review* (1973), Bd. 78, S. 328–47.
11 Ernest Jones, *op. cit.*, Bd. 1, S. 360–61; dt. Ausg.: a. a. O., Bd. 1, S. 417 f.
12 ›Über die Psychogenese eines Falles von weiblicher Homosexualität‹, GW, Bd. 12.
13 ›Über Triebumsetzungen, insbesondere der Analerotik‹, GW, Bd. 10, S. 401 ff.
14 ›Über Psychotherapie‹, GW, Bd. 5, S. 16; siehe auch: Bd. 16, *Vorlesungen zur Einführung in die Psychoanalyse*, ›Die analytische Therapie‹, GW, Bd. 11, S. 466 ff.
15 ›Wege der psychoanalytischen Therapie‹, GW, Bd. 12, S. 192 ff.
16 *Abriß der Psychoanalyse*, GW, Bd. 17, S. 108.

17 ›Die endliche und die unendliche Analyse‹, GW, Bd. 16, S. 57 ff.
18 Sigmund Freud/Oskar Pfister, *Briefe 1909–1939,* hrsg. v. Ernst L. Freud, Heinrich Meng, S. Fischer Verlag, Frankfurt am Main 1963.
19 Otto Rank, *Das Trauma der Geburt und seine Bedeutung für die Psychoanalyse,* Leipzig 1924.
20 *Vorlesungen zur Einführung in die Psychoanalyse* GW, Bd. 11, S. 282 ff.
21 H. J. Eysenck, ›The Effects of Psychotherapy; An Evaluation‹, *J. Consult. Psych.* (1952), Bd. 16, S. 319–24.
22 A. E. Bergin und Sol. L. Garfield (Hrsg.), *Handbook of Psychotherapy and Behaviour Change; An Empirical Analysis,* New York 1971.
23 Paul Kline ist in seiner gewissenhaften Studie *Fact and Fantasy in Freudian Theory* (London 1972) den heftigen Reaktionen nachgegangen, die dem Artikel Eysencks in der Forschungsliteratur folgten, und zitiert Eysencks späteres Eingeständnis, daß er absichtlich übertrieben habe, um zu weiterer Forschung anzuregen! Kline kommt aufgrund der ihm zur Verfügung stehenden Beweise zu dem Ergebnis, daß die therapeutische Wirkung der Psychoanalyse bis heute noch nicht überzeugend nachgewiesen sei.
24 O. F. Kernberg, E. D. Burstein, L. Coyne, A. Applebaum, L. Horwitz und H. Voth, *Psychotherapy and Psychoanalysis; Final Report of the Menninger Foundation's Psychotherapy Research Project,* Topeka, Kensas 1972, S. X, 275.
25 Dies sind natürlich Privatangelegenheiten, die nur von den Psychologen selbst an die Öffentlichkeit getragen werden können. Einige haben das auch getan: Neal Miller, Hilgard, Murphy, Boring, Piaget, Philip Rieff, Else Frenkel-Brunswick, M. Brewster Smith, aber auch J. B. Watson (man vergleiche seine etwas dunklen Andeutungen in seiner Autobiographie in Carl Murchison et al. [Hrsg.], *A History of Psychology in Autobiography,* Worcester, Mass. 1930–65, III, S. 274), Gardner Lindzey, George S. Klein, Robert Holt usw. Es läßt sich nicht vermeiden, daß ich Marie Jahoda hinzufüge. Aber auch den Soziologen Talcott Parsons und zweifelsohne noch viele andere.
26 ›Vorrede zu *Probleme der Religionspsychologie* von Dr. Theodor Reik‹, GW, Bd. 12, S. 325.
27 *Die Zukunft einer Illusion,* GW, Bd. 14, S. 360.
28 David Bakan, *Sigmund Freud and the Jewish Mystical Tradition,* Princeton 1958.
29 Frank Cioffi, ›Was Freud a Liar?‹ in *The Listener* v. 7. Feb. 1974, Bd. 91. Siehe auch Robert Borger und Frank Cioffi (Hrsg.), *Explanations in the Behavioral Sciences,* Cambridge 1970; Frank Ciotti, ›Freud an the Idea of a Pseudo Science‹, S. 471 ff.
30 Cioffis ›Amnesie-Theorie‹ übergeht die Tatsache, daß sich Freud schon bald nach der Veröffentlichung seiner Verführungstheorie über seine eigenen Zweifel sehr wohl im klaren war. Am 31. Mai 1897 hat er Fliess dies mitgeteilt. In seinem Brief interpretiert er einen seiner Träume als »Wunsch, einen Vater als Urheber der Neu-

rose zu ertappen, und ... so meinen noch immer sich regenden Zweifeln ein Ende (zu machen)«. *Aus den Anfängen der Psychoanalyse,* a. a. O., S. 179.

31 R. Borger und F. Cioffi, op. cit.

32 P. Kline, op. cit. Diese Studie beinhaltet eine Diskussion von über 500 experimentellen Überprüfungen Freudscher Hypothesen und ist nicht komplett. Vgl.: ›Die Widerstände gegen die Psychoanalyse‹, GW, Bd. 14, S. 97ff.

33 *Selbstdarstellung,* a. a. O.

34 *Studien über Hysterie,* GW, Bd. 1, 75ff.

35 *Der Witz und seine Beziehung zum Unbewußten,* GW, Bd. 6.

36 *Zur Psychopathologie des Alltagslebens,* GW, Bd. 4.

37 ›Beiträge zur Psychologie des Liebeslebens. Über einen besonderen Typus der Objektwahl beim Manne‹, GW, Bd. 8, S. 67.

38 P. B. Medawar, ›Victims of Psychiatry‹, *The New Yorker Review of Books* v. 23. Januar 1975.

39 K. Popper, ›Philosophy of science; a personal report‹, *Brit. Philos. in Mid-Century,* hrsg. v. C. A. Mace, London 1957. »So kann die Freudsche Rede vom Ich, dem Über-Ich und dem Es keinen wesentlich höheren wissenschaftlichen Status beanspruchen als Homers olympische Dichtung. Diese Theorien beschreiben einige Tatsachen, aber gleich den Mythen enthalten sie höchst interessante psychologische Annahmen, die keine nachprüfbare Form besitzen.«

40 S. Hook (Hrsg.), *Psychoanalysis, Scientific Method and Philosophy,* New York 1959.

41 Barbara Wootton, *Testament for Social Science,* London 1950, S. 1 bis 76.

42 ›Die Widerstände gegen die Psychoanalyse‹, a. a. O., S. 104.

43 *Abriß der Psychoanalyse,* GW, Bd. 17, S. 79.

44 A. C. McIntyre, *The Unconscious, a Conceptual Study,* London 1958, S. 48; dt. Ausg.: *Das Unbewußte, Eine Begriffsanalyse,* Frankfurt am Main 1968, S. 80, 109, 137.

45 J. Habermas, *Erkenntnis und Interesse,* Frankfurt am Main 1975.

46 E. Jones, *op. cit.,* Bd. 1, Anhang; dt. Ausg.: a. a. O.

47 H. Orlansky, ›Infant Care and Personality‹, *Psychol. Bulletin,* 1949, Nr. 46.

48 R. R. Sears, *Survey of Objective Studies of Psychoanalytic Concepts,* New York 1947.

49 P. Kline, *op. cit.*

2. Kapitel

1 *Selbstdarstellung, a. a. O.*

2 *Studien über Hysterie,* a. a. O.; »Ein Fall von hypnotischer Heilung ...«, GW, Bd. 1, S. 1ff.

3 ›Aus der Geschichte einer infantilen Neurose‹, GW, Bd. 12. Siehe auch Muriel Gardiner (Hrsg.), *Der Wolfsmann vom Wolfsmann,* erw. Ausg., Fischer Taschenbuch Verlag, Frankfurt am Main 1982, die nicht nur Freuds eigene Fallanalyse und die Darstellung der späteren

Behandlung des Patienten durch Ruth Mack-Brunswick enthält, sondern auch dessen eigene autobiographische Notizen, die er im Alter von 83 Jahren niederschrieb.

4 Siehe zum Beispiel der Bericht des »Wolfsmanns« über seine Hypnose-Behandlung in Rußland. Eine umfassende und wahrlich faszinierende Darstellung der Geschichte des Hypnotismus findet sich bei Ellenberger, a. a. O.

5 Freuds Verhältnis zu Breuer ist zum Gegenstand einer weiteren biographischen Kontroverse geworden. Siehe Jones und Ellenberger, a. a. O.

6 *Aus den Anfängen der Psychoanalyse*, a. a. O., S. 297 ff.

7 a. a. O., S. 305.

8 a. a. O., S. 29.

9 K. H. Pribram, ›The Neuropsychology of Sigmund Freud‹ in: A. J. Bachrach (Hrsg.), *Experimental Foundations of Clinical Psychology*, New York 1962.

10 Dieses Verfahren hat eine Parallele in M. Brewster Smith, Jerome S. Bruner und Robert W. White, *Opinions and Personality*, New York 1956, wo die Autoren die Wirkung eines Streß-Interviews darstellen.

11 Siehe zum Beispiel: T. R. Miles, *Eliminating the Unconscious; A Behaviourist View of Psychoanalysis*, Pergamon 1966, der zahlreiche Beispiele der Verdinglichung (Reinfikation) in Freuds Werk aufführt und darüber hinaus die Vermutung anstellt, daß die Psychoanalyse wesentlich leichter zu akzeptieren wäre, wenn wir über eine Sprache der Verben anstatt einer der Substantive verfügen würden.

12 *Abriß der Psychoanalyse*, a. a. O.

13 »Das Unbewußte«, GW, Bd. 10, S. 263 ff.

14 *Vorlesungen zur Einführung in die Psychoanalyse*, a. a. O., S. 466 ff.

15 Margaret Brenman und Merton M. Gill, *Hypnotherapy*, New York 1971; zuerst veröffentlicht 1944 von der Josiah Macy, Jr.-Stiftung in ihren *Review Series*.

16 Was nun genau diesen Bruch herbeigeführt hat, bleibt strittig. Jones, Ellenberger, Kris und andere haben diese Geschichte auf unterschiedliche Weise dargestellt. Kris' Darstellung in seiner Einleitung zu dem Freud-Fliess-Briefwechsel (*Aus den Anfängen der Psychoanalyse*, a. a. O.) wird durch die Briefe selbst nicht durchgehend bestätigt, in denen vielmehr verschiedentlich von Breuers Unterstützung, dessen Einwänden, dessen erneute öffentliche Unterstützung und dessen persönlichem Zweifel an Freuds Sexualtheorien berichtet wird.

17 Brenman und Gill, a. a. O., scheinen jedenfalls einen Weg gefunden zu haben, der dies ermöglicht.

18 GW, Bd. 1, S. 423 ff.

19 a. a. O., S. 377 ff.

20 Siehe Kap. 1, Anm. 29.

21 *Hemmung, Symptom und Angst, GW, Bd. 14, S. 180.*

22 Borger und Cioffi, *op. cit.*, S. 509.

23 James D. Watson, *The Double Helix*, New York 1968; dt. Ausg.: *Die Doppel-Helix*. Mit einer Einführung von Heinz Haber, Reinbek 1969.

24 *Studien über Hysterie,* a.a.O., S. 86ff.
25 ›Das Unbewußte‹, a.a.O.
26 (1891b) *Zur Auffassung der Aphasien,* Wien.
27 Siehe Paul Roazen, *Brother Animal,* New York 1969, London dt. Ausg.: *Brudertier; Sigmund Freud und Viktor Tausk; Die Geschichte eines tragischen Konflikts,* Hamburg 1973 und sein Buch *Freud and his Followers,* New York 1975, London 1976; dt. Ausg.: *Sigmund Freud und sein Kreis,* Bergisch Gladbach 1976. Roazen begann ab 1964 all jene zu befragen, die Freud noch persönlich gekannt hatten. Er konnte 70 Personen ausfindig machen, von denen 25 Freuds Patienten waren. Aber dieses historisch äußerst interessante Material leistet für unser Wissen um die Entwicklung der psychoanalytischen Methode doch weniger, als man eigentlich hätte erwarten können. Das frühere Buch Roazens löste eine heftige Kontroverse über das Verhältnis Freuds zu Viktor Tausk aus, der auf dem Weg war, Psychoanalytiker zu werden, aber Selbstmord beging.
28 *Selbstdarstellung,* a.a.O.
29 Reuben Fine, *Freud; A Critical Re-evaluation of his Theories,* London 1962, S. 37.
30 Roazen berichtet in: *Brudertier,* a.a.O., jedoch, daß Freud entgegen dieser Regel seine Tochter Anna analysiert hat.
31 Freud hat an keiner Stelle eine vollständige und konsistente Analyse des therapeutischen Prozesses geleistet. Etwas ausführlichere Erörterungen finden sich in: *Vorlesungen zur Einführung in die Psychoanalyse,* a.a.O.; *Selbstdarstellung; Die Frage der Laienanalyse,* GW, Bd. 14, S. 207ff; »Die endliche und die unendliche Analyse«, a.a.O., und in seinen Schriften zur Technik der Psychoanalyse.
32 Siehe besonders Kapitel 7 der *Traumdeutung.*
33 Siehe zum Beispiel: N. S. Sutherland, *Breakdown,* London 1976; dt. Ausg.: *Die seelische Krise; Vom Zusammenbruch zur Heilung.* Mit einem Vorwort von H. J. Eysenck, Wien 1978, der seine Erfahrungen mit der psychoanalytischen Therapie beschreibt.
34 Philip Rieff, *Freud; The Mind of the Moralist,* London 1959, S. 332.
35 Karl Bühler, *Die Krise der Psychologie,* Jena 1929; Neuausg. mit einem Geleitwort von Hubert Rohracher, Frankfurt am Main 1978.
36 Darüber hinaus ist die intensive öffentliche Auseinandersetzung um B. F. Skinners *Beyond Freedom and Dignity,* London 1972; dt. Ausgabe: *Jenseits von Freiheit und Würde,* Reinbek 1973, das beste Beispiel für die Schwierigkeiten in der akademischen Psychologie, mit diesem Problem ins klare zu kommen.
37 Michel Foucault, *The Order of Things; An Archeology of the Human Sciences,* London 1970, S. XXIII; dt. Ausg.: *Die Ordnung der Dinge,* Frankfurt am Main 1971.
38 Ein amerikanischer Psychologe, S. Rosenzweig, sandte Anfang der 30er Jahre Freud seinen Bericht über einige experimentelle Nachweise der Verdrängung. Freud erwiderte:
»Lieber Herr Rosenzweig,
Ich habe Ihre experimentellen Untersuchungen zur Verifikation der psychoanalytischen Erklärungen mit Interesse durchgesehen. Ich

kann solchen Beweisführungen keinen großen Wert beimessen, da die Fülle zuverlässiger Beobachtungen, auf denen diese Erklärungen beruhen, sie von einer experimentellen Verifikation abhängig machen. Schaden kann es jedoch nicht.

Mit bestem Gruß

Freud.« (Rückübers. d. Übers.)

Zitiert nach D. Shakov und D. Rapaport, *The Influence of Freud on American Psychology*, Cleveland 1968, S. 129.

39 G. S. Klein, ›Consciousness in Psychoanalytical Theory; Some Implications for Current Research in Perception‹, *J. American Psychoanal.* Assn. Nr. I/1959, S. 5–34.

3. Kapitel

1 Brief vom 25. Mai 1895, *Aus den Anfängen der Psychoanalyse*, a. a. O., S. 107.

2 ›Goethe-Preis‹ 1930 – Ansprache im Frankfurter Goethe-Haus, GW, Bd. 14, S. 547.

4 Die Traumdeutung, a. a. O.

5 Natürlich haben Kommentatoren die Gelegenheit genutzt, die Freuds Analyse der eigenen Träume bietet, um auf seine Person gewisse Rückschlüsse zu ziehen. So zum Beispiel Didier Anzieu in *L'Autoanalyse de Freud*, Paris 1959, der eine Chronologie seiner Träume erstellte; oder Grinstein, *On Sigmund Freud's Dreams*, Detroit 1968. Eine der interessantesten Interpretationen findet man in Carl E. Schorske, »Politics and Patricide in Freud's Interpretations of Dreams«, *The American Historical Review*, op. cit., der behauptet, daß »Freud in einem lebenslänglichen Kampf mit der soziopolitischen Realität Österreichs gestanden (habe): Als Wissenschaftler und Jude, als Bürger und Sohn«. Er »hat ihn überstanden, weil er eine epochemachende Interpretation menschlicher Erlebnisse fand, in der die Politik auf eine Randerscheinung psychischer Kräfte reduziert werden konnte.«

6 Träume werden in fast allen wichtigen Schriften Freuds und in seinen Falldarstellungen besprochen. Die speziellen Schriften hierzu sind: ›Die Handhabung der Traumdeutung in der Psychoanalyse‹, GW, Bd. 8, S. 349 ff; ›Der Traum‹, GW, Bd. 11, S. 79 ff; ›Metapsychologische Ergänzung zur Traumlehre‹, GW, Bd. 10, S. 411 ff; ›Bemerkungen zur Theorie und Praxis der Traumdeutung‹, GW, Bd. 13, S. 299 ff, »Revision der Traumlehre«, GW, Bd. 15, S. 6 ff.

7 Talcott Parsons, ›*The Interpretation of Dreams* by Sigmund Freud‹, *Daedalus*, Winter 1974, S. 91–6.

8 Dieses Kapitel sollte insbesondere von all den Psychologen gelesen werden, die behaupten, Freud habe die Arbeiten anderer ignoriert. W. S. Tayler in ›Psychoanalysis Revised or Psychodynamics Developed?‹, *American Psychologist*, November 1962, zum Beispiel beschuldigt Freud nur wenige psychologische Arbeiten gelesen und Herbart übersehen zu haben. Herbart wird jedoch in diesem Kapitel von Freud zitiert. Weitere dort zitierte Psychologen sind: Buse-

mann, Claparède, Fechner, Galton, Garnier, Jodl, Lipps, Maudsley, Meynert, Myers, Nelson, Pötzl, Morton Prince, Roffenstein, Scherner, Schleiermacher, Schubert, Stricker, Stumpf, Wundt (etliche wichtige Philosophen und psychoanalytische Schriften ausgenommen).

9 Seymour M. Berger und William W. Lambert, »Stimulus-Response Theory in Contemporary Social Psychology« in Gardner Lindsey und Elliot Aronson (Hrsg.), *The Handbook of Social Psychology*, Bd. 1, [2]1968, S. 86.

10 Frank Cioffi, ›Wittgenstein's Freud‹ in Peter Winch (Hrsg.), *Studies in the Philosophy of Wittgenstein*, London 1969.

11 Hutchins Hapgood, *A Victorian in the Modern World*, New York 1939, zitiert in David Shakov und David Rapaport, *The Influence of Freud on American Psychology*, Psychological Issues 4, Nr. 1, Monographie 13, 1964, S. 41.

12 Interessanterweise formulierte Kant 1764 eine ähnliche Auffassung in einer Schrift ›Über die Krankheiten des Kopfes‹: »Man hat gar nicht Ursache zu glauben, daß in dem Zustande des Wachens unser Geist hiebei andere Gesetze befolge als im Schlafe, ...« In: I. Kant, *Vorkritische Schriften bis 1768*, Bd. 2, hrsg. v. W. Weischedel, Frankfurt 1968, S. 893.

13 *Die Traumdeutung*, GW Bd. 2/3, S. 516. (Um den 2. Halbsatz ergänzt v. Übers.)

14 David Rapaport, »The Conceptual Model of Psychoanalysis« in: D. Krech und G. S. Klein (Hrsg.), *Theoretical Models and Personality Theory*, New York 1952.

15 *Ibid.*

16 a. a. O., S. 603.

17 a. a. O., S. 156 f.

18 »Die Handhabung der Traumdeutung in der Psychoanalyse«, GW, Bd. 8, S. 349 ff.

19 D. Broadbent, *Perception and Communication*, New York 1958.

20 a. a. O., S. 305.

21 K. Lewin, R. Lippitt und R. K. White, 1939, »Patterns of aggressive behaviour in experimentally created social climates«, *J. soc. Psych.*, Nr. 10, S. 271-99.

22 »Über den Gegensinn der Urworte«, GW, Bd. 8, S. 213 ff.

23 Aber Worte wechseln ihre Bedeutung auch innerhalb des Zeitraums der überlieferten Sprachgeschichte. »Self-conscious« bedeutete im Englischen ursprünglich lediglich Selbstbewußtheit; im Unterschied dazu heißt »selbstbewußt« im Deutschen stolz sein auf sich.

24 *Die Traumdeutung*, a. a. O., S. 358.

25 H. Hartmann, »On Parapraxes in the Korsakoff Psychosis« (1924) in H. Hartmann, *Essays on Ego Psychology*, London 1964.

26 H. Ellenberger, *op. cit.*, S. 506 f; Freud erwähnt ebenfalls mehrere Vorgänger.

27 *Die Traumdeutung*, a. a. O., S. 541.

28 *Op. cit.*, S. 598 f; dt. Ausg.: a. a. O., S. 604 f. Joan Wynn Reeves weist in ihrem hervorragenden Buch *Thinking about Thinking*, London

1965, fünf verschiedene Bedeutungen des Begriffs »Wunsch« in der *Traumdeutung* nach.

29 a.a.O., S. 542.

30 a.a.O., S. 545.

31 »Notiz über den ›Wunderblock‹«, GW, Bd. 14.

32 Zitiert in J. W. Reeves, *op. cit.*, S. 85 und S. 92.

33 Siehe zum Beispiel: Martin Mayman (Hrsg.), *Psychoanalytic Research, Three Approaches to the Experimental Study of the Subliminal Process* (1973), *Psychologial Issues*, Monographie 30.

34 Ernest R. Hilgrad, »A Neodissociation Interpretation of Pain Reduction in Hypnosis« (1973), *Psych. Review*, Bd. 80, Nr. 5, S. 396–411.

35 *Thinking about Thinking, op. cit.*

36 Heinz Hartmann, *Essays on Ego Psychology, op. cit.*, S. 59.

37 Some psychologists agree. Not only Joan W. Reeves, but also U. Neisser in his *Cognitive Psychology*, New York 1967.

38 H. Ellenberger, *op. cit.*, S. 493.

39 GW, Bd. 4.

40 GW, Bd. 6.

41 In diesem Zusammenhang ist es interessant zu wissen, daß als die Haß-Liebe zwischen Freud und Jung ihren dramatischen Höhepunkt erreichte, Freud Jung auf eine unheilvolle Fehlhandlung hinwies. Jung wollte sich von den Abtrünnigen unterscheiden und wollte schreiben, daß er nicht »ihr« Freund sei; tatsächlich schrieb er »Ihr« Freund. Die Reaktion Jungs war explosiv. Siehe William McGuire (Hrsg.), *Der Briefwechsel von Sigmund Freud und C. G. Jung*, hrsg. v. W. McGuire und W. Sauerländer, Frankfurt 1974.

42 *Zur Psychopathologie des Alltagslebens*, GW, Bd. 4, S. 270ff.

43 F. Bartlett, *Remembering*, Cambridge 1932.

44 *Studien über Hysterie*, »Zur Psychotherapie der Hysterie«, GW, Bd. 1, S. 306.

45 ›Das Unbewußte‹, GW, Bd. 10, S. 285. Wer hier sträflicherweise das Zitat aus seinem Zusammenhang reißt, ist F. Cioffi, in Borger und Cioffi, *op. cit.*, S. 493.

46 Jacques Hadamard, *The Psychology of Invention in the Mathematical Field*, Oxford 1945. W. I. B. Beveridge, *The Art of Scientific Investigation*, New York 1951, führt mehrere zusätzlich Beispiele an.

47 GW, Bd. 13, S. 71ff.

4. Kapitel

1 H. Hartmann, *Essays on Ego Psychology, op. cit.*, S. 324; *Zur Psychopathologie des Alltagslebens*, GW, Bd. 4, S. 270ff.

2 J. Lacan, *The Language of the Self*, übersetzt von A. Wilden, 1969.

3 L. von Bertalanffy, *Problems of Life*, New York 1952, S. 134.

4 Freud entwickelte sein zweites Persönlichkeitsmodell in seinem letzten theoretischen Hauptwerk *Das Ich und das Es*, GW, Bd. 13, S. 235ff. Eine kürzere Fassung dieser Theorie findet sich in »Die Zerlegung der psychischen Persönlichkeit«, in: *Neue Folge der Vorlesungen zur Einführung in die Psychoanalyse*, GW, Bd. 15, S. 62ff.

5 Siehe Anmerkung 39 in Kapitel 2.
6 Joan W. Reeves, *op. cit.*, S. 163.
7 Gordon W. Allport, *Pattern and Growth in Personality*, New York 1961; dt. Ausg.: *Gestalt und Wachstum in der Persönlichkeit*, Meisenheim 1970.
8 George Kelly, *The Psychology of Personal Contracts*, New York 1955.
9 Whitney J. Oates (Hrsg.), *Basic Writings of Saint Augustine*, New York 1948. Siehe auch I. Chein, *The Science of Behaviour and the Image of Man*, London 1972, S. 59–63, der Ursache und Zweck behandelt, und zwar implizit auf der Grundlage desselben psychologischen Zeitbegriffs, wie ihn Augustinus in seiner Theorie einer dreifach gefalteten Gegenwart formuliert hat.
10 »Die Zerlegung der psychischen Persönlichkeit«, GW, Bd. 15, S. 62 ff.
11 ›Charakter und Analerotik‹, GW, Bd. 7.
12 Siehe in diesem Zusammenhang R. S. Peters, *The Concept of Motivation*, 1958, dessen scharfsinnige Analyse der Verwirrung, die in den verschiedenen psychologischen Theorien um den Motivationsbegriff entstanden ist, weit über diesen Punkt hinaus von Bedeutung ist.
13 Zitiert in D. P. Kimble, *Physiological Psychology*, Addison-Wesley 1963.
14 s. Anm. 10.
15 Gilbert Ryle, *The Concept of Mind*, London 1949; dt. Ausg.: *Der Begriff des Geistes*, Stuttgart 1969.
16 s. Anm. 10.
17 Leon Festinger, *A Theory of Cognitive Dissonance*, New York 1957; dt. Ausg.: *Theorie der kognitiven Dissonanz*, Bern 1978.
18 F. C. Bartlett, *Remembering*, Cambridge 1932.
19 s. Anm. 10.
20 a. a. O.
21 K. Pawlick und R. B. Cattell, ›Third-order Factors in Objective Personality Tests‹, *Br. J. Psychol*, Nr. 55, 1964, S. 1–18.
22 In: Chicago Institute for Psychoanalysis (Hrsg.), The Annual of Psychoanalysis, Bd. 1, New York 1973, Michael F. Basch, »Psychoanalysis and Theory Formation«, S. 39–52.
23 s. Anm. 10.
24 Ibid.

5. Kapitel

1 Siehe zum Beispiel den ersten und letzten Absatz der 20. Vorlesung, überschrieben ›Das menschliche Sexualleben‹, GW, Bd. 11, S. 313 ff. Allem Anschein nach hat Freud diese Vorlesung wörtlich vorgeschrieben, bevor er sie dann aus dem Gedächtnis vortrug.
2 Siehe Cristopher Laschs zusammenfassenden Essay ›Freud and Women‹, *The New York Review*, 3. Okt. 1974, zur Diskussion der gesamten Problematik; und Juliet Mitchell, *Psychoanalysis and Feminism*, London 1974; dt. Ausg.: *Psychoanalyse und Feminismus*,

Frankfurt am Main 1976, als das am besten durchdachte Beispiel einer profreudschen feministischen Position.

3 *Neue Folge der Vorlesungen zur Einführung in die Psychoanalyse,* 33. Vorlesung, »Die Weiblichkeit«, GW, Bd. 15, S. 119 ff.

4 Freud wurde beschuldigt, ohne Anerkennung Otto Weiningers die Theorie der Bi-Sexualität indirekt von ihm übernommen zu haben (über W. Fliess). Otto Weininger war ein bizzarer aber brillanter junger Mann, der kurz nach der Veröffentlichung seines Buches *Geschlecht und Charakter; Eine prinzipielle Untersuchung,* 1. Aufl., Wien 1903, Nachdr. München 1980, Selbstmord beging.

5 Siehe Kapitel 2 zur Auseinandersetzung um Freuds Theorie der infantilen Sexualität.

6 George S. Klein, ›Freud's Two Theories of Sexuality‹, Kapitel 5 in: Louis Breger (Hrsg.), *Clinical-Cognitive Psychology; Models and Integrations,* New York 1970. Dieser Arbeit verdanke ich sehr viel in meinem Verständnis Freuds.

7 *Drei Abhandlungen zur Sexualtheorie,* GW, Bd. 5.

8 Philip Rieff, *op. cit.*

9 Schorske, *op. cit.,* S. 344.

10 Paul Ricœur, *Freud and Philosophy; An essay on interpretation,* übersetzt von Denis Savage, Yale 1970, S. 516; dt. Ausg.: *Die Interpretation; Ein Versuch über Freud,* Frankfurt am Main 1969, S. 526 ff.

11 GW, Bd. 7.

12 ›Analyse der Phobie eines fünfjährigen Knaben‹, GW, Bd. 7.

13 ›Die Weiblichkeit‹, a. a. O.

14 Freud hat an sich selbst im Laufe seines Erwachsenseins erhebliche Veränderungen beobachtet. Als Nachweis siehe *Aus den Anfängen der Psychoanalyse,* a. a. O., und *Selbstdarstellung,* a. a. O.

15 Paul Kline, *op. cit.*

16 ›Die Weiblichkeit‹, a. a. O., S. 145.

17 *Femininity and Psychoanalysis, op. cit.;* s. Anm. 2.

18 Freud war äußerst schweigsam, was sein eigenes Sexualleben betraf. In dem Freud-Jung-Briefwechsel, *op. cit.,* gibt es allerdings einen Hinweis, demzufolge sein aktives Sexualleben nicht über sein mittleres Alter hinausreichte.

19 Unter ihnen ganz besonders seine Schwägerin, Lou Andreas-Salomé und die Prinzessin Marie Bonaparte.

20 GW, Bd. 16, S. 98.

21 Man sollte sich darüber im klaren sein, daß die langsame Entwicklung des Menschenkindes eine Chance von unschätzbarem Wert darstellt, da sie vor allem eine Zeit des Lernens ermöglicht; eine evolutionäre Wende in Richtung einer Verkürzung der biologischen, sozialen und kulturellen Abhängigkeit würde kaum der Anpassung dienen, weil sie dem Erlernen der Kultur nicht ausreichend Zeit ließe. Jedoch muß man heutzutage feststellen, daß sich allem Anschein nach die Abhängigkeitsphase verkürzt, wie zum Beispiel das frühere Einsetzen der Pubertät in der westlichen Welt, ein allgemeiner, durchgreifender Trend in unserem Jahrhundert.

22 Martin Freud erwähnt zum Beispiel in *Reflected Glory, op. cit.,*

Freuds Unterstützung des reaktionären Schuschnigg-Regimes in Österreich, das Hitlers Einmarsch voranging.
23 ›Die »kulturelle« Sexualmoral und die moderne Nervosität‹, GW, Bd. 7, S. 143 ff.
24 a. a. O., S. 162.
25 Sicherlich war dies die Lebenssituation der Wiener Mittelklasse. Freud kam mit den Schwierigkeiten der jungen Männer und Frauen aus der Arbeiterklasse nicht in Berührung.
26 *Das Unbehagen in der Kultur*, GW, Bd. 14, S. 419 ff.
27 ›Die Sexualität in der Ätiologie der Neurosen‹, GW, Bd. 1, S. 507.
28 ›A Study in Social Myth‹, *American Psychologist*, Juli 1975, eine kompromißlos anti-freudsche Sichtweise.
29 Ich bin mir wohl der Möglichkeit bewußt, daß diese Kritik an Freud von meinen eigenen Vorurteilen als Frau herrühren könnte. Tatsächlich muß es bezweifelt werden, ob überhaupt irgendein systematischer Gedanke ohne eine solche innere Beteiligung gefaßt werden kann. Letztlich muß die Überprüfung der Argumente und Gegenargumente entscheiden, wo ein persönliches Vorurteil konstruktiv und wo es destruktiv ist.
30 Siehe die ausgezeichnete Diskussion der Grenzen einer Reduktion der Psychologie auf Physiologie bei Margaret Boden, *The Concept of Purpose in Psychology*, Harvard 1972.

6. Kapitel

1 *Aus den Anfängen der Psychoanalyse*, a. a. O., S. 211.
2 Jones, *op. cit.*, Bd. 2, berichtet, daß Freud in dieser Reihe innerhalb kürzester Zeit zwölf Aufsätze schrieb, von denen ihm aber nur fünf publikationsreif schienen: ›Triebe und Triebschicksale‹, GW, Bd. 10, S. 209 ff; ›Die Verdrängung‹, a. a. O., S. 247 ff; ›Metapsychologische Ergänzung zur Traumlehre‹, a. a. O., S. 411 ff, und ›Trauer und Melancholie‹, a. a. O., S. 427 ff; während er die anderen anscheinend vernichtet hat.
3 Jones, *op. cit.*, Bd. 2, S. 185.
4 Merton M. Gill (Hrsg.), *The Collected Papers of David Rapaport*, New York 1967, S. 795 f.
5 David Rapaport, ›The Structure of Psychoanalytic Theory; a Systematising Attempt‹, in S. Koch (Hrsg.), *Psychology; A Study of a Science*, Bd. III, New York 1959; dt. Ausg.: *Die Struktur der psychoanalytischen Theorie; Versuch einer Systematik*, Stuttgart 1973.
6 Heinz Hartmann, *Essays on Ego Psychology*, *op. cit.*, S. 328; dt. Ausg.: *Ich-Psychologie; Studien zur psychoanalytischen Theorie*, Stuttgart 1972, S. 416.
7 J. Strachey, *Standard Edition*, Bd. 14, S. 105.
8 Ernest R. Hilgard, ›The Scientific Status of Psychoanalysis‹, in E. Nagel et al. (Hrsg.), *Logic, Methodology and Philosophy of Science*, Stanford 1962.
9 J. Laplanche und J. B. Pontalis, *The Language of Psycho-Analysis*,

London 1973; New York, S. 249; dt. Ausg.: *Das Vokabular der Psychoanalyse,* 2 Bde., Frankfurt am Main 1977, S. 307.

10 Heinz Hartmann, *op. cit.*, S. 322; dt. Ausg.: a. a. O., S. 409.

11 *Aus den Anfängen der ...*, a. a. O., S. 30.

12 Siehe M. Masud Khans kurzes aber treffendes Vorwort zu Laplanche und Pontalis, a. a. O.

13 Zitiert in Merton M. Gill, *op. cit.*, S. 799; Original i. d. dt. Ausg.: *Vorlesungen zur Einführung in die Psychoanalyse,* GW, Gd. 11, S. 62.

14 In Merton M. Gill, *op. cit.*, S. 853 ff.

15 Heinz Hartmann, *op. cit.*, S. 43; dt. Ausg.: *Ich-Psychologie,* a. a. O., S. 55.

16 GW, Bd. 13.

17 GW, Bd. 10, S. 209 ff.

18 In Merton M. Gill, *op. cit.*, S. 857.

19 Dalbir Bindra und Jane Stewart (Hrsg.), *Motivation,* [2]1971, S. 9.

20 Laplanche und Pontalis, *op. cit.*, S. 127.

21 *Jenseits des Lustprinzips,* GW, Bd. 13, S. 30 f.

22 ›Aus der Geschichte einer infantilen Neurose‹, GW, Bd. 12, zit. nach: *Der Wolfsmann vom Wolfsmann,* hrsg. v. M. Gardiner, a. a. O., S. 294.

23 Laplanche und Pontalis, a. a. O., haben sich sachkundig und kritisch mit den Widersprüchen und der Problematik des Freudschen Energiebegriffs auseinandergesetzt. Siehe insbesondere ihren Artikel über das Konstanzprinzip.

24 In Louis Breger (Hrsg.), *Clinical-Cognitive Psychology; Models and Integrations,* New York 1969, Kapitel 5.

25 Paul Ricœur, *op. cit.*, S. 424; dt. Ausg.: *Die Interpretation,* a. a. O., S. 434.

26 a. a. O., S. 467.

27 Leon Festinger, *A Theory of Cognitive Dissonance;* dt. Ausg.: *Theorie der kognitiven Dissonanz,* a. a. O.

28 Siehe Freud, ›Psychoanalytische Bemerkungen über einen autobiographisch beschriebenen Fall von Paranoia (Dementia Paranoides)‹, GW, Bd. 8, S. 239 ff, aber auch Morton Schatzman, *Soul Murder; Persecution in the Family,* Allen Lane 1973; dt. Ausg.: *Die Angst vor dem Vater; Langzeitwirkung einer Erziehungsmethode; Eine Analyse am Fall Schreber,* Reinbek 1978. Schatzmann präsentiert faszinierendes Material, das zeigt, wie Schrebers Vater öffentlich befürwortete, die brutalsten Erziehungsmethoden anzuwenden und privat das gegen seine zwei Söhne ausübte. Elterliche Gewalt und Verfolgung waren hier keine Phantasie, sondern reale Geschehnisse, von denen Freud nichts wußte. Trotzdem scheint mir Schatzmanns Kritik an Freuds Interpretation unangebracht. Gleich, ob es eine reale oder eine phantasierte Verfolgung in der Kindheit war, Schrebers eigentliche Symptome sind immer noch treffend als Abzug der Libido von der äußeren Welt beschrieben; die Wahnvorstellungen von seinem Beischlaf mit Gott beruhten auf keiner bewußten Erinnerung an seine leidvolle Kindheit.

29 R. Joynson, ›The Return of Mind‹, *Bull. Br. Psych. Soc.* (1971).
30 ›Konstruktionen in der Analyse‹, GW, Bd. 16, S. 43ff.
31 Jean-Paul Sartre, »Mauvaise Foi and the Unconscious«, S. 78 in Richard Wollheim (Hrsg.), *Freud; A Collection of Critical Essays*, New York 1974.
32 Ernest Hilgard, ›A Neodissociation Interpretation of Pain Reduction in Hypnosis‹, *Psych. Review*, 80/5, 1973, S. 396ff.
33 *Das Ich und das Es*, GW, Bd. 13, S. 244.
34 Heinz Hartmann, *Ich – Psychologie*, a. a. O.
35 Thomas S. Kuhn, *The Structure of Scientific Revolutions*, Chicago [2]1962; dt. Ausg.: *Die Struktur wissenschaftlicher Revolutionen*, Frankfurt am Main 1973.
36 M. Foucault, *The Order of Things; An Archeology of the Human Sciences*, London 1970; dt. Ausg.: *Die Ordnung der Dinge; Eine Archäologie der Humanwissenschaften*, Frankfurt am Main 1974.
37 GW, Bd. 5. Tatsächlich hat Freud immer wieder die Gelegenheit genutzt, die seine Kinder und Enkel zu psychologischer Beobachtungen boten; siehe die Beispiele von Kinderträumen in der *Traumdeutung* und das Fort-da-Spiel in *Jenseits des Lustprinzips*.
38 GW, Bd. 5; vgl. als Fischer Taschenbuch 1974, S. 107.
39 Siehe zum Beispiel G. Allport, *Personality*, 1937; dt. Ausg.: *Gestalt und Wachstum in der Persönlichkeit*, a. a. O.
40 H. Hartmann, *op. cit.*, S. 221f; dt. Ausg.: *Ich-Psychologie*, a. a. O.
41 In Merton M. Gill, *op. cit.*, S. 806.
42 D. Rapaport, ›The Structure of Psychoanalytic Theory‹, *Psych. Issues*, 6/1960; dt. Ausg.: »Die Struktur der psychoanalytischen Theorie«, a. a. O.
43 *Das Unbehagen in der Kultur*, GW, Bd. 14, S. 419ff, hier S. 438.
44 GW, Bd. 14, S. 323ff.
45 a. a. O.

7. Kapitel

1 Siehe zum Beispiel seine Kommentare über Kollegen in seiner Korrespondenz mit Jung, McGuire (Hrsg.), *op. cit.*, oder seine Bemerkungen in seinem »Kurze(n) Abriß der Psychoanalyse«, GW, Bd. 13, S. 419, wo er von der Abtrünnigkeit Jungs und Adlers spricht und daß »die überwiegende Mehrzahl der Mitarbeiter (aushielt) und die Arbeit längs der ihnen angezeigten Richtlinien (fortsetzte)«. Siehe auch Lou Andreas-Salomé, *In der Schule bei Freud*, 1958.
2 GW, Bd. 13, S. 299ff.
3 Otto Pötzl, ›Experimentell erregte Traumbilder in ihren Beziehungen zum indirekten Sehen‹, *Zeitschrift f. d. ges. Neurol. u. Psych.*, Bd. 37.
4 ›Konstruktionen in der Analyse‹, a. a. O.
5 »Aus der Geschichte einer infantilen Neurose«, GW, Bd. 12.
6 Siehe zum Beispiel Stuart W. Cook und Claire Selltiz, »A multiple indicator approach to attitude measurement«, *Psych. Bull*, A. P. A., 1964, Bd. 62.

7 *Studien über Hysterie,* GW, Bd. 1, S. 88.
8 ›Analyse der Phobie eines fünfjährigen Knaben‹, GW, Bd. 7, S. 243 ff.
9 ›Bemerkungen über einen Fall von Zwangsneurose‹, GW, Bd. u, S. 381 ff.
10 GW, Bd. 5.
11 *Neue Folge der Vorlesungen zur Einführung in die Psychoanalyse,* 34. Vorlesung, GW, Bd. 15, S. 146 ff.
12 A. Flew (1956) ›Motives and the Unconscious‹, in H. Feigl und M. Scriven (Hrsg.), *The Foundations of Science and the Concepts of Psychology and Psychoanalysis,* University of Minnesota Press.
13 Jürgen Habermas *Erkenntnis und Interesse,* a. a. O.
14 Lee J. Cronbach, »Beyond the Two Disciplines of Scientific Psychology«, *American Psychologist,* Feb. 1975, Bd. 30/2, S. 125.
15 Zum Beispiel »Zur Geschichte der psychoanalytischen Bewegung«, GW, Bd. 10, S. 44 ff, hier 80. Freud setzte sich dort mit der Kritik auseinander, daß die Psychoanalyse nichts als ein Auswuchs der Überspanntheit und der Verderbtheit des damaligen Wiener Milieus sei, der er entgegnet, daß sich Wien in dieser Hinsicht nicht von anderen Städten unterschied und daß in dem Argument selbst schon ein logischer Fehler liege: Ein zügelloses Sexualleben müßte der Entstehung einer Theorie den Boden entziehen, in der die Verdrängung so zentral war.
16 Der Essay ›Ein Kind wird geschlagen‹, GW, Bd. 12, zum Beispiel stellt indirekt fest, daß eine Suche nach den gemeinsamen Ursprüngen von Perversionen gerechtfertigt ist, da nicht nur ein, sondern sechs Patienten unabhängig voneinander sich zu der Phantasie bekannten, dabei zuzusehen, wie ein Kind geschlagen wird.
17 Siehe zum Beispiel das Literaturverzeichnis in *Die Traumdeutung,* GW, Bd. 2/3, S. 627–642.
18 *Neue Folge* ..., 31. Vorlesung, a. a. O.
19 *Die Frage der Laienanalyse,* GW, Bd. 14, S. 207 ff.
20 Charles Rycroft, *A Critical Dictionary of Psycho-Analysis,* London 1968, S. XII f.
21 ›Über Triebumsetzungen, insbesondere der Analerotik‹, GW, Bd. 10, S. 401 ff.
22 a. a. O., GW, Bd. 16.
23 GW, Bd. 12.
24 GW, Bd. 10, S. 171 ff.
25 Isaiah Berlin, *The Hedgehog and the Fox,* London 1953. Der Essay weist ausdrücklich darauf hin, daß Igel, zum Beispiel Dante, weder besser noch schlechter sind als Füchse, zum Beispiel Shakespeare, und beschreibt im weiteren Tolstoi als einen Fuchs, der jedoch dachte, daß es besser sei, ein Igel zu sein.
26 *Standard Edition,* Bd. 17, S. 257–66.
27 GW, Bd. 9.
28 a. a. O., S. 4.
29 GW, Bd. 16, 101.

8. Kapitel

1 Lancelot L. Whyte, *The Unconscious Before Freud*, London 1962, S. VIII.
2 GW, Bd. 12.
3 C. Hovland, I. Janis und H. H. Kelley, *Communication and Persuasion*, Yale 1953.
4 Siehe Kapitel 4.
5 Whyte, *op. cit.*, S. X.
6 Eine ausgezeichnete Aufsatzsammlung, in der mehrere Beiträge die direkten theoretischen Einflüsse auf Freud nachweisen, ist: John E. Gedo und George H. Pollock (Hrsg.), *Freud: The Fusion of Science and Humanism*, International Universities Press, New York 1976.
7 M. Dorer, *Historische Grundlagen der Psychoanalyse*, Leipzig 1932.
8 Whyte, op. cit., S. 63.
9 Ibid., S. 94f.
10 Ibid., S. 96.
11 Ibid., S. 102.
12 Ibid., S. 149f.; siehe auch Ellenberger, op. cit., S. 207f.
13 Ibid., S. 170.
14 Ellenberger, a. a. O., vor allem S. 3–47. Viele der folgenden Absätze basieren auf diesem hervorragenden Buch.
15 Hendrik K. M. Ruitenbeek, *Freud and America*, New York 1966.
16 S. Ferenczi, *Die Zukunft im Zeichen des Eros*, Pfullingen 1962.
17 Whyte, op. cit., S. 177.
18 Ibid., S. 180.
19 Norman O. Brown, op. cit.
20 Herbert Marcuse, *Triebstruktur und Gesellschaft; Ein philosophischer Beitrag zu Sigmund Freud*, Frankfurt am Main 1978.
21 Ellenberger, op. cit., S. 549.
22 Ibid., S. 550.

9. Kapitel

1 Siehe Neil Warrens umsichtige Kritik solcher Behauptungen in seinem Artikel ›Is a Scientific Revolution Taking Place in Psychology? – Doubts and Reservations‹, *Science Studies*, I, S. 407–413.
2 Siehe Marie Jahoda, ›The Migration of Psychoanalysis; Its Impact on American Psychology‹, in D. Flemming und B. Bailyn (Hrsg.), *Perspectives in American History*, Bd. 1, 1968, über die Ähnlichkeiten und Unterschiede zwischen Behaviourismus und Psychoanalyse und Watsons Ambivalenz gegenüber Freud.
3 Ellenberger, op. cit., S. 809.
4 Margaret Boden, *Purposive Explanation in Psychology*, Harvard University Press, 1972.
5 Karl R. Popper, *Logik der Forschung*, Tübingen 1973, S. 225.
6 Donald T. Campbell, ›On the Conflicts Between Biological and Social Evolution and Between Psychology and Moral Tradition‹, *American Psychologist*, Dezember 1975, 30, S. 1120f. Man beachte, daß

dieses neue Psychologieverständnis Campbells es ihm ermöglicht, Freud ohne Angriff oder Verteidigung heranzuziehen. Dieser wichtige Aufsatz geht noch über die zitierte Passage hinaus in sehr unterschiedliche Richtungen, von denen mir einige zu recht dubiosen Schlußfolgerungen zu führen scheinen.

7 Marton M. Gill und Philip S. Holzman (Hrsg.), *Psychology Versus Metapsychology; Psychoanalytic Essays in Memory of George S. Klein*, New York 1976. Dieser ausgezeichnete Band enthält verschiedene Beiträge von Psychoanalytikern und von psychoanalytisch geschulten Psychologen, die sowohl gegen als auch für die Freudsche Metapsychologie argumentieren; die Herausgeber lassen die Sache aber ungeklärt.

8 Hans Herma, Ernst Kris und Joel Shor, ›Freud's Theory of the Dream in American Textbooks‹, *J. of Abnorm. and Social Psych.*, 1943, 38 (3).

9 Jerome S. Bruner, ›The Freudian Conception of Man and the Continuity of Nature‹, in Gerald Holton (Hrsg.), *Science and Modern Mind*, New York 1958.

10 Morris R. Cohen und Ernest Nagel, *An Introduction to Logic and Scientific Method*, New York 1934, S. 192.

11 Paul Horst, Social Science Research Council Bulletin Nr. 48, USA. Eine noch erschreckendere Einstellung gegenüber dem ersten empirischen Schritt in der Anwendung der wissenschaftlichen Methode bei einer psychologischen Untersuchung offenbarte der kürzlich in einem anerkannten Magazin erschienene Bericht über ein Experiment zur Beeinflussung der Einstellung zu Polizisten. In einer Fußnote bemerken die Autoren, daß zwei Probanden aus ihrem Sample ausgeschlossen werden mußten, weil entdeckt wurde, daß sie in Wirklichkeit schon eine fundierte Einstellung zu Polizisten entwickelt hatten.

12 GW, Bd. 12.

13 Egon Brunswick, *Perception and the Representative Design of Psychological Experiments*, University of Californie Press 1956.

14 S. Koch (Hrsg.), *Psychology as a Science*, Bd. 3, Epilog, New York 1959, S. 183–786.

15 J. Lacan, *The Language of the Self*, John Hopkins Press 1968.

16 Siehe zum Beispiel M. Brewster Smith, ›Attitude Change‹, in David L. Sills (Hrsg.), *International Encyclopedia of Social Sciences*, Bd. 1, New York 1968.

17 Siehe Paul Lazarsfelds Vorwort zu M. Jahoda, P. F. Lazarsfeld und H. Zeisel, *Die Arbeitslosen von Marienthal*, Allensbach 1960.

18 A. R. Luria, *The Mind of a Mnemonist*, Jonathan Cape, 1970, und *The Man with a Shattered World*, Jonathan Cape, 1973.

19 John Bowlby, *Bindung; Eine Analyse der Mutter-Kind-Beziehung*, Fischer Taschenbuch Nr. 42210.

20 Interessanterweise unterscheidet sich Heinz Hartmann – einer der wenigen Psychoanalytiker, die Freuds Bestrebung einer Weiterentwicklung der Psychoanalyse zu einer allgemeinen Psychologie teilten – in diesem Punkt deutlich von Freud. Nicht nur daß er selbst unter Einsatz psychoanalytischer Begriffe experimentelle Untersu-

chungen durchführte, sondern er behielt auch zeit seines Lebens einen engen Kontakt zu den Entwicklungen in der Psychologie.

21 Ernest Becker, *The Denial of Death*, New York 1973; dt. Ausg.; *Dynamik des Todes; Die Überwindung der Todesfurcht, Ursprung der Kultur*, Freiburg 1976.

Namenregister

Sachregister

Bitte umblättern:

auf den nächsten Seiten informieren wir Sie über weitere interessante Fischer Taschenbücher.

Geist und Psyche
Begründet von Nina Kindler 1964

Psychoanalyse

Werner W. Kemper
Der Traum und seine Be-Deutung
Band 42184

Melanie Klein
Ein Kind entwickelt sich
Band 42222
Psychoanalyse des Kindes
Band 42109

Peter Kutter
Psychoanalyse in der Bewährung
Methode, Theorie und Anwendung
Band 42263

Peter Kutter/Jörg K. Roth
Psychoanalyse an der Universität
Band 42228

Stavros Mentzos
Neurotische Konfliktverarbeitung
Band 42239
Hysterie
Band 42212

Theodor Reik
Die verschlungenen Wege des Selbst
Band 42235

D. W. Winnicott
Von der Kinderheilkunde zur Psychoanalyse
Band 42249
Reifungsprozesse und fördernde Umwelt
Studien zur Theorie der emotionalen Entwicklung
Band 42255
Familie und individuelle Entwicklung
Band 42261

Fischer Taschenbuch Verlag

fi 350/1b